采购与供应链

过程控制·成本控制·供应商管理

滕宝红　主编

化学工业出版社

·北京·

内容简介

《采购与供应链：过程控制·成本控制·供应商管理》一书，由导读（供应链模式下的采购管理）和四个部分组成，具体包括：第一部分，采购过程控制（采购计划管理、采购谈判管理、采购合同管理、采购订单管理）；第二部分，采购成本控制（采购成本概述、通过降低价格控制成本、通过事先分析控制成本、选择合适模式控制成本、采取多种策略控制成本）；第三部分，供应商管理（供应商开发、供应商交期管理、供应商绩效考核、供应商关系管理）；第四部分，供应链协同管理（供应链协同管理概述、供应链协同管理实践）。

本书文字浅显，语言简练，条理清晰，深入浅出，将复杂的管理理论用平实的语言与实际操作结合起来，读来非常轻松，用时非常方便。可供企业管理者、采购经理、采购员，以及新入职的大中专学生、有志于从事采购管理的人士学习参考。

图书在版编目（CIP）数据

采购与供应链：过程控制·成本控制·供应商管理/滕宝红主编. —北京：化学工业出版社，2020.11
ISBN 978-7-122-37661-9

Ⅰ.①采… Ⅱ.①滕… Ⅲ.①采购管理②供应链管理 Ⅳ.①F25

中国版本图书馆CIP数据核字（2020）第165775号

责任编辑：陈　蕾　　　　　　　　　　　装帧设计：尹琳琳
责任校对：张雨彤

出版发行：化学工业出版社（北京市东城区青年湖南街13号　邮政编码100011）
印　　装：大厂聚鑫印刷有限责任公司
787mm×1092mm　1/16　印张19　字数434千字　2021年1月北京第1版第1次印刷

购书咨询：010-64518888　　　　　　　　售后服务：010-64518899
网　　址：http://www.cip.com.cn
凡购买本书，如有缺损质量问题，本社销售中心负责调换。

定　　价：88.00元

◀◀ 前　言

　　在日益激烈的市场竞争环境下，客户的需求越来越复杂多变，呈现出不确定性和个性化，产品的品种规格则越来越多，加上科学技术迅猛发展，产品的市场生命周期越来越短，给企业的采购工作带来了一定的难度。因此，企业要做好采购工作，使采购工作适应新的形势和新的环境，必须引入供应链管理思想。

　　企业的一切活动都不是孤立的，而是与供应商、客户紧密相连的，并与之形成一种长期的战略联盟关系，供应链管理为这种紧密关系提供了保障。企业的采购工作面临诸多新问题，例如如何制定合理的采购策略、如何选择合适的供应商并与之建立稳定的合作伙伴关系、如何降低采购成本等，上述问题的解决能够提高企业的经济效益。

　　采购涵盖了从供应商到需求方之间的货物、技术、信息、服务流动的全过程。通过实施有效的计划、组织与控制等采购管理活动，合理选择采购方式、采购品种、采购批量、采购频率和采购地点，企业可以以有限的资金保证经营活动的有效开展，在降低企业成本、加速资金周转和提高企业经营质量等方面发挥积极作用。

　　目前，供应链管理处于国内外经济转型的新时期，它为供应商、企业、消费者之间建立更加紧密的联系提供了保障，使整条供应链从头至尾的物流联系更加密切，从而降低物流总成本。彼此间的利益关系从普通合作转变为利益共同体。

　　在此前提下，要想增加自身的竞争力，企业就要从源头抓起，加强物资采购管理，来适应供应链管理模式。企业应该重视采购体系的建立、流程的规范，采购人员也不能仅仅局限于原始落后的人为行事，否则企业将会处于缺乏效益的市场局面和被动淘汰的危险境地。

　　基于此，我们组织编写了《采购与供应链：过程控制·成本控制·供应商管理》一书，由导读（供应链模式下的采购管理）和四个部分组成，具体包括：第一部分，采购过程控制（采购计划管理、采购谈判管理、采购合同管理、采购订单管理）；第二部分，采购成本控制（采购成本概述、通过降低价格控制成本、通过事先分析控制成本、选择合适模式控制成本、采取多种策略控制成本）；第三部分，供应商管理（供应商开发、供应商交期管理、供应商绩效考核、供应商关系管理）；第四部分，供应链协同管理（供应链协同管理概述、供应链协同管理实践）。

本书文字浅显，语言简练，条理清晰，深入浅出，将复杂的管理理论用平实的语言与实际操作结合起来，读来非常轻松，用时十分方便。可供企业管理者、采购经理、采购员，以及新入职的大中专学生、有志于从事采购管理的人士学习参考。

本书由滕宝红主编，参与编写的有匡仲潇、刘艳玲。由于笔者水平有限，疏漏之处在所难免，敬请读者批评指正。

编者

◀ 目 录

①

第一部分　采购过程控制

第一章　采购计划管理 ·· 12

　　导言：加强采购计划管理，不仅能够有效地提升企业的生产效率，还能够促进生产流通朝着良性循环的方向发展，从而防止出现物资短缺、物资积压以及盲目采购等现象。因此，企业应制订科学合理的采购计划，从而提升企业的经济效益。

第二章　采购谈判管理 ·················· 24

　　导言：成功的采购谈判不仅能够降低采购的成本，为企业赢得更多的利益，而且能够保障企业生产的产品质量，树立企业良好的形象。同时，可以节省企业投入，增加企业的流动资金，为企业的长远发展创造更广阔的空间。

第三章　采购合同管理 ·····························59

导言：合同是契约经济的产物，是商品交换的法律表现形式，同时也是产生纠纷的根源，能否实施有效的合同管理，是现代企业经营管理成败的一个重要因素。如果企业拥有完善的采购合同管理制度，并可以高效地组织实施，则可以为企业带来市场竞争的优势。

第四章　采购订单管理 ……………………………… 92

导言：供应链的大部分工作都是围绕着一个个的采购订单来完成的。采购订单的处理与跟踪是采购人员的重要职责，订单处理与跟踪的目的是促进合同正常执行、满足企业的商品需求、保持合理的库存水平。

02

第二部分 采购成本控制

导言：采购成本下降不仅体现在企业现金流出的减少，而且直接体现在产品成本的下降、利润的增加以及企业竞争力的增强。因此，控制好采购成本并使之不断下降，是一个企业不断降低产品成本、增加利润的重要和直接手段之一。

导言：随着经济的快速发展和市场竞争的加剧，生产与销售的利润空间已经被压缩，为了实现经济效益的最大化，物资供应成为企业控制成本的主要途径，而采购价格管理作为物资供应中的关键环节，其在成本控制中的作用不言而喻。

第七章　通过事先分析控制成本 ·····················127

导言：降低采购成本是企业对成本控制的一个非常重要的方面。降低采购成本的方式有很多，企业可以在产品投产前，对影响成本的各项生产经营活动进行事前规划，做好成本预测，达到控制成本的目的。

第八章　选择合适模式控制成本 …………… 140

导言：降低采购成本的模式有很多种，如集权采购、招标采购、ABC分类采购、定量采购、定期采购等，不同的模式有不同的特点，企业可以根据实际情况，选择与之相匹配的采购模式来控制采购成本。

第九章　采取多种策略控制成本 158

导言：企业经营环境的变化推动了管理科学的发展，企业应采取多种策略，适时更新成本管理的观念，变革技术，全面提升企业的成本管理水平，使用战略管理的思想为企业的决策提供强有力的支持，使企业取得成本竞争优势。

03

第三部分　供应商管理

第十章　供应商开发·································176

导言：做好供应商的开发与管理是做好采购工作的前提与保证，其运作的好与坏直接体现出采购部门的水平。选择重于管理，做采购最怕选错供应商，供应商选择出错，对企业而言，就是一场灾难，尤其当供应商转换成本较高时更是如此，可见供应商选择开发的重要性。

第十一章　供应商交期管理 ·································195

导言：交期是指从采购订货日开始至供应商送货日之间的时间。基于时间竞争的供应链管理已成为企业的主导战略，供应链的响应能力和反应速度取决于供应链各环节间的交货时间。压缩交期已成为供应链管理和企业运作关注的焦点。

第十二章　供应商绩效考核 ·································208

导言：供应商绩效考核是对正在与企业合作的供应商的表现所进行的监控和考核，评价结果一方面可以审核供应商执行合约的程度，如果出现偏差，企业可以及时进行调整，避免出现供货问题；另一方面也为企业后续供应商选拔或者淘汰供应商提供导向。

第十三章　供应商关系管理 ·················240

导言：供应商关系管理（SRM）是一种致力于实现与供应商建立和维持长久、紧密伙伴关系的管理思想和软件技术的解决方案，是旨在改善企业与供应商之间关系的新型管理机制，实施于围绕企业采购业务相关的领域。

04

第四部分　供应链协同管理

导言：市场需求的不稳定导致供应链很容易产生"牛鞭效应"，需求的微小变化，将会影响到供应链整个链条上下游，且波动逐级放大。同时，需求的变化又是难以准确预测的，随着波动的逐级增大，库存水平也将急剧增加。供应链协同是解决"牛鞭效应"的有效方式。

第十五章 供应链协同管理实践 ·············· 269

导言：在科学技术飞速发展、市场全球化和客户需求多样化的趋势下，企业的竞争方式发生了根本性转变，协同的内在动力推动着企业加入供应链联盟，协同合作已贯穿供应链管理的全过程。

导读
供应链模式下的采购管理

在日益激烈的市场竞争环境下，客户的需求越来越复杂多变，呈现出不确定性和个性化，导致产品的品种规格越来越多，加上科学技术迅猛发展，产品的市场生命周期越来越短，给企业的采购工作带来了一定的难度。企业要做好采购工作，使采购工作适应新的形式和新的环境，必须引入供应链管理思想。

一、什么是供应链管理

供应链是以客户需求为导向，以提高质量和效率为目标，以整合资源为手段，实现产品设计、采购、生产、销售、服务等全过程高效协同的组织形态。随着信息技术的发展，供应链已发展到与互联网、物联网、人工智能、大数据深度融合的智慧供应链新阶段。

1.供应链管理的概念

供应链网络是指产品到达消费者手中之前所涉及的原材料供应商、生产商、批发商、零售商以及最终消费者组成的供需网络，即由物料获取、物料加工，再到将成品送到用户手中这一过程所涉及的企业和部门组成的一个网络。如图0-1所示。

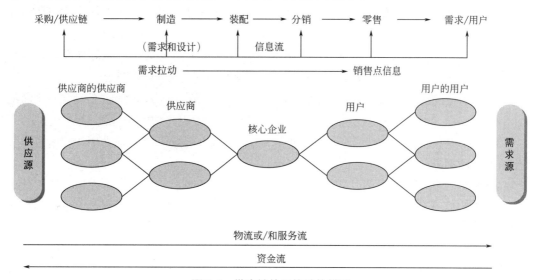

图0-1 供应链的网络结构模型

从图0-1中可以看出，供应链由所有参与活动的节点企业组成，其中有一个核心企业（比如产品制造企业或大型零售企业）与节点企业在需求信息的驱动下，通过供应链的职能分工与合作（如寻源、采购、生产、分销、零售等），以资金流、物流为媒介实现整个供应链的不断增值。

由此可见，供应链管理是一种集成的管理思想和方法，它执行供应链中从供应商到最终用户的物料流程的计划和控制等职能。从单一的企业角度来看，供应链管理是指企业通过改善上、下游供应链关系，整合和优化供应链中的信息流、物流、资金流，以获得企业的竞争优势。

2.供应链管理的内容

按照国际供应链理事会（SCC）的定义，一个完整的供应链管理主要包括图0-2所示的5个方面。

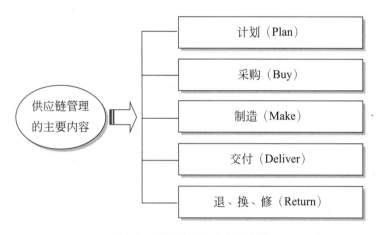

图0-2　供应链管理的主要内容

（1）计划是指规划"需求和供应"的计划。企业需要有一个策略来管理所有的资源，以满足客户对自己的产品或服务的需求。好的计划是制定策略并运作一系列方法来监控和调整供应链环节。

比如，制定生产运营、运输和仓储、资产管理、库存管理等策略，满足市场的最终需求，使供应链能够有效、低成本地为客户递送高质量和高价值的产品或服务。

（2）采购是指选择能为企业的产品和服务提供货品和服务的供应商，和供应商建立一套定价、交付和付款、合作管理的流程并创建方法监控和改善从报价到付款的所有管理流程和机制。

（3）制造是指安排生产、测试、包装和准备送货所需的活动，是供应链中管理内容和管理细节最多的部分，包括质量、产量和效率等。

（4）交付。很多人认为交付是"物流"，实际是指企业调整用户的订单收据、建立仓储机制、安排运输人员提货或送货到客户手中、建立收发货品系统、建立收付款系统、物权转移等活动。

（5）退、换、修是供应链中的问题处理部分。企业应建立从客户端向企业端的逆向流程和体系以接收客户退回的次品和多余产品，并在客户应用产品出问题时提供支持。

二、什么是采购供应链管理

采购供应链管理是以采购产品为基础，通过规范的定点、定价和订货流程，建立企业产品需求方和供应商之间的业务关系，再逐步优化，最终形成一个优秀的供应商群体，并通过招投标方式实现企业的采购，从而达到降低采购产品价格、提高采购产品质量和提高供应商服务质量的目的。

1.采购供应链管理的目标

企业采购供应链系统通过标准和规范的业务流程，建立配件的供应商与事业部之间的业务关系，并逐步优化，最终形成一个优秀的供应商群体，在保证企业协作产品集中采购任务顺利完成的同时，达到图0-3所示的目标。

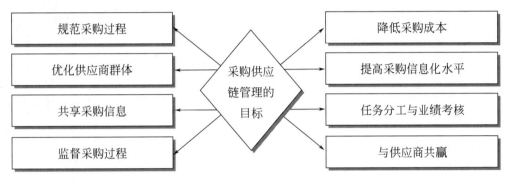

图0-3　采购供应链管理的目标

2.采购供应链管理的具体任务

企业采购供应链管理的具体任务如图0-4所示。

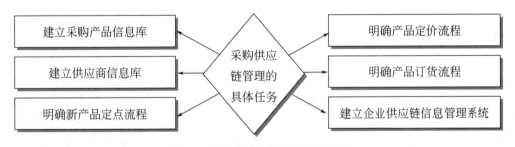

图0-4　采购供应链管理的具体任务

3.建立企业采购供应链系统

企业采购供应链是企业供应链系统的重要组成部分，是企业提高质量、节约成本的关键。建立企业采购供应链系统，需做好图0-5所示的工作。

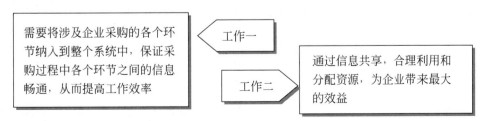

图0-5　建立企业采购供应链系统需做的工作

相关链接

任正非对采购与供应链管理的要求

2017年8月24日，在与华为的采购干部座谈时，华为总裁任正非提出了对采购工作和采购人员的期望和要求，全文如下。

一、采购要有战略纵深，理解行业趋势，掌握采购方向，走向科学性采购

第一，采购一定要有战略纵深，不要仅仅盯着供应商谈判等细节上。

一是要深入研发领域，加快对产品的熟悉。

二是看看世界级的科学论文、行业动向，增加对整个生态环境的理解以及世界未来发展趋势的预判，提前几年就有思想规划。

三是加强对生产和制造流程工艺的理解。采购人员要像"八爪鱼"一样，深入四面八方，具有广博的知识，触及的每个领域要博众家之所长。

第二，我们要实现科学性采购，继续提高计划性。

采购的难点在于计划、平衡、选择等一系列复杂问题，希望大家学会在确定性工作中找到不确定性，在不确定性工作中找到确定性，这样采购才能做到心中有数，做好系统性规划。我们可以招进一些系统工程学、统计学、控制论、神经学等专业的优秀硕士、博士，让他们先在基层实践3～5年或更长时间，然后再分散到他们喜欢的工作岗位去，使整个企业的工作更加具有计划性、合理性。

美国第一架航天飞机的计划是怎么做的？1969年，美国宇航局提出建造一种可重复使用的航天运载工具，运载火箭和卫星到太空。这个想法很好。1971年美国正式把研制航天飞机列入计划，开始系统性工程规划，涉及42万名工程师、数万项发明，其中有很多项还未发明出来。投入了100亿美元，影子都没有见到，美国国会又追加80亿美元，还是没有成功。经过十年的研制开发，总投资250亿美元，"哥伦比亚"号终于建造成功。这就是计划。

第三，持续加强风险管理，任何情况下都要保障供应安全。

前瞻性地识别风险，做好风险预案，端到端防范，对关键物料要有备份方案。加强对产品的归一化设计，同时持续加强对计划水平的提升，对于关键瓶颈物料及高风险物料，该储备的要储备，不要计较一时的储备成本，保障供应安全是第一位的。

第四，采购要与世界最优秀的供应商建立战略合作伙伴关系。

未来的竞争是产业链和产业链的竞争，我们要持续加强产业链管理，掌控关键控制点，支撑产品相对竞争优势。竞争中有合作，合作中有竞争，科学地做好竞合管理。有效管理好产业链上的合作伙伴，维护良好的产业生态。我们要与产业链上下游协同，利用供应商优势资源，不搞低价同质竞争；也要与研发及相关业务部门紧密协同，端到端保障质量。

我们要团结一切可以团结的力量，和世界上最优秀的供应商、客户联合，形成最强

大的伙伴关系。加强与战略供应商的合作，共同创新，共同进步，推动创新资源、最新技术、最新产品优先能为我所用，实现双赢。我们要给予供应商更多的信任、机会以及发展空间。在同等条件下优先用战略供应商，但是如果战略供应商比别人落后了，我们提醒他以后，仍然不进步，也只能放弃合作。

二、采购体系人员要苦练内功，提升专业技能；开拓视野，提升战略洞察能力

采购人员要做到胸有成竹，除了提升专业技能，做精、做细，更要开拓视野，有意识地培养战略洞察能力和战役管控能力。无论是硬性采购还是软性采购（主要指媒体传播、营销活动及人力外包方面的采购），都要清楚战略结构，明白你在干什么、买什么、行业是什么……我们不能改造世界，就要去适配行业、适配这个社会。每个人都要苦练功夫，胸怀全局，提升自己的能力。我们的队伍通过不断循环、不断锤炼，就能构筑整体竞争力。

第一，工程采购人员必须要具有工程项目经验，否则就不具备做工程采购人员的资质。

在华为，采购业务的传统范围包括生产采购、行政采购、工程采购。近年来随着消费者业务的崛起，软性采购开始大规模涌现。以前我们做工程分包、采购的人有2/3不懂工程，400多亿美元的工程居然是亏损的。所以前两年我们提出，用3年左右时间，通过训战结合，把不明白的人换成有工程经验的明白人，换下来的人员重新接受赋能，补齐工程经验。下一轮，我们将再用3～5年时间，把明白人换下来，换成项目实践中的优秀人员。总之，不明白就不准管了。这样企业就会形成一个强大的作战体系。我们要加强内行的采购队伍，只有业务非常熟练才可以做采购代表，不能单纯从价格的分包来确认产品质量。

我曾从一个小包工头那里学到很多，他拿一个几十万人民币的项目都能赚钱。我就问他："平时看你没几个人，怎么能一下找到两三百名砖工、木工、油漆工……你是怎么管的，如何去平衡他们的职级？"他说："我没有管。广东有一个村的人全是砖工，一个村全是石头工，一个村全是木工，一个村全是油漆工……全部专业化，他们内部有职级评定系统，职级是他们自己考的。如果我需要3个五级工、10个三级工、50个一级工，打电话就可以找到人。"这个包工头的工程做得很细致、高标准，价格不贵，他还能赚钱。德国也有很多这样专业化的村庄，有个村庄专业做玻璃杯，两个工厂的几代人竞争了上百年，已经形成了一种和谐的竞争关系，没有严格地区分老板与工人的概念。他们拿出表格来，关注的是占世界多少份额，而不是销售额。

第二，采购人员要深入现场了解业务，踏踏实实提高专业技能。

我们要看到苹果和三星的战略纵深，如果我们的采购以中国为中心，以中国人为中心，没有深入作战现场，没有在大的采购集散地建立能力中心，没有用多一些当地人，这样的采购是什么呢？苹果公司有驻厂代表深入到整个供应链条的企业中去，清楚掌握了行业动态，也清楚合作伙伴能拿多少利益，这样苹果就能做出世界上最好的产品。我们也要深入进去，而不是做表面功夫。我们有几个驻厂代表，其中有几个人清楚供应商

的表格？没有表格，怎么知道他们"自来水"的含量是什么，多少钱一吨"自来水"，一个人一天喝多少"水"，"水"的消耗成本是多少？如果自己心里都没有底，如何跟别人谈判？你出的价格没谱，只会被对方嘲笑，认为你是外行而已。通过谈判达成的价格，刚好是贴近对方成本和让对方保持合理的利润水平，对方会认为你是高手，最后达成双赢的结果。

三、软性采购是基于信任，采购人员要放下精神包袱，将精力聚焦在技能提升上

软性采购本身就是基于企业的信任，不完全基于流程。要做到准确、审时度势地掌握好这个采购，非常难。

第一，采购人员一定要抛弃私心杂念，把精力聚焦在技能提升上。

我们要基于信任，每个人都值得信任，每个人都要改变采购的心理状态。放下压力，克服心理障碍，不要怕别人说什么，如果精神上背着沉重的包袱，技能是没有用的。华为未来的发展前景很好，而且我们的人力资源政策逐渐趋于完善，会让大家都得到合理报酬。可能有一时半会儿的委屈，但是可以用时间来解决，不可能永远都委屈你。

第二，赞成在战略预备队成立一个软性采购分队。

一方面可以向先进的单位学习，另一方面战略预备队有不同体系的同事在一起磋商，形成一种正气能量。天才成批来，把业务的运作方式和能力想明白，推进软性采购的进步。

美国参谋长联席会议主席约瑟夫·邓福德，三年内从一星准将升到四星上将；俄罗斯现任国防部长谢尔盖·绍伊古，由预备役上尉直接晋升为少将；中国的李作成也在二十多年时间内从连长晋升到总参谋长。采购为什么就不能产生"邓福德""绍伊古""李作成"呢？应该是可以的。从来没有救世主，也没有神仙皇帝，全靠我们自己的努力。

谢谢大家！

三、基于供应链管理的采购策略

供应链管理的目的旨在形成集体竞争优势，提高企业的竞争力。随着全球一体化以及信息网络的逐渐形成，企业之间的竞争逐渐转变为供应链之间的竞争。采购管理作为供应链管理模式下的重要环节，必须随之而发生变化。采购策略旨在确定物资采购及操作执行的管理原则，以提高采购效率、采购操作规范性及采购总成本的控制水平。基于供应链管理的采购策略如图0-6所示。

1.扩展采购职能、优化采购理念

要对采购结构进行科学的设置，结合企业自身的情况以及发展需要，改变传统的大而全的采购模式，制定科学的采购组织结构，在网络技术的依托下，从全世界范围内找寻供应商，并实现采购活动的顺利完成，减少采购的成本支出，实现效益最大化。

同时，要对采购的准则进行合理化确立，并进一步优化企业的采购理念与模式。在电子

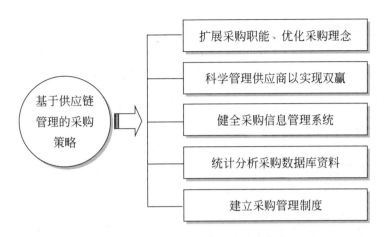

图0-6 基于供应链管理的采购策略

信息技术的应用下，采购流程能够得到简化，实现电子化沟通，对供应链环节进行优化，减少采购的成本支出，并提高采购的整体效率。

2.科学管理供应商以实现双赢

在供应链管理中，企业与供应商间有着更加密切的联系，能够使企业的生产经营得到保障，并降低供应链风险。同时，二者的这种良好的合作关系也能够使采购质量得以维护，对于产品价格、生产效率等也有着重要的影响。

> **小提示**
>
> 改进完善整个供应链系统，建立健全的、覆盖广的采购网络，进行预测和风险评估，优化对供应商的管理，可以增强企业的市场竞争力，实现与供应商共赢。

3.健全采购信息管理系统

现代经济的发展离不开互联网技术，企业要想在日趋激烈的竞争中拔得头筹，必须壮大自身的综合实力，建立企业数据库就显得尤为重要了。企业通过信息系统管理终端，可智能操作和监控整个采购程序的供应动态，使采购供应链中的整个流程，即信息收集、价格交涉、评估决策、请购订购、催货验收、整理付款等程序都得到有效控制。

因此，企业建立供应链信息管理系统可以使采购动态更容易掌握和控制。

4.统计分析采购数据库资料

采购部门应定期向企业提交各类资料采购明细，以及相关的使用情况。在此基础上，由采购部门依据汇总得到的数据与最新资料动态，对采购信息进行分析。

5.建立采购管理制度

除了具备健全的信息化采购系统之外，企业还应建立健全相关的采购管理制度，明确各部门职责，并确保各自职责有效、分工明确，充分发挥最大的工作效率。加强对采购管理的监督工作，保障企业的根本利益不被损害。

相关链接

海尔的采购与供应链管理之道

一、海尔的供应链管理

1998年，海尔提出了注重供应链的管理，以优化供应链为中心，在全集团范围内对原业务流程进行了重新设计和再造，与国际化大公司全面接轨，强化了企业的市场应变能力，大大提升了海尔的市场快速反应能力和竞争能力，保证了企业的可持续发展。

海尔在供应链管理方面，针对自身的情况，做到具体问题具体分析，而且还会随着周边环境的改变随时调整自己的供应链管理模式。

为了适应供应链管理的发展，海尔必须从与生产产品有关的第一层供应商开始，环环相扣，直到货物到达最终用户手中，真正按供应链的特性改造企业业务流程，使各个节点上企业都具有处理物流和信息流的自组织和自适应能力。

海尔的供应链组带离不开技术系统的支撑，在1998年，公司第一次通过订单处理集中化的方式进行业务重组，由按库存生产转向了按订单生产，开始了真正意义上的海尔现代物流模式。

海尔的技术系统也极大地解放了供应链管理人员的生产力，让供应链管理人员可以专心于解决真正的问题而不必陷于纠缠不清的标准"扯皮"之中。因此，海尔供应链管理的人员相对较少，效率却更高。

二、海尔的采购策略

科学有效的采购管理能达到"双赢"的目的，海尔采取的采购策略是利用全球化网络集中购买、以规模优势降低采购成本，同时精简供应商队伍。

对于海尔来说，这样可以降低采购成本，在获得稳定且具有竞争力的价格的同时，提高产品质量和降低库存水平，通过与供应商的合作，还能取得更好的产品设计和对产品变化更快的反应速度。

对于供应方来说，在保证有稳定的市场需求的同时，由于同海尔的长期合作伙伴关系，能更好地了解需求，改善产品生产流程，提高运作质量，降低生产成本，获得比传统采购模式下更高的利润。

因此，海尔不断加强采购管理，从采购中节约资本，从采购管理中获得效益，使采购成为企业的利润中心。

海尔采购管理的主要特点如下。

（1）交易过程简化、降低成本。由于供应商与海尔建立了合作伙伴关系，签订供应合同的手续大大简化，不再需要双方多次的协商，交易成本也因此降低。同时，质量和交货期也能得到保证，使得采购物料直接进入海尔制造部门，简化了许多不增值的采购工作流程。

（2）确保质量。海尔采购部采购原料的质量对海尔最终产品的质量有很大的影响，海尔和供方是供应链上的合作伙伴关系——意味着供应商的资格认证、产品质量、信用程度都是可靠并值得信赖的，这有助于产品质量的保证。

（3）建立采购平台。海尔物流与供应商还搭建起了公平、互动、双赢的采购协作平台，通过采购平台，海尔不但加快了整条供应链的反应速度，而且与供应商真正实现了双赢。

（4）库存策略。实行零库存管理。

三、海尔的供应商管理

供应商管理有两种模式，其一是竞争关系模式，其二是双赢关系模式，而现代供应链管理思想的集中表现就是合作与协调。因此，在现代供应链管理趋势下，海尔选择了双赢关系模式。双赢关系模式是一种合作的关系，它强调在合作的供应商和海尔之间共同分享信息，通过合作和协商协调相互的行为。

海尔从1998年开始供应商网络的优化，打散原来的供应商体系，重新选择供应商，以形成强强联合，合作共赢。海尔的供应商从2200多家优化到721家，其中世界500强企业有59家，从侧重质量转向侧重全过程的激励与控制。

对供应商的主要激励措施是通过配额分配，配额比例由原来的人工统计数字到现在的由系统根据质量考评、供货考评和价格排名三个综合因素决定。

海尔对供应商资源整合带来的效益显而易见，不仅可以采购到高质量的零部件，还给海尔带来了巨大的经济效益，仅1999年降低的采购成本就达5亿元，2001年在1999年的基础上又降了10亿元。

海尔对供应商的评价主要侧重质量、成本、交货期、能否参与到早期设计过程等方面，而对供应商的评价包含在对供应商的质量体系考核评价里面。海尔对三个月绩效不合格的供应商进行严格淘汰，对存在一定问题的供应商，要求其进行整改，保障供货的准时性。

海尔供应商管理具有如下优势。

（1）海尔对供应商给予协助，帮助供应商降低成本、改进质量、加快产品开发进度。

（2）通过建立相互信任的关系提高效率，降低交易和管理成本。

（3）长期的信任合作取代短期的合同。

（4）较多的信息交流。

四、海尔采购管理新模式

2014年，海尔设立海尔大买家采购频道，将超过500亿元的年采购开放给全球供应商，领跑"系统深度对接、实时坐收报价"的采购新风尚。

海尔这种与时俱进的采购与供应链管理，帮助海尔连续13年蝉联行业第一，连续16年保持80%的增长速度，资金周转达到一年15次，实现了零库存、零运营成本和与顾客的零距离，突破了构筑现代企业核心竞争力的瓶颈。

第一部分
采购过程控制

第一章

采购计划管理

导言

加强采购计划管理，不仅能够有效地提升企业的生产效率，还能够促进生产流通朝着良性循环的方向发展，从而防止出现物资短缺、物资积压以及盲目采购等现象。因此，企业应制订科学合理的采购计划，从而提升企业的经济效益。

第一节　制订采购计划

采购计划是采购部为配合年度的销售预测或采货数量，对所需要的原料、物料、零件等的数量及成本做出的详细计划，以利于整个企业目标的达成。

一、采购计划的概念

采购计划有广义和狭义之分，具体如图1-1所示。

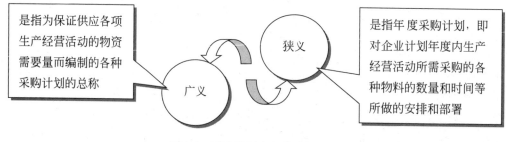

是指为保证供应各项生产经营活动的物资需要量而编制的各种采购计划的总称

狭义

广义

是指年度采购计划，即对企业计划年度内生产经营活动所需采购的各种物料的数量和时间等所做的安排和部署

图1-1　采购计划广义和狭义之分

二、采购计划的分类

采购计划从不同角度可以分为不同的类型，具体如表1-1所示。

表1-1　采购计划的分类

序号	分类角度	具体类型
1	计划期长短	可分为年度物资采购计划、季度物资采购计划、月度物资采购计划等
2	物资使用方向	可分为生产产品用物资采购计划、维修用物资采购计划、基本建设用物资采购计划、技术改造措施用物资采购计划、科研用物资采购计划、企业管理用物资采购计划等
3	物资自然属性	可分为金属材料采购计划、非金属材料采购计划等
4	采购计划程序	可分为采购认证计划和采购订单计划
5	采购层次	可分为战略采购计划、业务采购计划和部门采购计划

三、编写采购计划的目的

制订采购计划是整个采购工作的第一步。采购计划是为维持组织正常的经营活动，在某一特定时期内，确定应在何时购入何种物资的估计作业。

1. 目的

企业的采购计划应达到图1-2所示的目的。

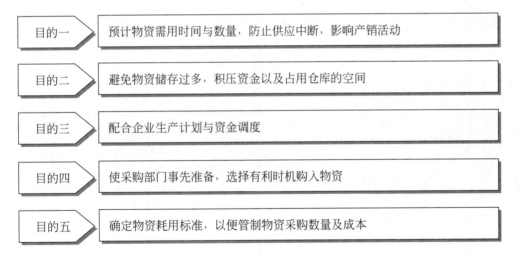

目的一	预计物资需用时间与数量，防止供应中断，影响产销活动
目的二	避免物资储存过多，积压资金以及占用仓库的空间
目的三	配合企业生产计划与资金调度
目的四	使采购部门事先准备，选择有利时机购入物资
目的五	确定物资耗用标准，以便管制物资采购数量及成本

图1-2　企业采购计划应达到的目的

2. 作用

俗话说得好"好的计划是成功的一半"，制订一个合理的采购计划，对整个采购运作的成败有非常重要的作用，具体如图1-3所示。

作用一 ▷ 能有效规避风险、减少损失

采购计划是面向未来的，企业在编制采购计划时，已经对未来因素进行了深入的分析和预测，能够做到有备无患，既保证企业正常经营需要的物料，又降低了库存水平，减少了风险

作用二 ▷ 为企业组织采购提供依据

采购计划具体安排了采购物料的活动，企业管理者按照这个安排组织采购就有了依据

作用三 ▷ 有利于资源的合理配置，以取得最佳的经济效益

采购计划通过经营决策的具体化和数量化来保证高效率的资源分配，对未来物料供应进行科学筹划，有利于合理利用资金，能最大限度地发挥各种资源的作用，从而获得最佳效益

图1-3 编写采购计划的作用

四、制订采购计划的依据

企业在制订采购计划时，应考虑图1-4所示的依据。

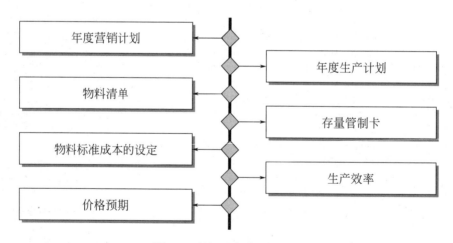

图1-4 制订采购计划的依据

1. 年度营销计划

除非市场出现供不应求的状况，否则企业年度的经营计划多以营销计划为起点，而营销计划的拟订，又受到销售预测的影响。销售预测的决定因素，包括外界的不可控制因素，如国内外经济发展情况（GDP、失业率、物价、利率等）、技术发展、竞争者状况等，以及内

部可控制因素，如财务状况、技术水准、厂房设备、原料零件供应情况、人力资源及企业声誉等。

2.年度生产计划

一般而言，生产计划源于营销计划，如果营销计划过于乐观，将使产量变成存货，造成企业的财务负担；反之，过度保守的营销计划，将使产量不足以供应客户所需，丧失了创造利润的机会。因此，常因营销人员对市场的需求量估算失当，造成生产计划朝令夕改，也使得采购计划与预算必须经常调整修正，物料供需长久处于失衡状况。

3.物料清单

生产计划只列出产成品数量，而无法知道某一产品所用的物料以及数量多少，因此确定采购数量还要借助于物料清单。物料清单是由产品设计部门或研发部门制定的，根据物料清单可以精确地计算出每一种产品的物料需求数量。

那什么是物料清单呢？

用电子计算机读出企业所制造的产品构成和所有要涉及的物料，并将图示表达的产品结构转化成某种数据格式，这种以数据格式来描述产品结构的文件称为物料清单（Bill of Material，BOM）。

物料清单是定义产品结构的技术文件，因此，它又称为产品结构表或产品结构树。在某些工业领域，可能称为"配方""要素表"或其他名称。

如果产品工程变更层出不穷，物料清单很难做出及时的反应与修订，以致根据产量所计算出来的物料需求数量与实际的使用量或规格不尽相符，将造成采购数量过多或不及，物料规格过时或不易购得。因而，采购计划的准确性，有赖于维持最新、最正确的物料清单。

4.存量管制卡

由于应购数量必须扣除库存数量，因而，存量管制卡记载是否正确也会影响采购计划的准确性，这包括料账是否一致，以及物料存量是否全为良品。若账上数量与仓库架台上的数量不符，或存量中并非全数皆为规格正确物料，这将使仓储的数量低于实际的可取用数量，故采购计划中的应购数量将会偏低。

5.物料标准成本的设定

企业在编订采购预算时，对将来拟购物料的价格预测不容易，所以多以标准成本替代。如果该标准成本的设定，缺乏过去的采购资料为依据，也无工程人员严密精确地计算其原料、人工及制造费用等组合或生产的总成本，则其正确性会降低。因而，标准成本与实际购入价格的差额，即是采购预算准确性的评估指标。

6.生产效率

生产效率的高低，将使预计的物料需求量与实际的耗用量产生误差。产品的生产效率降低，会导致原物料的单位耗用量提高，而使采购计划中的数量不够生产所需。当生产效率有降低趋势时，采购计划必须将此额外的耗用率计算进去，才不会发生原物料短缺的现象。

7.价格预期

企业在编订采购金额预算时，常对物料价格涨跌幅度、市场景气情况等多加预测，甚至列为调整预算的因素，由于个人主观的判定与事实的演变常有差距，也可能会造成采购预算的偏差。

五、制订采购计划需考虑的因素

企业在制订采购计划时需考虑图1-5所示的因素。

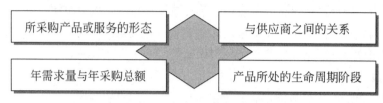

| 所采购产品或服务的形态 | 与供应商之间的关系 |
| 年需求量与年采购总额 | 产品所处的生命周期阶段 |

图1-5　制订采购计划需考虑的因素

1.所采购产品或服务的形态

所采购产品或服务的形态，是属于一次性的采购，或者是持续性的采购，这应是采购最基本的认知。如果采购的形态有所转变，计划也必须跟着做调整。持续性采购对成本分析的要求远高于一次性采购，但一次性采购的金额如果相当庞大，也不可忽视其成本节省的效能。

2.年需求量与年采购总额

年需求量与年采购总额各为多少，这关系到在与供应商议价时，是否能得到较好的议价优势。

3.与供应商之间的关系

如果与供应商的关系一般，则肯定不容易得到详细的成本结构资料，只有与供应商维持较密切的关系，彼此合作时，才有办法做到。

4.产品所处的生命周期阶段

采购量与产品的生命周期所处的阶段有直接的关系，产品由导入期、成长期到成熟期，采购量会逐渐放大，直到衰退期出现，采购量才会逐渐缩小。

六、制订采购计划的措施

由于市场的千变万化，采购过程的烦杂，这就要求采购部门制订一份合理、完善的采购管理计划。采购计划好比采购管理这盘棋的一颗重要的棋子，采购计划做好了，采购管理才能做得更成功，如果其中一颗棋子走错了，可能就会导致满盘皆输。

企业采购部门想要制订合理的采购计划，应该从图1-6所示的3个方面入手。

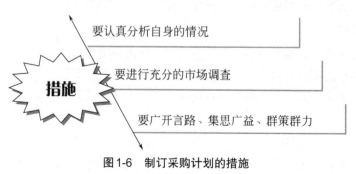

措施

要认真分析自身的情况

要进行充分的市场调查

要广开言路、集思广益、群策群力

图1-6　制订采购计划的措施

1. 要认真分析自身的情况

采购部门要制订好的采购计划，必须充分分析企业自身的实际情况，比如企业在行业中所处的地位、现有供应商的情况、生产能力等，尤其是要把握企业长远发展计划和发展战略。

一般来说，企业发展战略反映着一个企业的发展方向和宏观目标，采购计划如果没有贯彻、落实企业的发展战略，可能就会导致采购管理和企业的发展战略不协调，造成企业发展中的"南辕北辙"。脱离企业发展战略的采购计划，就好像无根的浮萍，既缺乏科学依据，又可能使得采购部门丧失方向。因此，采购部门只有充分了解企业自身的情况，才能制订出切实可行的采购计划，才能走得更加长远。

2. 要进行充分的市场调查

在制订采购计划时，应对企业面临的市场进行认真的市场调查。市场调查的内容应该包括经济发展形势、与采购相关的政策法规、行业发展状况、竞争对手的采购策略以及供应商的情况等。

只有做好充分的准备工作，才能保证采购计划的顺利完成。否则，无论理论上多么合理，最终还是难以经受得起市场的考验，它要么过于保守造成市场机会的丧失和企业可利用资源的极大浪费，要么过于激进，计划不切实际，无法实现而成为一纸空文。

3. 要广开言路、集思广益、群策群力

许多企业在制订采购计划时，经常是由采购经理来制订，没有相关部门和基层采购人员的智慧支持，从而失去了有创造性的建议，而且缺乏采购人员的普遍共识，导致采购计划因不够完善而影响采购运作的顺利进行。

一个企业制订合理的采购计划，一定是从企业自身出发，知己知彼百战不殆，了解自身的优势和劣势，再对比分析竞争对手的优势，适宜地制订采购计划，才是企业发展的不竭动力。

下面提供一份××器材有限公司采购计划管理规定的范本，仅供参考。

【范本】▶▶▶ --

××器材有限公司采购计划管理规定

一、编制目的

为编制采购计划，配合公司采购计划管理制度的推行，特制定本规定。

二、适用范围

本公司采购计划的制订除另有规定外，均依本规定处理。

三、具体内容

1. 编制采购计划的作用

（1）预估用料数量、交期，以防止断料。

（2）避免库存过多、资金积压、空间浪费。

（3）配合生产、销售计划的顺利完成。

（4）配合公司资金运用、周转。

（5）指导采购工作。

2.编制采购计划的依据

制订采购计划时，应考虑经营计划、物品需求部门的采购申请、年度采购预算、库存情况、公司资金供应情况等相关因素。对经营活动的急需物品应优先考虑。

3.采购计划的种类

（1）年度采购计划。根据公司年度经营计划，在对市场信息和需求信息进行充分分析和收集的基础上，依据往年历史数据的对比情况，权衡所制订的计划。

（2）月度采购计划。在对年度采购计划进行分解的基础上，依据上月实际采购情况、库存情况、下月度需求预测、市场行情等制订的当月采购计划。

（3）日采购计划。在对月度采购计划进行分解的基础上，依据各部门每日经营所需物品的汇总，经审核后制订的采购计划。

（4）日常经营需求计划。根据每天的经营情况、物品日常消耗情况、库存情况，各部门向采购部报送的日采购需求计划。

4.采购申请的提出及审批权限

（1）采购申请应注明物品的名称、数量、需求日期、参考价格、用途、技术要求、供应商（参考）、交货期、送货方式等。

（2）各种物品采购申请的提出及审批权限的相关规定如下表所示。

物品采购申请的提出及审批权限

物品类别	采购申请提出人	申购依据	审核人	审批人
工程项目所需采购的材料、设备等	项目负责人	依据合同及设计任务书所做的预算表、工程进度表、材料及设备采购清单	部门负责人或授权人	工程副总经理
日常经营所需的材料、设备等	各部门	经营需求、加工要求	部门负责人或授权人	经营副总经理
工具及配件、器皿、劳保用品、量具等	使用部门	月初提出采购申请	部门负责人或授权人	相关主管领导
经营、办公等需要的大件设备和工具（属于固定资产投资类）	使用部门	在年初编制固定资产采购申请		总经理
普通办公用品、劳保用品等	综合办公室	根据使用部门需求统一提出年度或月度采购申请	部门负责人或授权人	总经理
常备用料	采购计划专员（由库房管理员配合）	日常领料情况、库存情况		各部门经理
研究开发所需要的原料、辅助材料、工具、设备等	技术中心	根据需求时间提出月度或日采购申请	部门负责人或授权人	技术副总经理

（3）上述各类物品如在年度预算外或超过年度预算，按超预算的审批程序办理，最终审批人为总经理。

（4）采购申请表应注明材料的名称、规格与型号、数量、需求日期、参考价格、用途、技术要求、安装尺寸、生产厂家（参考）、交货期、是否直发现场（若直发现场，应注明地址）。

（5）部门负责人或授权人审核本部门的采购申请表时，应检查采购申请表的内容是否准确、完整，若不完整或有错误应予以纠正。

（6）经审批后的采购申请表由采购部审核汇总。审核内容包括采购申请表的各栏填写是否清楚，是否符合合同内容，是否在预算范围内，是否有相关负责人的审批签字，以及是否在审批范围内等。

5.编制采购计划的步骤

（1）明确销售计划。

① 企业于每年年底制定次年度的营业目标。

② 市场营销部根据年度目标、客户订单意向、市场预测等资料进行销售预测，并制订次年度的销售计划。

（2）明确生产计划。

① 生产部根据销售预测计划，以及本年度年底预计库存与次年度年底预计库存，制订次年度的生产预测计划。

② 物控人员根据生产预测计划、物料清单、库存状况制订次年度的物料需求计划。

③ 各单位根据年度目标、生产计划、预估次年度各种消耗物品的需求量编制预估计划。

（3）编制采购计划。

① 采购部汇总各种物料、物品的需求计划。

② 采购部编制次年度采购计划。

（4）编制采购计划时的注意事项。

① 采购计划要避免过于乐观或保守。

② 要考虑企业年度目标实现的可能性。

③ 要考虑销售计划、生产计划的可行性和预见性。

④ 要考虑物料需求信息与物料清单、库存状况的准确性。

⑤ 物料标准成本的影响。

⑥ 保障生产与降低库存的平衡。

⑦ 要考虑物料采购价格和市场供需可能出现的变化。

6.采购计划的管理

（1）采购计划由采购部根据审批后的采购申请表制订，日采购计划由采购部经理批准执行，月度采购计划报请营运副总经理批准执行，年度采购计划需报请公司总经理审批。

（2）采购计划应同时报送财务部审核，以利于公司资金的安排。

（3）采购计划专员应审查各部门申请采购的物品是否能由现有库存满足或有无可替代的物品，只有现有库存不能满足的申请采购物品才能列入采购计划。

（4）如果采购申请表所列的物品为公司内其他部门所生产的产品，在质量、性能、交货期、价格相同的情况下，必须采用本公司的产品，不得列入采购计划。

（5）请购部门下达给采购部的采购申请表应分类列表，且必须是经过汇总、计划后的材料清单。

（6）对于无法于指定日期内办妥的采购申请单，必须及时通知请购部门。

（7）对于已申请的采购物品，请购部门若需要变更规格、数量或撤销请购申请时，必须立即通知采购部，以便及时根据实际情况更改采购计划。

（8）未列入采购计划的物品不能进行采购。如确属急需物品，应填写紧急采购申请表，由部门负责人审核后，报公司营运副总经理核准后才能列入采购范围。

第二节　编制采购预算

采购预算是企业在一段时间内工作计划中所需物资的用款计划。采购预算不仅仅可以保障企业战略计划以及作业计划，良好的采购预算还可以协调企业各个部门，让部门之间可以紧密合作。而且，采购预算可以更合理地分配资源，让资源分配更具效率。

一、采购预算编制的目的

采购部门可以凭采购预算进行采购和控制采购用款支出，并使财务部门据此筹措和安排所需资金，协调采购与财务部门之间的关系。

二、采购预算编制的内容

列入采购预算的各种材料的采购数量和金额，以企业进行生产和经营维修所需的原材料、零部件、备件等为主。设备更新和基本建设所需的机器设备和工程材料，则应另编单项采购预算，不包括在计划期间的采购预算内。

三、采购预算编制的依据

采购预算通常根据图1-7所示的依据编制。

四、影响采购预算的因素

影响采购预算的因素主要包括以下6个方面。

（1）采购环境。

（2）年度销售计划。

（3）物料清单。

依据一 计划期间生产和经营维修所需物料的计划需用量

由生产计划管理部门在销售计划的基础上，根据所编制的生产计划，以及前期物料消耗资料和物料清单计算确定

依据二 预计本期期末库存量

由编制预算之日起至本期期末止这一期间的预计收入量再减去同期预计发出量来确定，预计本期期末库存量即为计划期期初库存量

依据三 计划期期末结转库存量

由仓管和采购部门根据各种物料的安全储备量和提前订购期共同确定

依据四 物料计划价格

由采购部门根据物料的当前市场价格，以及其他各种影响因素如国际政治经济因素来确定

图1-7 采购预算编制的依据

（4）存量管制卡。
（5）物料标准成本的设定。
（6）生产效率。

五、采购预算的编制方法

预算编制的方法多种多样，有固定预算、弹性预算、滚动预算、增量预算、零基预算和定期预算等，每种方法都有其优缺点和适用范围，具体如表1-2所示。

表1-2 采购预算的编制方法

编制方法	优点	缺点	适用范围
固定预算	简便易行、较为直观	（1）机械呆板，可比性差 （2）不利于正确控制、考核和评价采购预算的执行情况	适用于在一定范围内相对稳定的采购项目，如采购金额变化很小，或者金额固定的采购项目
弹性预算	（1）克服了固定预算编制方法的缺陷，扩大了预算的适用范围 （2）有利于客观地对预算执行情况进行控制、考核、评价 （3）避免了由于业务量发生变化而预算频繁修订	操作复杂，工作量大	（1）适合于采购数量随着业务量变化而变化的采购 （2）适用于市场价格及市场份额不确定的企业滚动预算

续表

编制方法	优点	缺点	适用范围
滚动预算	（1）利于根据前期预算的执行情况及时调整和修订近期预算 （2）有助于保证采购支出的连续性和完整性 （3）能够充分发挥预算的指导和控制	操作复杂，工作量大	适用于规模较大、时间较长的工程类或大型设备采购项目预算
增量预算	预算编制方法简便、容易操作	（1）使预算中的某些不合理因素得以长期沿袭 （2）容易使基层预算单位养成资金使用上"等、靠、要"的思维习惯	适用于因某些计划采购项目的实现而相应增加支出的采购项目
零基预算	（1）确保重点采购项目的实现 （2）有利于合理配置资源，切实提高企业采购资金的使用效益	预算工作量大，需要投入大量的人力资源	适用于各种采购预算
定期预算	预算期间与会计年度相配合，便于考核和评价预算的执行结果	（1）跨期长 （2）具有一定的盲目性和滞后性	适用于服务性质的经常性采购项目预算，如会议采购预算

小提示

由于各种预算编制方法的特点和编制原理不同，企业在编制预算的过程中，应根据外部环境和本企业自身的预算水平进行选择。

六、采购预算的编制步骤

编制预算涉及企业的各个方面。对整个企业而言，预算管理的最高组织协调者为企业的预算管理委员会或总经理，预算协调员可以是企业的部门经理。采购预算编制工作可以由整个采购部门或一个采购组或一个采购员来负责。

采购预算编制一般包括图1-8所示的7个步骤。

1.明确企业以及部门的战略目标

采购部门作为企业的一个部门，在编制采购预算时要从企业总体战略规划出发，审查本部门和企业的目标，确保两者协调一致。

2.制订明确的工作计划

采购主管必须了解本部门以及相关部门（如生产部等）的业务活动，明确采购的要责和范围，制订出详细的工作计划。

3.确定采购所需的资源

依照详细的工作计划，采购主管要对采购支出做出切合实际的估计，预测为实现目标所需要的人力、物力和财力等资源。

4.确定较准确的预算数据

确定预算数据是企业编制预算的难点之一。目前企业普遍的做法是将目标与历史数据相结合来确定预算数，即对过去历史数据和未来目标逐项分析，使收入和成本费用等各项预算切实、合理、可行。对过去的历史数据可采用比例趋势法、线性规划、回归分析等方法找出适用本企业的数学模型来预测未来。

有经验的预算人员也可以通过以往的经验做出准确判断。

5.汇总编制总预算

财务部对各部门预算草案进行审核、归集、调整，汇总编制总预算。

6.改善采购预算

（1）确定预算偏差范围。由于预算总是或多或少与实际有所差异，因此企业必须根据实际情况选定一个偏差范围。偏差范围的确定可以根据行业平均水平，也可以根据企业的经验数据。

图1-8 采购预算的编制步骤

（2）计算偏差值。为了控制和确保采购业务的顺利开展，采购主管应该定期比较采购实际支出和采购预算支出的差距，计算预算偏差值（采购实际支出金额减去采购预算支出金额）。

（3）调整不当预算。如果预算偏差值达到或者超过了容许的范围，采购主管就需要分析原因，对具体的预算提出修改建议，进行必要的改善。

7.提交预算

编制好的采购预算提交给企业负责人批准，批准后方可执行。

第二章
采购谈判管理

成功的采购谈判不仅能够降低采购的成本，为企业赢得更多的利益，而且能够保障企业生产的产品质量，树立企业良好的形象。同时，可以节省企业投入，增加企业的流动资金，为企业的长远发展创造更广阔的空间。

第一节　采购谈判的内容与程序

谈判是有关方面就共同关心的问题互相磋商、交换意见，寻求解决的途径和达成协议的过程。采购是指为了在交易过程中争取和维护各自的利益，交易各方就交易过程中存在的问题进行交流、探讨，并作出判断，最终达成共识的过程。

一、采购谈判的内容

采购谈判围绕采购商品而进行洽谈，因而商品的品种、规格、技术标准、质量保证、订购数量、包装要求、售后服务、价格、交货日期与地点、运输方式、付款条件成为谈判的焦点。

1.物品品质

（1）物品品质的规定。谈判双方，首先应当明确双方希望交易的是什么物品。在规定物品品质时，可以用规格、等级、标准、产地、型号和商标、产品说明书和图样等方式来表达，也可以用一方向另一方提供物品实样的方式，来表明己方对交易物品的品质要求。

在谈判时，采购人员对质量的定义应理解为"符合买卖双方所约定的要求或规格就是好的质量"。故采购人员应设法了解供应商本身对商品质量的认知或了解的程度，而管理制度较完善的供应商应有下列有关质量的文件。

① 产品规格说明书（Product Specification）。

② 品管合格范围（Acceptable Quality Level）。

③ 检验方法（Testing Methods）。

（2）质量的表示方法。在谈判中，采购人员要尽量向供应商取得有关质量的资料，以利未来的企业交易。通常在合约或订单上，质量是以下列方法的其中一种来表示的。

① 市场上商品的等级。

② 品牌。

③ 商业上常用的标准。

④ 物理或化学的规格。

⑤ 性能规格。

⑥ 工程图。

⑦ 样品（卖方或买方）。

⑧ 以上的组合。

采购人员在谈判时应首先与供应商对商品的质量达成互相同意的质量标准，以避免日后出现纠纷，甚至进行法律诉讼。对于瑕疵品或在仓储运输过程中损坏的商品，采购人员在谈判时应要求供应商退货或退款。

2.物品价格

（1）物品价格的表示方式。在国内货物买卖中，谈判双方在物品的价格问题上，主要是对价格的高低进行磋商；在国际货物买卖中，物品价格的表示方式，除了要明确货币种类、计价单位以外，还应明确以何种贸易术语成交。

（2）物品价格的谈判。价格是所有谈判事项中最重要的项目。在谈判之前，采购人员应事先调查市场价格，不可凭供应商片面之词进行采购。如果没有相同商品的市价可查，应参考类似商品的市价。

在谈判价格时，最重要的就是，要能列举供应商产品经由企业销售的好处，而这些好处如表2-1所示。

表2-1　供应商产品经由企业销售的好处

序号	好处	备注
1	大量采购	
2	铺货迅速	
3	节省运费	
4	稳定付款	
5	清除库存	
6	保障其市场	
7	沟通迅速	
8	付款迅速，并减少应收账款管理费用	
9	不影响市价	
10	外销机会	
11	同步成长	

价格谈判是所有商业谈判中最敏感的，也是最困难的项目，但越是困难的项目，越具有挑战性，这也是采购工作特别吸引人之处。因此采购人员应认识这一点，运用各种谈判技巧去达成这项艰巨的任务。

3.物品数量

在磋商物品数量条件时，谈判双方应明确计量单位和成交数量，必要时可订立数量的机动幅度条款。在需购量不太多的时候，订购量往往很难令供应商满意，所以在谈判时，采购人员应尽量笼统，不必透露明确的订购数量，如果因此而导致谈判陷入僵局时，应转到其他项目上。

4.物品包装

（1）物品包装的种类。包装可分为两种：内包装、外包装。内包装是用来保护、陈列或说明商品的，而外包装则仅在仓储及运输过程中起保护作用。

（2）物品包装的设计。外包装若不够坚固，仓储运输中损坏的可能性会加大，从而会降低作业效率，并影响利润；外包装若太坚固，则供应商成本高，采购价格势必偏高，从而会导致商品的价格缺乏竞争力。

（3）物品包装的谈判。基于以上的理由，采购人员在谈判物品包装的项目时，应协商出对彼此都最有利的包装，不应草率订货。

小提示

对于某些商品若有销售潜力，但却无合适的自选式量贩包装时，采购人员应积极说服供应商制作此种包装，来供本公司销售。

5.交货

一般而言，对于采购方来说，交货期越短越好。因为交货期短，订货频率就会增加、订购的数量就相对减少、存货的压力也大为降低、仓储空间的需求也相对减少。对于有长期承诺的订购数量，采购人员应要求供货商分批送货，从而可以减少库存的压力。

6.保险条件

买卖双方应明确由谁向保险公司投保、投何种险别、保险金额如何确定、依据何种保险条款办理保险等。而采购人员在谈判时，必须将此内容列举进去。

7.货款

（1）货款支付方式。货款的支付主要涉及支付货币和支付方式的选择。在国际货物买卖中使用的支付方式主要有汇付、托收、信用证等。不同的支付方式，买卖双方可能面临的风险大小不同，因此在进行谈判时，需根据情况慎重选择。

（2）货款支付的条件。在国内一般供应商的付款条件是月结30天或季结90天左右。因此采购人员应计算出对本企业最有利的付款条件。在正常情况下，供需双方的付款作业是在单据齐全时，即可按买卖双方约定的付款条件进行结算。

8. 后续服务

这有利于买卖双方预防和解决争议、保证合同的顺利履行、维护交易双方的权利。这也是国际货物买卖谈判中，必然要商议的交易条件。

二、采购谈判的流程

采购谈判遵循问、发、还、接、签四个流程进行，如图2-1所示。

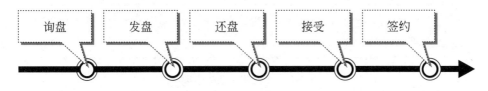

图2-1 采购谈判的一般流程

1. 询盘

询盘，是交易一方为出售或购买某项商品，而向交易的另一方询问该商品交易的各项条件。

（1）询盘目的。主要是寻找买主或卖主，而不是同买主或卖主洽商交易条件；有时只是对市场的试探。

（2）询盘对象。询盘对象因国而异，其具体内容如图2-2所示。

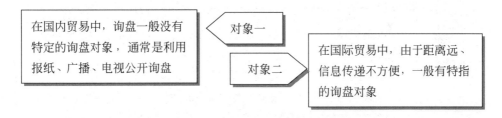

图2-2 询盘对象

（3）询盘方式。询盘可以是口头，也可以是书面，它无约束性，也没有固定格式。

2. 发盘

发盘就是交易一方为出售或购买某种商品，而向交易的另一方提出买卖该商品的各种交易条件，并表示愿意按这些交易条件订立合同。发盘可以由采购方，也可以由供应方发出，但多数由供应方发出。

按照发盘人对其发盘在受盘人接受后，是否承担订立合同的法律责任来分，发盘可以分为实盘和虚盘。

（1）实盘。实盘是对发盘人有约束力的发盘，即表示有肯定的订立合同的意图，只要受盘人在有效期内无条件地接受，合同即告成立，交易即告达成；如果在发盘的有效期内，受盘人尚未表示接受，发盘人不能撤回或修改实盘内容。实盘一般应具备图2-3所示的4项条件。

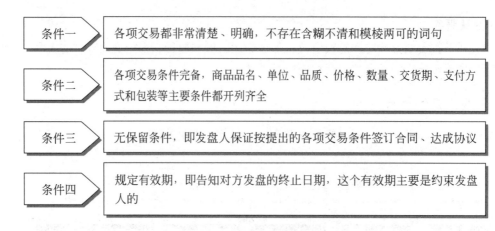

图2-3　实盘应具备的条件

（2）虚盘。虚盘是指对发盘人和受盘人都没有约束力的发盘。对虚盘，发盘人可随时撤回或修改内容。受盘人如果对虚盘表示接受，尚需发盘人最后确认，才能成为对双方都有约束力的合同。

虚盘一般有图2-4所示的3个特点。

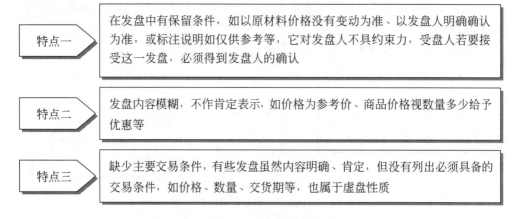

图2-4　虚盘的特点

3.还盘

还盘是指受盘人在接到发盘后，对发盘内容不同意或不完全同意，反过来向发盘人提出需要变更内容或建议的表示。

按照这一规定，在原受盘人还盘时，实际上就是要求原发盘人答复是否同意原受盘人提出的交易条件，这样原受盘人成了新的发盘人，其还盘也成了新发盘，而原发盘人成了受盘人，因而原发盘人的发盘随之失效。作为原发盘人，此时应注意以下事项。

（1）一方面要明确自己的实盘已经失效可不受约束了，另一方面要分析对方的还盘是实盘还是虚盘。

（2）若接受对方的是实盘，当然要求对方履约。但要注意对方有时发来的表示，只是貌似还盘，其实不是还盘，那么自己的实盘就并未失效。比如，当对方提出某种希望、请求时，在法律上不构成还盘，发盘人即使同意这些"希望""请求"仍不表明实盘失效。

因此，发盘人一定要能判断出对方的表示是否真正构成还盘，以避免由于判断错误而发生纠纷或处于被动地位。

小提示

发盘人如果对受盘人发出的还盘提出新的意见，并再发给受盘人，叫作再还盘。而在国际贸易中，一笔交易的达成，往往要经历多次还盘和再还盘的过程。

4. 接受

接受是交易的一方在接收另一方的发盘后，表示同意。接受在法律上称为承诺，一项要约（发盘）经受约人有效的承诺（接受），合同才能成立。

构成一项有效接受，应具备以下4项基本条件。

（1）接受必须是无条件的。所谓无条件是指受盘人对一项实盘无保留地同意，即接受的内容必须同对方实盘中所提出的各项交易条件严格保持一致，否则就不能表明为有效接受。

比如，受盘人在向发盘人表示接受时，又同时对价格、支持、运输等主要条款以及责任范围、纠纷处理程序等具有实质性的内容提出不同意见，则表明受盘人不是无条件的同意，因而不能表明是接受。

（2）接受必须在一项发盘的有效期限内表示。一般来说，逾期接受是无效的，但以下两种特殊情况则要具体考虑。

① 如受盘人在有效期限最后一天表示接受，而这一天恰好是发盘人所在地的正式假日或非营业日，使"接受"不能及时传到发盘人的地址等。这种情况下发生的逾期接受，可以认为是有效的。

② 如果发盘人同意对方的逾期接受，并立即用口头或书面形式通知对方，那么此项逾期接受仍可有效。

总之，一项逾期接受是否最终有效，取决于发盘人的态度。

（3）接受必须由合法的受盘人表示。这一点是对明确规定了特定受盘人的发盘而言。一项发盘可向特定的人提出，比如向某人、某单位或其代理人提出，也可向不特定的人提出，如在报刊上公开发盘。

向特定的人提出的发盘，接受的表示人必须是发盘指定的受盘人。只有指定的受盘人所表示的接受才构成有效接受，任何第三者对该发盘所表示接受均无法律效力，发盘人不受约束。

（4）接受必须以声明的形式或其他行业的形式表示并传达到发盘人。受盘既然表示接受，则必须以一定的表示形式来证明。

① 以"声明"——用口头或书面文字表示。

② 其他行为——按照发盘的规定或按照双方已确定的习惯做法（惯例），比如以支付货款、发运货物等形式表示接受。

5.签约

采供双方通过交易谈判，一方的实盘被另一方有效接受后，交易即达成，但一般都应通过书面合同来确认。

由于合同双方签字后就成为约束双方的法律性文件，双方都必须遵守和执行合同规定的各项条款，任何一方违背合同规定，都要承担法律责任。因此，合同的签订也是采购谈判的一个重要环节。如果这一环节发生失误或差错，就会给以后的合同履行留下引起纠纷的把柄，甚至会给采购方带来重大损失。

第二节　采购谈判的规划与准备

采购人员在谈判之前，必须谋划谈判的策略与目标，制定出最大的让步与最高的目标，并能够做到明确实现自身目标的最佳方案与替代方案，找出谈判过程中有可能要用到的战术措施，并能够在心理上做好准备。

一、采购谈判规划

1.做好预测

如果要做预测，则不能遐想，而要在以下工作基础上进行。

（1）尽快取得由供应商提供的协助。供应商对产品的了解，通常比买方多，因此采购员最好要求供应商给予技术、管理、财务等方面的协助。

（2）预测好订购量。收集过去使用量的资料，作为未来订购量的参考，同时有了过去及未来的详细采购资料，有助于在谈判时得到较大的折扣。

（3）掌握特殊重大事件。如能掌握有关关税、法令、运输状况等重大事件，将可更准确预测合理价格而于谈判桌上居于优势，而这些重大事件除了从报纸杂志收集外，还可从销售人员处得知。

（4）注意价格趋势。对于价格趋势应注意以下两点。

① 过去供应商有多少产品项目价格上涨（何时、上涨幅度、通报方式）。

② 比较供应商的价格上涨模式与该产业的模式（是否比同业涨得快、涨得多）。

2.学习谈判模式

掌握好谈判模式将有利于谈判，而从模式所获得的资讯中学习谈判的问题、对象及内容，则是谈判成功的关键。采购员应知道所谓的资讯分为容易得到（少花钱及时间）的资讯与不易得到（多花钱及时间）的资讯，其具体内容如下。

（1）易得到的资讯。易得到的资讯可参考表2-2。

（2）不易得到的资讯。不易得到的资讯可以参考以下内容。

① 寻求更多的供应来源（包括海外）。即使仍向原来的供应商采购，但更多的供应来源可增强议价能力。

② 有用的成本、价格资料与分析。良好的成本、价格分析可提供有效的采购谈判工具。必要时应借助于成本分析师，这是一种投资而非成本。

表2-2　易得到的资讯分类

序号	种类	获得处
1	谈判及价格的历史资料	找出供应商谈判技巧的倾向；供应商处理上次谈判的方式
2	产品与服务的历史资料	价格背后有时隐含品质及服务水准的降低，工程部门及制造部门不难发现实情，此点可作为谈判的筹码
3	稽核结果	从会计或采购稽核处可发现待加强控制之处（比如供应商常发生错误的账款）
4	最高指导原则	了解公司政策、政府法令和过去发生的先例，以增强谈判力
5	供应商的营运状况	通过供应商的销售人员及供应商竞争能力，可了解供应商的问题与优劣势，知己知彼才能百战百胜
6	谁有权决定价格	收集谈判者的个人资料加以运用（卖方通常较易对陌生人抬高价格）
7	掌握关键原料或关键因素	运用80：20原理，对非紧要项目，可予退让；对重要项目紧守谈判原则
8	利用供应商的情报网路	可从销售人员处得到一些有价值的资讯，如价格趋势、科技的重要发明、市场占有率、设计的改变等

③ 供应商的估价系统。从供应商各个部门的生产过程，来推估其合理的成本。

④ 限制供应商的谈判能力。提供给供应商的资讯越少越好；尽量让对方发表意见，仔细聆听并从中找出对策。

⑤ 了解供应商的利润目标及价格底线。需耐心地通过各种渠道而获得（谈判过程也是渠道之一）。

3.分析采购现状

采购员在采购谈判前，应对采购现状进行分析。其具体分析方法如下。

（1）建立报价系统。请专业成本分析师从事成本分析，借以估算底价。

（2）比价。比价的方法可以分为图2-5所示的两种。

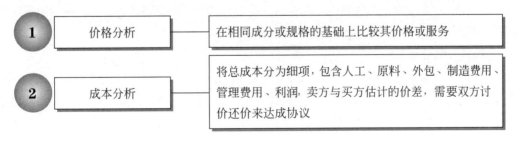

图2-5　比价的方法

（3）找出决定价格的主要因素。决定价格的主要因素是人工、原料抑或是外包，这可作为谈判的依据。

（4）价格的上涨对供应商的边际利润的影响。供应商的成本虽然上涨（比如由于通货膨胀），但其价格通常不能反映成本的增加（常有灌水现象）。

（5）实际与合理的价格是多少。

（6）对付价格上涨的最好对策。对策中重要的是方法与时机的掌握，这方面最好得到专家的协助。

4.对采购优劣势的分析

采购员必须评估与供应商谈判的力量，并分析有哪些优势或劣势，才能够选择适当的谈判策略与方法。比如属于采购方力量占优势的状况，有下列各项。

（1）采购数量占供应商的产能的比例大。

（2）供应商产能的成长超过采购方需求的成长。

（3）供应商产能利用率偏低。

（4）卖方市场竞争激烈，而买方并无指定的供应来源。

（5）买方最终产品的获利率高。

（6）物料成本占产品售价的比例低。

（7）断料停工损失成本低。

（8）买方自制能力高，而且自制成本低。

（9）采用新来源的成本低。

（10）买方购运时间充足，而卖方急于争取订单。

小提示

观察采购力量与供应力量的对抗情形，自然可以找出机会或弱点，而据此能够发现对付供应商的策略（压榨策略、平衡策略或多角化策略），此等策略将成为采购人员执行工作的行动方针。

二、采购谈判准备

采购谈判人员做好了整体的规划，接下来要开始进行"临门前"准备。采购谈判是谋求双赢的一种谈判，因此谈判者必须有充足的准备，并掌握一定准备技巧，以便灵活把握谈判过程中的细节。

1.收集采购谈判资料

（1）明确己方需求。明确己方需求就是要在谈判之前弄清楚企业需求什么、需求多少、需求时间、需要产品的质量、需要产品的规格及包装、价格底线。采购人员最好能够列出企业采购物料明细清单，此时可以参考表2-3。

表2-3　采购物料明细表

需求物品名称	规格	数量	交期	包装	价格底线	质量	运输方式

（2）调查资源市场。在对采购需求作出分析之后，采购人员要对资源市场进行调查分析，从而可以获得市场上有关物料的供给、需求等信息资料，为采购谈判的下一步提供决策依据。目前市场调查的内容可以参考表2-4。

表2-4　市场调查的内容

调查项目	调查内容	调查目的
产品供应需求情况	（1）对于该产品来讲，目前市场上是供大于求、供小于求还是供求平衡 （2）了解该产品目前在市场上的潜在需求者，是生产本企业同种产品的市场竞争者，还是生产本企业产品替代品的潜在市场竞争者	制定不同的采购谈判方案和策略，比如，当市场上该产品供大于求时，对于己方来说讨价还价就容易些，供小于求时情况则相反
产品销售情况	（1）该类产品各种型号在过去几年的销售量及价格波动情况 （2）该类产品的需求程度及潜在的销售量 （3）其他购买者对此类新、老产品的评价及要求	可以使谈判者大体掌握市场容量、销售量，有助于确定未来具体的购进数量
产品竞争情况	（1）生产同种所需产品供应商的数目及其规模 （2）所要采购产品的种类 （3）所需产品是否有合适的替代品及其生产供应商 （4）此类产品的各重要品牌的市场占有率及未来变动趋势 （5）竞争产品的品质、性能与设计 （6）主要竞争对手所提供的售后服务方式及中间商对这种服务的满意程度	通过产品竞争情况的调查，使谈判者能够掌握供应己方所需同类产品竞争者的数目、强弱等有关情况，寻找谈判对手的弱点，争取以较低的成本费用获得己方所需产品，也能使谈判者预测对方产品的市场竞争力，使自己保持清醒的头脑，在谈判桌上灵活掌握价格弹性
产品分销渠道	（1）各主要供应商采用何种经销路线，当地零售商或制造商是否聘用人员直接推销，其使用程度如何 （2）各种类型的中间商有无仓储设备 （3）各主要市场地区的批发商与零售商的数量 （4）各种销售推广、售后服务及存储商品的功能	可以掌握谈判对手的运输、仓储等管理成本的状况，在价格谈判时心中有数，而且可以针对供应商售后服务的弱点，要求对方在其他方面给予一定的补偿，争取谈判成功

（3）收集供方信息。

① 供应商的资信情况。对方是否具有签订合同的合法资格；对方的资本、信用和履约能力。

② 供应商的谈判作风和特点。谈判作风实质是谈判者在多次谈判中表现出来的一贯风格。了解谈判对手的谈判作风，可以为预测谈判的发展趋势和对方可能采取的策略，以及制定己方的谈判策略，提供重要的依据。

③ 供应商要求的货款支付方式、谈判最后期限等方面资料。

（4）整理与分析资料。在通过各种渠道收集到以上有关信息资料以后，采购人员还必须对它们进行整理和分析。此时应注意图2-6所示的事项。

事项一 ▷ 鉴别资料的真实性和可靠性

即去伪存真。在实际工作中，由于各种各样的原因和限制因素，在收集到的资料中，某些资料比较片面、不完全，有的甚至是虚假、伪造的，因而采购人员必须对这些收集到的初步资料做进一步的整理和甄别

事项二 ▷ 鉴别资料的相关性和有用性

即去粗取精。在资料具备真实性和可靠性的基础上，应结合谈判项目的具体内容与实际情况，分析各种因素与该谈判项目的关系，并根据它们对谈判的相关性、重要性和影响程度进行比较分析，并依此制定出具体切实可行的谈判方案和对策

图2-6 整理分析资料的注意事项

2. 制定采购谈判方案

（1）确定采购谈判目标。谈判目标是指参加谈判的目的。一般可以把谈判目标分为三个层次：必须达到的目标、中等目标、最高目标。具体为表2-5所示。

表2-5 采购谈判目标

目标层次	具体描述
必达目标	满足本企业（地区、行业或单位）对原材料、零售件或产品的需求量、质量和规格等
中等目标	满足价格水平、经济效益水平等
最高目标	考虑供应商的售后服务情况，如供应商的送货、安装、质量保证、技术服务活动等

（2）安排采购谈判议程。谈判议程即谈判的议事日程，主要是说明谈判时间的安排和双方就哪些内容进行磋商。

① 确定采购谈判主题。要进行一次谈判，首先就要确定谈判的主题。一般来说，凡是与本次谈判相关的、需要双方展开讨论的问题，都可以作为谈判的议题。采购人员可以把它们一一罗列出来，然后根据实际情况，确定应重点解决哪些问题。对于采购谈判来讲，最重要的也就是谈判采购产品的质量、数量、价格水平、运输等方面。

② 安排采购谈判时间。谈判时间的安排，即要确定谈判在何时举行、为期多久。如果是一系列的谈判，则需要分阶段进行，还应对各个阶段的谈判时间作出安排。在选择谈判时间时，采购人员要考虑图2-7所示的3个因素。

（3）制定谈判备选方案。通常情况下，在谈判过程中难免会出现意外的事情，令谈判人员始料不及，从而影响谈判的进程。因而在谈判前，采购人员应对整个谈判过程中双方可能作出的一切行动进行正确的估计，并应依此设计出几个可行的备选方案。

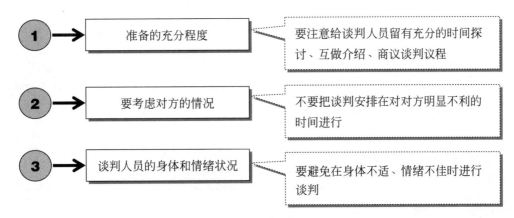

图2-7　选择谈判时间时应考虑的因素

小提示

在制定谈判备选方案时，可以注明在何种情况下，可以使用此备选方案，以及备选方案的详细内容、操作说明等。

3.选择采购谈判队伍

采购谈判队伍的选择，就是指在对谈判对手情况以及谈判环境诸因素，进行充分分析、研究的基础上，根据谈判的内容、难易程度选择谈判人员，组织高效精悍的谈判队伍。

（1）谈判队伍选择的原则。采购管理人员在选择采购谈判队伍时应按照以下原则。

① 根据谈判的内容、重要性和难易程度组织谈判队伍。在确定谈判队伍阵容时，应着重考虑谈判主体的大小、重要性和难易程度等因素，依此来决定派选的人员和人数。此时应遵循图2-8所示的原则。

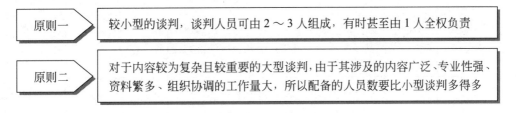

图2-8　谈判队伍组织原则

② 根据谈判对手的具体情况组织谈判队伍。在对谈判对手的情况做了基本的了解以后，就可以依据谈判对手的特点和作风来配备谈判人员。一般可以遵循对等原则，即己方谈判队伍的整体实力与对方谈判队伍的整体实力相同或对等。

（2）谈判人员的选择与配备。

① 在通常情况下，参加采购谈判的人数往往超过一人，而组成谈判小组。

② 对于复杂的较为重要的谈判来讲，首先可以满足谈判中多学科、多专业的知识需求，

取得知识结构上的互补与综合优势；其次可以群策群力、集思广益，形成集体的进取与抵抗的力量。

（3）谈判人员的分工与合作。

① 谈判人员的分工。在确定了具体谈判人员并组成谈判小组之后，就要对其内部成员进行分工，从而确定主谈与辅谈，具体如图2-9所示。

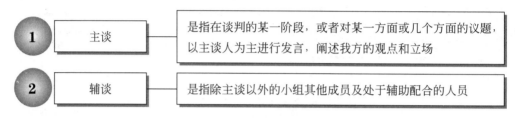

| 1 | 主谈 | 是指在谈判的某一阶段，或者对某一方面或几个方面的议题，以主谈人为主进行发言，阐述我方的观点和立场 |
| 2 | 辅谈 | 是指除主谈以外的小组其他成员及处于辅助配合的人员 |

图2-9　主谈与辅谈的定义

② 谈判人员的合作。主谈与辅谈人员在谈判过程中并不是各行其是，而是在主谈人员的指挥下，互相密切配合。

总之，既要根据谈判的内容和个人的专长进行适当的分工，明确个人的职责，又要在谈判中按照既定的方案相机而动、彼此呼应，形成目标一致的有机谈判统一体。

4.确定谈判地点

谈判地点的选择有三种情况：己方所在地、对方所在地、双方之外的第三地。对于最后一种情况，往往是双方在参加产品展销会时进行的谈判。三种地点选择有利有弊，具体如表2-6所示。

表2-6　谈判地点的优缺点

谈判地点	优点	缺点
己方所在地	·以逸待劳，无需熟悉环境或适应环境这一过程 ·随机应变，可以根据谈判形式的发展随时调整谈判计划、人员、目标等 ·创造气氛，可以利用地利之便，通过热情接待对方、关心其谈判期间生活等，显示己方的谈判诚意，创造融洽的谈判氛围，从而促使谈判成功	·要承担繁琐的接待工作 ·谈判可能常常受己方领导的制约，不能使谈判小组独立地进行工作
对方所在地	·不必承担接待工作，可以全心全意地投入到谈判中去 ·可以顺便实地考察对方的生产经营状况，取得第一手的资料 ·在遇到敏感性的问题时，可以说资料不全而委婉地拒绝答复	·要有一个熟悉和适应对方环境的过程 ·谈判中遇到困难时，难以调整自己，容易产生不稳定的情绪，进而影响谈判结果
双方之外的第三地	对于双方来说在心理上都会感到较为公平合理，有利于缓和双方的关系	由于双方都远离自己的所在地，因此在谈判准备上会有所欠缺，谈判中难免会产生争论，从而影响谈判的成功率

5.安排与布置谈判现场

在己方所在地进行谈判时，己方要承担谈判现场的安排与布置工作。为了能充分利用表2-6所述优点，在做此项工作时，也要讲求科学和艺术，为己所用。进行具体操作时应注意以下事项。

（1）最好能够为谈判安排三个房间。一间作为双方的主谈判室，另外两间作为各方的备用室或休息室。其要求如图2-10所示。

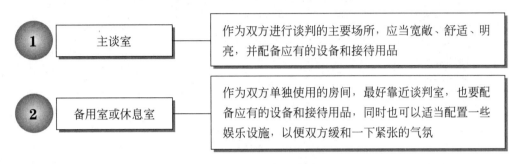

图2-10　谈判场所的要求

（2）谈判双方座位的安排也应认真考虑。通常有两种座位安排方式：双方各居谈判桌一边，相对而坐；双方谈判人员随意就座。两种安排方式各有千秋，要根据实际情况加以选择。

6.模拟谈判

为了提高谈判工作的效率，使谈判方案、计划等各项准备工作更加周密、更有针对性，因此在谈判准备工作基本完成以后，应对此项准备工作进行检查。而在实践中行之有效的方法就是进行模拟谈判。有效的模拟谈判可以预先暴露己方谈判方案、计划的不足之处及薄弱环节，检验己方谈判人员的总体素质，提高他们的应变能力，从而减少失误、实现谈判目标。

> **小提示**
>
> 　　模拟谈判双方可以由己方谈判人员与己方非谈判人员组成，也可以在己方谈判小组内部分为两方进行。

第三节　采购谈判的步骤与细节

在谈判开始前，我们必须知道谈判的各个步骤，如图2-11所示。

一、有礼貌的相互介绍

谈判中有邀请方与被邀请方，因此，作为负责这项事务的采购员与业务员必须肩负起相互介绍的担子。在相互介绍时，采购人员应注意以下事项。

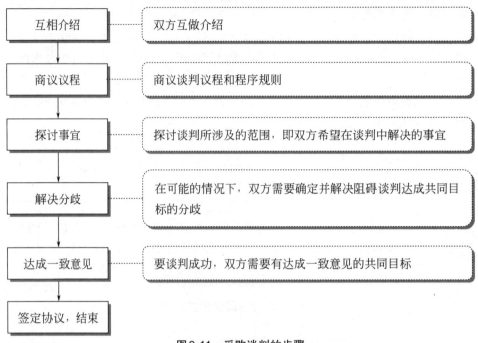

图2-11 采购谈判的步骤

谈判中的几点注意如下。

（1）首先可用一方的采购员（业务员）来负责介绍对方主要人员，然后依次按职务高低介绍。

（2）介绍时要坚持客方优先的原则。

（3）介绍后邀请双方入座，并向对方通报今天的具体谈判议程安排。

 案例 ▶▶▶ --

介绍时因随意导致谈判失败

2019年10月，KK公司转型成功，从之前的制造性企业转为销售性企业，同时也开始了从原始采购配件、自己组装成品转为采购成品销售。当月，公司采购部便来了一批成品销售商，并要进行采购谈判。由于采购经理A对公司贡献颇大，在制造企业时期的员工中声望很高，得以留任，公司责成采购经理A负责谈判事务。

在谈判开始前双方介绍时，采购经理A开始介绍双方人员："这就是那位会买鱼的老弟，咋今天才晓得往老哥这儿跑呢？"

对方这位销售人员一听非常不高兴，但作为公司销售员来说面对的是公司业务而非个人得失，也没有表现出不情愿的样子。但接着介绍销售方经理的时候，这位采购经理A居然说："今儿来我老A一亩三分地，敢不留下买路财。"

由于这家供应商的销售经理无法理解这些在当地员工看来是很亲切的话，其当即表示拒绝合作，并说这是一家"土匪"公司。

最后公司总经理出面谈判才签约成功，但销售方提出要求，在以后的谈判中不允许采购经理A出面。

二、立场表现要明确

立场即认识和处理问题时所处的地位和所抱的态度。采购人员在谈判时要立场明确，应知晓以下常识。

1.表示出求"双赢"

在谈判时，要表示出我们谈判的目的是双赢。事实证明，大部分成功的采购谈判，都要在和谐的气氛下进行，才可能达成。而在相同条件交涉上，站在对方的立场上去说明，往往更有说服力。

双赢绝对不是50：50。事实上，有经验的采购人员，总会设法为自己的公司争取最好的条件，然后也让对方得到一点好处。因此站在采购的立场上，谈判的结果应是60：40、70：30，甚至是80：20。

 **案例** ▶▶▶ ------------------------------------

谈判中一味穷追猛打

2019年，YY公司采购员薛某，去一制造厂家采购手机配件。由于该供应厂家觉得YY公司可以长期合作，并在双方谈判中表示出退让，愿意在前几次供货时用微利润换取长期合作。这一点被薛某发现后，薛某认为有机可乘。

在谈判中，该供应厂家表示："我们的立场鲜明，我们的目的是长期合作。"

薛某："我们公司也愿意，不过要看你们的合作态度。"

该供应厂家："你们可以提供技术给我们，我们仅留2%的利润用来维持公司发展，其余的可以优惠价格给你们。"

薛某："我看这样吧，你们在价格上再降10%。"

该供应厂家："我们没有利润了，何来发展呢？"

薛某："这是最低限度，你知道我们公司的供应商众多。"

该供应厂家："我们没有利润了，那就不用谈了。我们自己开发技术。"

从案例中可以发现，YY公司采购员薛某的立场出现了严重错误。采购员对公司的贡献是维持双赢合作，而不是把供应商逼得没有退路。

2."产品质量"不可让步

产品质量是采购商的门面，因此在谈判时，采购员会要供应方提供明确质量保证要求以及质量责任，甚至要求供应方提供质量保证依据。在谈判中，采购方绝对不能牺牲质量来确保最低价格的实现。

 **案例** ▶▶▶ --

谈判中对产品质量立场不明确

在采购活动中，质量是第一条件。DY公司的采购员小李为了完成任务，不惜用产品质量为代价，给公司带来巨大的损失。

DY公司是一家大型猪饲料销售企业。由于公司销售量增加，要求公司采购员加大猪饲料采购量。在2018年4月，公司规定每个采购员的采购量是100吨。但月末已到，小李的饲料采购量还不到50吨。问题不是采购不到猪饲料，而是许多猪饲料质量不达标。达标的猪饲料单价太高，超过了公司的允许范围。情急之下，小李决定冒险一次，他看到××饲料厂的猪饲料的质量要求与公司要求质量差不了多少，只是含量中X元素不达标而已。

为了完成采购任务，小李与××饲料厂达成协议，DY公司采购100吨，价格下调20%。这刚好在公司的允许范围之内，质量不达标的饲料在包装上进行改动。

采购回来的饲料在化验中，发现含X元素不达标。DY公司责怪××饲料厂造假，而××饲料厂声称之前与小李有协议，因此双方见诸于法庭。

3.谈判属于组织行为

采购谈判是采购员代表企业或者组织同供应方的企业或者组织的销售代表实施谈判，因此采购员个人素质决定着谈判的成败。如果某个采购员对某家供应商带有异样眼光，很容易导致采购谈判的失败。

三、议程中遵循三原则

谈判议程即谈判的议事日程，它主要是说明谈判时间的安排和双方就哪些内容进行磋商。在进行谈判之前，要确定谈判的主题与谈判议程，在执行谈判中，应该遵循谈判议程执行谈判。凡是与本次谈判相关的、需要双方展开讨论的问题，都要作为谈判的议题。因此采购人员在规划谈判议程时必须把握好图2-12所示的3个原则。

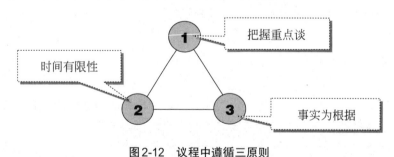

图2-12　议程中遵循三原则

1.把握重点谈

谈判时，可以把谈判主题一一罗列出来，然后根据实际情况，确定应重点解决哪些问题。对于采购谈判来讲，最重要的也就是要把握采购原材料的质量、数量、价格水平、运输等方面，所以应把这些问题作为议题重点加以讨论。

2.时间有限性

一般说来，必须把握谈判时间进度，因为人的精力有限，有些谈判需要长年累月谈，由于供需双方的利益不一样，可能谈判达成时间不一样，原则上应尽量有利于己方的达成时间。对于一般性企业，应该从快处理；而对国际性采购，因其已经固定化了采购方式，可以根据价格需要采取一些谈判拖延战略。

3.事实为根据

作为谈判双方，供方必须展示出自己真实的技术、质量、生产实力，采购方也必须展示出自己真实的购买能力，可以邀请采购方查厂或者采购方支付一定定金。

四、选择适当的谈判方式

在谈判中，选择适当的谈判方式对于采购员来说是非常重要的。采购方式可以根据谈判具体情况来确定，一般来说，谈判方式有如下两种。

1.强硬性谈判

强硬谈判不是说谈判中采用强硬的语气，而是指在谈判中采取强硬的立场绝不让步。采购人员在采取强硬性采购谈判时应把握图2-13所示的5个条件。

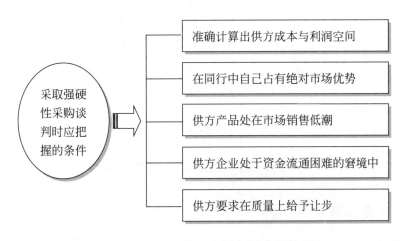

图2-13　采取强硬性采购谈判时应把握的条件

 **案例** ▶▶▶ --

H公司的乘人之危

H公司是一家大型电子销售集成公司。由于H公司的文化里面含有"西点军校"式文化味道，因此他们的采购谈判常常被称为乘人之危。

H公司采购员Q先生，是一位非常严谨的采购员，每次谈判都"斤斤计较"。2019

年3月，Q先生带领采购团队，采购西南某基地F公司的电子产品。在谈判前，他已经了解了各项情况，知道西南市场的电子产品处于不景气状态，也了解了市价，同时请H公司的财务人员估算了F公司的电子产品的成本。

在谈判中，F公司："价格无法下调了。"

Q先生："为什么？没有利润了？"

F公司："我们利润非常微薄了。再下调，公司等于白干了。"

Q先生："我们来核算下成本……如果你们下调10%，还有23.5%的利润空间，完全可以维持你们企业的生存与我们的未来合作。"

F公司："Q先生，另外一个企业Y公司也谈在这个价格上。"

Q先生："不，我们已经调查了，Y公司已经表示退出中国市场了。"

F公司的谈判人员目瞪口呆，不得不佩服Q先生高超的谈判技术与周密的布置。

2.温柔性谈判

温柔性谈判，是指在采购谈判中采取让步的状态，来达成交易目的。某些企业在出现库存不足，或者其他物质紧缺情况下，通常会在采购谈判中采用温柔性谈判。采购人员在采取温柔性谈判时应把握图2-14所示的四个条件。

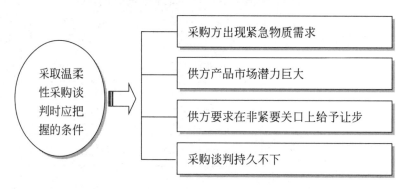

图2-14　采取温柔性采购谈判时应把握的条件

五、僵局一定要打破

采购谈判中，在谈及价格与交期问题时，出现僵局是很难避免的。一般认为，在谈判出现僵局时，采购人员可采取图2-15所示的技巧。

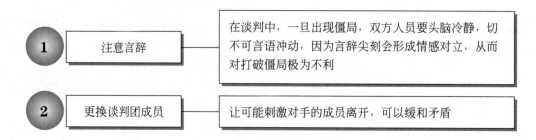

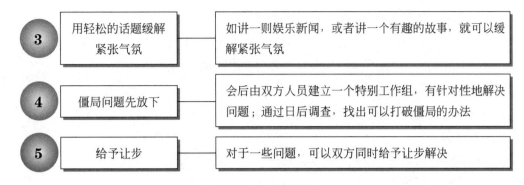

图2-15 打破僵局的技巧

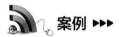 案例 ▶▶▶ --

适时让步化解谈判僵局

华北某汽车制造集团C公司与东南亚某国D公司，就购买橡胶进行了马拉松式的持久谈判。D公司开价高得惊人，尽管双方僵持激烈，但D公司不在乎僵局。为了打破僵局，C公司恳求政府支持，政府选派的是一名杰出的商务谈判高手，结果她也很久谈不下来。

于是这位谈判高手采取了幽默的方式，以退为攻，说："好吧，我同意贵方的报价。如果我的政府与我的公司不同意这个高价，我愿意用我的工资来支付。但是，请允许我分期付款，可能我要支付一辈子。"D公司谈判代表忍不住一笑，发现继续谈下去也无法打破僵局，最后一致同意把橡胶价格下调20%。

从这个案例可以明显看出，D公司的让步对谈判的成功起了关键的作用。这种让步就是以退为进，它对谈判双方都很有利，而这位谈判高手的幽默也起了不可估量的作用。

六、谈判结束时的细节

谈判结束是谈判的最后阶段，在这一阶段，主要应做好图2-16所示的工作。

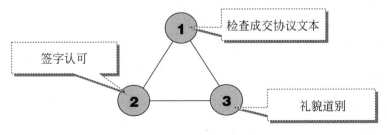

图2-16 谈判结束时的细节

1.检查成交协议文本

应该对文本做一次详细的检查，尤其是对关键的词句和数字的检查一定要仔细认真。一般应该采用统一的、经过公司法律顾问审定的标准格式文本，如合同书、订货单等；对于大宗或成套项目交易，其最后文本一定要经过公司法律顾问的审核。

2.签字认可

经过检查审核之后，由谈判小组组长或谈判人员进行签字并加盖公章，予以认可。

3.礼貌道别

无论是什么样的谈判以及谈判的结果如何，双方都应该诚恳地感谢对方并礼貌道别，以利于建立长期的合作关系。

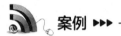 案例 ▶▶▶ --

货品单位未明确标识导致合同纠纷

谈判结束时，检查合同是一项重要的环节，因为合同的字面意思而导致纠纷的事件频出。

2019年1月，Y制造厂与H纸张公司产生了合同纠纷。

1月9日，Y制造厂采购H公司纸张作为包装纸。当晚，双方谈判结束，两家企业庆祝开始合作，但没有人去检查合同上的文字歧义。

1月10日，H公司开始给Y制造厂供纸。1月11日，Y制造厂打电话告诉H公司其纸张不合格，要求重做，但H公司认为是按合同执行的。双方一对照合同，合同上写明所有纸张按12×13执行。H公司是国内企业，当然按12厘米×13厘米执行生产，而Y制造厂是外资企业，在他们的观念中，12×13的单位是英寸。

从此案例中可以看出，在谈判结束后检查合同是非常重要的，否则会出现很大的纠纷。

第四节 采购谈判的策略与技巧

采购人员在谈判时，还应掌握一定的谈判策略、技巧，才会在谈判时争取主动。作为采购人员，应熟知以下谈判策略、技巧。

一、把握准谈判对手的性格

1.采购谈判人员的四种性格

英国学者盖温·肯尼迪对谈判人员作出过这样的总结，认为谈判人员可以分为表2-7所示的4种性格。

表2-7 谈判人员的四种性格

序号	性格类型	具体说明
1	驴式性格	其特点是：不动脑筋，轻率反应，明知不对顽固坚持，或是抱着不切实际的所谓"原则"不放，以无知作主导，谈判时必然干蠢事
2	羊式性格	有些企业的销售人员忙于完成销售任务，他们对任何东西都能接受，总是听人摆布，他们行事无主见，任人左右，缺乏为自身利益而斗争的意识，往往事事屈从，唯恐得罪了对方，甚至对方不高兴他也要怕
3	狐式性格	有些企业的销售人善于玩小聪明，他们能洞察谈判的发展，不择手段地攫取想要的东西，他们诱使旁人钻入圈套，只要能达目的就无所不用其极
4	枭式性格	有些资深企业经营者在参与谈判的时候具有长远眼光，重在建立真诚的关系，以求取得想要得到的东西，他们面对威胁与机遇都能处变不惊，从容应付，以自己的言行赢得对方的尊敬

2.各式性格的特点

以上不同性格各具特点，具体如表2-8所示。

表2-8 各式性格的特点

序号	性格类型	具体特点
1	驴式性格	（1）爱以老大自居：有些企业销售人员，靠自己与企业经营者的关系或者本企业势力，处处摆老大的架子 （2）好面子：明知错了，却要强说自己正确，目的是等待台阶下 （3）没有主见：这部分销售人员的主见来自上级领导，自己没有主见 （4）固执：由于没有主见且爱面子，必然固执
2	羊式性格	（1）老好人：为了达到销售目的，喜欢当老好人，把客户签下为目的，不管企业是否有制造与供应能力 （2）没有主见：这部分销售人员的主见来自客户，自己没有主见 （3）人际关系好：由于是老好人，供应商非常喜欢这类性格 （4）责任心强：这类销售人员一般比较务实，只要答应客户的事情一般都能办到，供应商对此谈判人员可以放心
3	狐式性格	（1）八面玲珑：这类企业销售人员往往从人际关系上下功夫，常常表现为八面玲珑、四面讨好，常用回扣来麻痹一些采购人员 （2）笑里藏刀：他们常常表面上装出真诚，诱使采购员钻入圈套，只要能达目的就无所不用其极 （3）没有责任：他们更多是为了谋求自己利益，从来不关心采购方与供方利益 （4）善于谈判：狐式性格之所以可以获得经营者的青睐，在于他们的谈判技能
4	枭式性格	（1）处变不惊：他们在谈判时，面对采购员的任何威胁与诱惑都能处变不惊，从容应付，无懈可击 （2）眼光长远：他们在谈判时，不会拘于一时的得失，往往重于长远的销售打算 （3）业界有知名度：能够做到性格稳重，主要在业界多年打拼，对业界情况了如指掌，因此在业界会享有较高知名度 （4）谈判真诚：这些资深经营者早就秉承"诚信是商道的第一原则"

3.四种性格的对策

采购人员应针对以上谈判对手的四种性格、特点，做好相应的谈判对策。其具体对策如表2-9所示。

表2-9　谈判对手四种性格的相应对策

种类	对策	举例说明
驴式性格	立场坚定	"这虽是你们公司的规定，但这也是行业内部的规定" "我们用行业说话"
	用事实说话	"请出示样板" "这是你们上个月的销售量" "我们对你的制造研发成本进行了计算，请过目"
	给予适度吹捧	"王经理可谓是行内专家呀" "王业务员不愧为贵公司销售栋梁"
	注意提供台阶	"你说的是昨天的行情，看来王经理太累了，把昨天与今天混淆了" "王先生请给我留一条退路呀，不然我很难做啊"
羊式性格	真诚以待	"能认识你，相见恨晚，我们今天是来学习的" "请你先陈述意见吧"
	提升对方信心	"我们今天谈不成，没关系，最终会找到共同点的" "谈判嘛，就是要讲究双赢，要保证我们都能挣钱"
	主动提示	"不知你们老板有什么意见" "我建议为了保证安全，这个项目可能要你们上级与你一起来决定"
狐式性格	要坚持原则	"坚决不收回扣" "我们最好一次性谈清楚" "兄弟归兄弟，但公事归公事"
	要注意尺度	"这个问题已经不能让步了，请你再考虑" "根据行业规定，必须有合同书"
	辨别真伪	"对于这些问题，我们需要看你们的详细计划" "我要去你们车间看看"
枭式性格	真诚相待	"这是我们的产品型号，请过目" "你先开价吧，然后我们再报价"
	从长远看问题	"我们这次可以给你一次性价格，但也希望下次给我优惠" "我们的合作是长远的" "双赢是我们唯一目的"
	注意礼貌	"您先请" "初到贵公司，果然名不虚传呀" "签约后，我们开车送您"

二、不同优劣势下的谈判技巧

采购员在谈判时，还应掌握不同优劣势下的谈判技巧，才能做到游刃有余。

1.我方劣势谈判技巧

在采购谈判活动中，我方处于弱势情况时，可以采用吹毛求疵技巧、先斩后奏技巧、攻心技巧、疲惫技巧、权力有限技巧和对付阴谋型谈判作风的技巧。熟练把握和恰当运用这些技巧，有利于我方控制谈判的方向和进程。在这里主要介绍一下吹毛求疵谈判技巧。

吹毛求疵技巧常用在零售业中，但在生产性企业却不可这样做。

吹毛求疵技巧，就是指谈判中处于劣势的一方对有利的一方炫耀自己的实力，谈及对方的实力或优势时采取回避态度，而专门寻找对方弱点，伺机打击对方。

 **案例** ▶▶▶ --

吹毛求疵，找出压价的理由

苹果熟了，果园里一片繁忙景象。

一家果品公司的采购员A来到果园。"多少钱一公斤？""1.6元。""1.2元行吗？""少一分也不卖。"果农态度强硬，采购员A无计可施，悻悻离开。

不久，又一家公司的采购员B走上前来。"多少钱一公斤？""1.6元。""整筐卖多少钱？""零买不卖，整筐1.6元一公斤。"接着这家公司的采购员B挑出一大堆毛病来，如从质量、大小、色泽等。其实采购员B是在声明：瞧你的商品多差。而果农显然不同意他的说法，在价格上也不肯让步。

采购员B却不急于还价，而是不慌不忙地打开筐盖，拿起一个苹果掂量着、端详着，不紧不慢地说："个头还可以，但颜色不够红。这样上市卖不上好价呀！"

接着伸手往筐里掏，摸了一会儿摸出一个个头小的苹果："老板，您这一筐，表面是大的，筐底可藏着不少小的。这怎么算呢？"边说边继续在筐里摸着，一会儿，又摸出一个带伤的苹果："看，这里还有虫咬，也许是雹伤。您这苹果既不够红又不够大，算不上一级，勉强算二级就不错了。"

这时，果农沉不住气了，说话也和气了："您真想要，还个价吧。"双方终于以每公斤低于1.6元的价钱成交了。第一个采购员遭到拒绝，而第二个采购员却能以较低的价格成交。这关键在于，采购员B在谈判中，采取了"吹毛求疵"的战术，说出了压价的道理。

2.我方优势的应对技巧

我方处于优势，常常采用不开先例技巧。为了坚持和实现提出的交易条件，而采取的是用已有的先例来约束对方，从而使对方就范，接受己方交易条件的一种技巧。它是一种保护卖方利益，强化谈判地位和立场的最简单有效的方法。买方如果居于优势，对于有求于己的推销商进行谈判时也可参照应用。

 **案例** ▶▶▶ --

利用先例约束价格

下面是电冰箱进货商（甲方）与电冰箱供货商（乙方）对一批电冰箱价格所进行的谈判实况。

甲："你们提出的每台1700元，确实让我们难以接受。我们有诚意成交，能否每台降低300元？"

乙："你们提出的要求实在令人为难。一年来我们对进货的600多位客户给的都是这个价格。要是这次单独破例给你们调价，以后与其他客户的生意就难做了。很抱歉，我们每台1700元的价格不贵，不能再减价了。"

在这个关于电冰箱价格的谈判实例中，电冰箱供应商面对采购商希望降价的要求，为了维持己方提出的交易条件而不让步，便采取了不开先例的手法。对供应商来讲，过去与买方的价格都是每台1700元，现在如果答应了采购商要求降价就是在价格问题上开了一个先例，进而造成供应商在今后与其他客户发生交易行为时也不得不提供同样的优惠条件。所以，精明的供应商始终以不能开先例为由，委婉地回绝了对方提出的降价要求。

供应商在价格谈判中，成功地运用了不开先例的技巧，其原理是利用先例的力量来约束对方使其就范。

3.均势谈判技巧

均势谈判中，常采用迂回绕道技巧。所谓迂回绕道技巧，就是通过其他途径接近对方，建立了感情后再进行谈判。这种方法往往很奏效，因为任何人除了工作还会有许多业余活动，而这些业余活动如果是对方最感兴趣的事情，那么你就能成为对方的伙伴或支持者，感情就很容易沟通了，从而可以很容易换来经济上的合作。

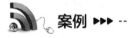 **案例** ▶▶▶ --

采用迂回战术获得订单

D公司向一家饭店推销面包，D公司派销售人员和部门经理W先生亲自上门推销，并向这家饭店做出价格优惠、服务上门、保证供应、保证质量的承诺，还表示了愿意建立长期合作关系的愿望，但饭店经理就是不买他的面包。

后来W先生采用了迂回战术才获得成功的。

原来W先生了解到，该饭店的经理是"××旅馆招待者"组织中的一员，他十分热衷于这一活动，被选为该组织的主席。不论该组织的会议在什么地方召开，他都不辞辛苦地参加。了解到这些情况后，当W先生再见到他时，绝口不谈面包一事，而是谈论那个组织，因此饭店经理十分高兴，跟W先生谈了半个小时，并建议W先生加入这一组织。几天之后，D公司便接到了这家饭店购买面包的订单。

三、采购谈判的沟通技巧

采购人员在谈判时，还要注意沟通技巧。其具体技巧可以参考以下内容。

1.谈判沟通的四种方式

一般来说，谈判沟通有图2-17所示的4种方式。

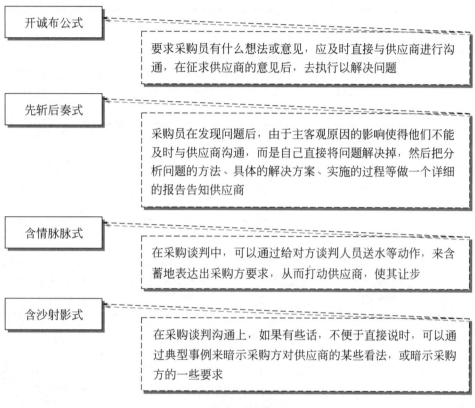

开诚布公式

要求采购员有什么想法或意见，应及时直接与供应商进行沟通，在征求供应商的意见后，去执行以解决问题

先斩后奏式

采购员在发现问题后，由于主客观原因的影响使得他们不能及时与供应商沟通，而是自己直接将问题解决掉，然后把分析问题的方法、具体的解决方案、实施的过程等做一个详细的报告告知供应商

含情脉脉式

在采购谈判中，可以通过给对方谈判人员送水等动作，来含蓄地表达出采购方要求，从而打动供应商，使其让步

含沙射影式

在采购谈判沟通上，如果有些话，不便于直接说时，可以通过典型事例来暗示采购方对供应商的某些看法，或暗示采购方的一些要求

图2-17　采购谈判沟通的四种方式

2.采购谈判的沟通技巧

常用的采购谈判的沟通技巧有图2-18所示的四种。

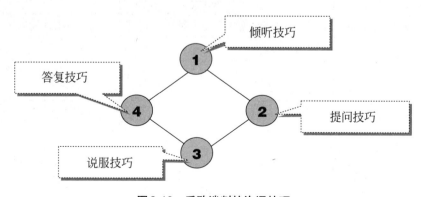

倾听技巧

答复技巧

提问技巧

说服技巧

图2-18　采购谈判的沟通技巧

（1）倾听技巧。在谈判时显得尤为重要。采购员在谈判时应掌握图2-19所示的倾听技巧。

技巧一 ▷ 摒弃先入为主的固定看法，以免影响倾听

采购人员和对方进行沟通时，要倾听对方讲话，不仅要注意听懂语言，更要揣摩其思想

技巧二 ▷ 切忌情绪化

在谈判沟通中当听到自认为不正确的意见或不利于自己的言论时，千万别太情绪化，这样会让自己听不下去对方谈的任何内容，也会给对方留下不好的印象，从而影响谈判的成功

技巧三 ▷ 一心不可二用

在谈判沟通时，切忌一心二用，这样会注意力分散，使听的内容不连贯、看的内容不全面，从而会影响谈判的进程

技巧四 ▷ 切忌注意力不集中

在谈判沟通中听对方讲话时，不应将注意力集中在对方的外貌和举止上，这样会不知道对方在谈的内容

图2-19 采购谈判的倾听技巧

（2）提问技巧。提问是进行有效口头沟通的关键工具。在谈判的各个阶段，为了达成协议，谈判人员可以提出各种类型的问题。此时采购人员可以采用表2-10所示的提问技巧。

表2-10 谈判沟通的提问技巧

序号	类型	内容	提问技巧案例
1	开放型问题	不能直接用"是"或"不是"来回答，包括谁、什么、为什么和什么时候	"你为什么那样认为？"
2	诱导型问题	鼓励对方给出你所希望的答案	"你是不是更喜欢……"
3	冷静型问题	感情色彩较淡	"降价如何影响标准？"
4	计划型问题	即一方谈判者事先准备好在谈判过程中的提问，或许这是议程的一部分	"如果我们提出某价格，你方会怎么考虑？"
5	奉承型问题	带有奉承的色彩	"你或许愿意与我们分享你在这方面的知识？"
6	窗口型问题	询问对方的见解	"你的看法是……"
7	指示型问题	切中主题	"价格是多少？"
8	检验型问题	询问对方对某一建议的反应	"你对此是否有兴趣？"

（3）说服技巧。谈判时，沟通还需掌握说服的技巧，这样才更容易取得谈判的成功。其具体技巧如图2-20所示。

图2-20 谈判沟通的说服技巧

（4）答复技巧。答复不是容易的事，回答的每一句话，都会被对方理解为是一种承诺，都负有责任。因此采购人员在答复时应掌握图2-21所示的技巧。

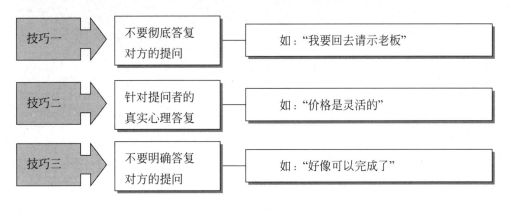

图2-21

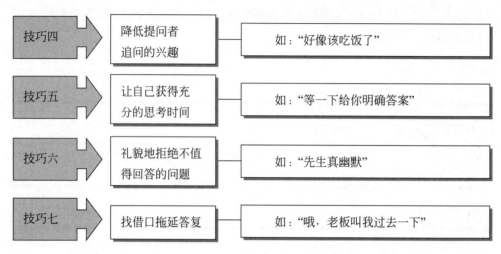

图2-21　采购谈判中的答复技巧

四、采购谈判的禁忌

采购谈判中有些禁忌，应该尽量避免。

1.准备不周

缺乏准备，首先无法得到对手的尊重，这样自己心理上就矮了一截，同时无法知己知彼，从而会漏洞百出，很容易被抓住马脚。

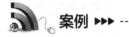　案例 ▶▶▶ --

准备不周导致采购价格过高

小王是一家公司新任命的采购员，仓促间被派往参与采购谈判。此时公司正在与一家制造企业洽谈配件的采购。

在谈判中，该供应商问小王，该产品的市场价格是多少。小王由于没有经过市场调查，便顺口说了公司规定的一个价格。该供应商便提出疑问："你们上次价格是××元，这次怎么变成这样呢？你不会记错了吧！"

小王装出自己一副知道的样子，说："没错！就是这么多。如果你们愿意合作的话，我们可以再加一点。"供应商随即答应。

合同签署后，小王才发现该供应商在欺诈他，因为上次价格还更低。

2.缺乏警觉

对供应商叙述的情况和某些词汇不够敏感，采购人员就无法抓住重点，无法迅速而充分地利用洽谈中出现的有利信息和机会。

3.脾气暴躁

人在生气时不可能做出好的判断。盛怒之下，往往会做出不明智的决定，并且还要承担不必要的风险，同时还会给对方留下非常不好的印象，在对方的心目中形成成见，使你在日后的谈判中处于被动状态。

4.自鸣得意

骄兵必败，原因是骄兵很容易过于暴露自己，结果让对手看清你的缺点，同时也失去了深入了解对手的机会。

另外，骄傲会令你做出不尊重对方的言行，激化对方的敌意和对立，增加不必要的矛盾，最终会增大自己谈判的困难。

5.过分谦虚

过分谦虚会产生以下两个效果。

（1）让别人认为你缺乏自信、缺乏能力，而失去对你的尊重。

（2）让人觉得你太世故、缺乏诚意，从而对你有戒心，产生不信任的感觉。

6.赶尽杀绝

会失去对别人的尊重，同时在关系型地区，也很有可能影响自己的职业生涯。

7.轻诺寡信

不要为了满足自己的虚荣心，越权承诺，或承诺自己没有能力做到的事情，不但使个人信誉受损，同时也影响企业的商誉。你要对自己和供应商明确这一点：为商信誉为本，无信无以为商。

8.过分沉默

过分沉默会令对方很尴尬。采购人员往往认为供应商是有求于自己，因此自己不需要理会对方的感受。对方若以为碰上了木头人，不知所措，也会减少信息的表达，最终无法通过充分的沟通了解更多的信息，反而让自己争取不到更好的交易条件。

9.无精打采

采购人员一天见几个供应商后就很疲劳了，但这时依然要保持职业精神，不要冲着对方的高昂兴致泼冷水，因为这可能让自己失去很多的贸易机会。

10.仓促草率

工作必须是基于良好的计划管理，仓促草率的后果之一是：被供应商认为是对他的不重视，从而无法赢得对方的尊重。

11.过分紧张

过分紧张是缺乏经验和自信的信号，通常供应商会觉得遇到了生手，好欺负，一定会好好利用这个机会。供应商会抬高谈判的底线，可能使你一开始就无法达到领导为你设定的谈判目标。

12.贪得无厌

工作中，在合法合理的范围里，聪明的供应商总是以各种方式迎合和讨好采购人员。遵纪守法、自律廉洁是采购员的基本职业道德，也是发挥业务能力的前提。因此采购人员应当重视长期收益，而非短期利益。

13. 玩弄权术

不论是处理企业内部还是外部的关系，都应以诚实、客观的处事态度和风格来行事。玩弄权术最终损失的是自己，因为时间会使真相暴露。

14. 泄露机密

天机不可泄露，严守商业机密是雇员职业道德中最重要的条件。采购人员应时刻保持警觉性，在业务沟通中要绝对避免暴露明确和详细的业务信息。当有事要离开谈判座位时，一定要合上资料、关掉电脑，或将资料直接带出房间。

 相关链接

采购压价的技巧

一、还价技巧

采购员谈判中还价技巧如下。

1. 要有弹性

在价格谈判中，还价要讲究弹性。对于采购人员来说，切忌漫天还价，也不要一开始就还出了最低价。前者让人觉得是在"光天化日下抢劫"，而后者却因失去弹性而处于被动，让人觉得有欠精明，从而使价格谈判毫无进行的余地。

2. 化零为整

采购人员在还价时可以将价格集中起来，化零为整。这样可以在供应商心理上造成相对的价格昂贵感，会比用小数目进行报价获得更好的交易价格。

这种报价方式的主要内容是换算成大单位的价格，加大计量单位。如将"公斤"改为"吨"、"两"改为"公斤"；"月"改为"年"、"日"改为"月"、"小时"改为"天"、"秒"改为"小时"等。

3. 过关斩将

所谓"过关斩将"，即采购人员应善用上级主管的议价能力。通常供应商不会自动降价，采购人员必须据理力争。但是，供应商的降价意愿与幅度视议价的对象而定。因此，如果采购人员对议价的结果不太满意，此时应要求上级主管来和供应商议价。当买方提高议价者的层次，卖方有受到敬重的感觉，可能同意增加降价的幅度。

若采购金额巨大，采购人员甚至可进而请求更高层的主管（如采购经理，甚至副总经理或总经理）邀约卖方的业务主管（如业务经理等）面谈，或直接由买方的高层主管与对方的高层主管直接对话，此举通常效果不错。因为，高层主管不但议价技巧与谈判能力高超，且社会关系及地位崇高，甚至与卖方的经营者有相互投资或事业合作的关系。因此，通常只要招呼一声，就可获得令人料想不到的议价效果。

4. 压迫降价

所谓压迫降价，是买方占优势的情况下，以胁迫的方式要求供应商降低价格，并不征询供应商的意见。这通常是在卖方处于产品销路欠佳，或竞争十分激烈，以致发生亏损和利润微薄的情况下进行。

此时采购人员通常遵照公司的紧急措施，通知供应商自特定日期起降价若干，若原来供应商缺乏配合意愿，即行更换供应来源。当然，此种激烈的降价手段，会破坏供需双方的和谐关系；当市场好转时，原来委曲求全的供应商，不是"以牙还牙"抬高售价，就是另谋发展，因此供需关系难能维持良久。

5.敲山震虎

在价格谈判中，巧妙地暗示对方存在的危机，可以迫使对方降价。

通过暗示对方不利的因素，从而使对方在价格问题上处于被动，有利于自己提出的价格获得认同，这就是这种还价法的技巧所在。但必须"点到为止"，而且要给人一种"雪中送炭"的感觉，让供应商觉得并非幸灾乐祸、趁火打劫，而是真心诚意地想合作、想给予帮助——当然这是有利于双方的帮助，那么还价也就天经地义了。

二、杀价技巧

采购谈判中的杀价技巧如下表所示。

采购杀价的技巧

序号	种类	具体技巧
1	开低走高	一开始就赶尽杀绝，三百的一杀就是一百五，然后逐档添价，步步紧逼，一百六、一百七，并故作大方状："已添了这么多的价钱，你还好意思不卖？"
2	欲擒故纵	价钱杀不下来，索性不买了，掉头就走，借此迫使对方让步，人若给叫回来，买卖就成交了
3	疲劳轰炸、死缠不放	考验耐力，不断唇枪舌剑磨价钱，今天不成，明天再来，谁能坚持最后五分钟，谁就是此舌战的胜利者
4	百般挑剔	把产品数落一番，东说这不好，西说那不好，指出毛病一箩筐，借此挫低卖方士气，杀价目的或许可成
5	博人同情	和供应商杀价时，可以这样说："这种商品十全十美，中意极了，可惜我们资金有限，只能出这个价。"只要供应商心软，价钱就好谈了
6	施以哄功	循循善诱，希望供应商算便宜点，保证给其介绍大客户，予以利诱，使其立场软化、降低价格

三、让步技巧

采购人员应知的让步技巧具体如下。

（1）谨慎让步，要让对方意识到你的每一次让步都是艰难的，使对方充满期待，并且每次让步的幅度不能过大。

（2）尽量迫使对方在关键问题上先行让步，而本方则在对手的强烈要求下，在次要方面或者较小的问题上让步。

（3）不做无谓的让步，每次让步都需要对方用一定的条件交换。

（4）了解对手的真实状况，在对方急需的条件上坚守阵地。

（5）事前做好让步的计划，所有的让步应该是有序的，并将具有实际价值和没有实际价值的条件区别开来，在不同的阶段和条件下使用。

四、讨价还价技巧

采购人员需知的讨价还价技巧如下。

1. 欲擒故纵

由于买卖双方势力均衡，任何一方无法以力取胜，因此必须斗智。采购人员应该设法掩藏购买的意愿，不要明显表露非买不可的心态，否则若被供应商识破非买不可的处境，将使采购人员处于劣势。

所以，此时采购人员应采取"若即若离"的姿态，从试探性的询价着手。若能判断供应商有强烈的销售意愿，再要求更低的价格，并作出不答应即行放弃或另行寻求其他来源的表现。通常，若采购人员出价太低，供应商无销售意愿，则不会要求采购人员加价；若供应商虽想销售，但利润太低，即要求采购人员酌予加价。此时，采购人员的需求若相当急迫，应可同意略加价，迅速成交；若采购人员并非迫切需求，可表明绝不加价的意思，供应商则极可能同意买方的低价要求。

2. 差额均摊

由于买卖双方议价的结果，存在着差距，若双方各不相让，则交易告吹，采购人员无法取得必需的商品，供应商丧失了获取利润的机会。因此，为了促成双方的成功交易，最好的方式就是采取"中庸"之道，即将双方议价的差额，各承担一半。

3. 迂回战术

在供应商占优势时，正面议价通常效果不好，此时采取迂回战术才能奏效。

比如，某超市在本地总代理购入某项化妆品，发现价格竟比同业某公司的购入价贵。因此超市总经理要求总代理说明原委，并比照售予同业的价格。未料总代理未能解释其中道理，也不愿意降价。因此，采购人员就委托原产国的某贸易商，先行在该国购入该项化妆品，再转运至超市。因为总代理的利润偏高，此种转运安排虽然费用增加，但总成本还是比通过总代理购入的价格便宜。

当然，此种迂回战术是否成功，有赖于运转工作是否可行。有些原厂限制货品越区销售，则迂回战术执行就有困难。

4. 直捣黄龙

有些单一来源的总代理商，对采购人员的议价要求置之不理，一副"姜太公钓鱼，愿者上钩"的姿态，使采购人员有被侮辱的感觉。此时，若能摆脱总代理商，寻求原制造商的报价将是良策。

比如，某超市拟购一批健身器材，经总代理商报价后，采购人员虽然三番两次邀请总代理商前来议价，但总代理商却总是推三阻四。后来，采购人员查阅产品目录时，发送要求降价12%的传真给原厂，事实上其只是存着姑且一试的心理，不料次日原厂回电同意降价，使采购人员开心不已。

从上述的事例中，可以看出采购人员对所谓的总代理应在议价的过程中辨认其虚实。因为有些供应商自称为总代理，事实上，并未与国外原厂签订任何合约或协议，只想借总代理的名义自抬身价，获取超额利润。因此，当采购人员向国外原厂询价时，多半会获得回音。但是，在产、销分离制度相当严谨的国家，如日本，迂回战术往往无效。因为原厂通常会把询价单转交当地的代理商，不会自行报价。

5.哀兵姿态

在居于劣势情况下，采购人员应以"哀兵"姿态争取供应商的同情与支持。由于采购人员没有能力与供应商议价，有时会以预算不足作借口，请求供应商同意在其有限的费用下，勉为其难地将货品卖给他，而达到减价的目的。

一方面采购人员必须施展"动之以情"的议价功夫，另一方面则口头承诺将来"感恩图报"，换取供应商"来日方长"的打算。此时，若供应商并非血本无归，只是削减原本过高的利润，则双方可能成交；若采购人员的预算距离供应商的底价太远，供应商将无利可图，不为采购人员的诉求所动。

6.釜底抽薪

为了避免供应商处于优势下攫取暴利，采购人员应同意让供应商有"合理"的利润，否则胡乱杀价，仍然给予供应商可乘之机。因此，通常采购人员应要求供应商提供其所有成本资料。对国外货品而言，则请总代理商提供一切进口单据，借以查核真实的成本，然后加计合理的利润作为采购的价格。

五、直接议价技巧

即使面临通货膨胀、物价上涨时，直接议价仍能达到降低价格的功能。因此在议价协商的过程中，采购人员可以用直接议价的方式进行谈判。其具体技巧有以下4种。

1.以原价订购

当供应商提高售价时，往往不愿意花太多时间在重复议价的交涉上，因此若为其原有的顾客，则可利用此点，要求沿用原来价格购买。

2.直接说明预设底价

在议价过程中，采购人员可直接表明预设的底价，如此可促使供应商提出较接近该底价的价格，进而要求对方降价。

3.不干拉倒

此法适用于：当采购人员不想再讨价还价时；当议价结果已达到采购人员可以接受的价格上限。

4.要求说明提高售价的原因

供应商提高售价，常常归到原料上涨、工资提高、利润太薄等原因。采购人员在议价协商时，应对任何不合理的加价提出质疑，如此可掌握要求供应商降价的机会。

六、间接议价技巧

1.针对价格的议价技巧

在议价的过程中，也可以以间接方式进行议价。采购人员可用下列3种技巧来进行协商。

（1）议价时不要急于进入主题。在开始商谈时，最好先谈一些不相关的话题，借此熟悉对方周围事物，并使双方放松心情，再慢慢引入主题。

（2）运用"低姿势"。在议价协商时，对供应商所提的价格，尽量表示困难，多说"唉！""没办法！"等字眼，以低姿势博取对方同情。

（3）尽量避免书信或电话议价，而要求面对面接触。面对面的商谈，沟通效果较佳，往往可借肢体语言、表情来说服对方，进而要求对方妥协，予以降价。

2.针对非价格因素的议价技巧

在进行议价协商的过程中，除了上述针对价格所提出的议价技巧外，采购人员亦可利用其他非价格的因素来进行议价。其具体技巧如下。

（1）在协商议价中要求供应商分担售后服务及其他费用。当供应商决定提高售价，而不愿有所变动时，采购人员不应放弃谈判，而可改变议价方针，针对其他非价格部分要求获得补偿。最明显的例子，便是要求供应商提供售后服务，如大件家电的维修、送货等。

在一般的交易中，供应商通常将维修送货成本加于售价中，因此常使采购人员忽略此项成本。所以在供应商执意提高售价时，采购人员可要求供应商负担所有维修送货成本，而不将此项成本进行转嫁，如此也能间接达到议价功能。

（2）善用"妥协"技巧。在供应商价格居高不下时，采购人员若坚持继续协商，往往不能达到效果。此时可采取妥协技巧，对少部分不重要的细节，可做适当让步，再从妥协中要求对方回馈。如此亦可间接达到议价功能。但妥协技巧的使用须注意以下事项。

① 一次只能做一点点的妥协，如此才能留有再妥协的余地。

② 妥协时马上要求对方给予回馈补偿。

③ 即使赞同对方所提的意见，亦不要答应太快。

④ 记录每次妥协的地方，以供参考。

（3）利用专注的倾听和温和的态度，博得对方好感。采购人员在协商过程中，应仔细地倾听对方说明，在争取权益时，可利用所获对方资料，或法规章程，进行合理的谈判。即"晓之以理，动之以情，行之以法"。

03

第三章
采购合同管理

导言

　　合同是契约经济的产物，是商品交换的法律表现形式，同时也是产生纠纷的根源，能否实施有效的合同管理，是现代企业经营管理成败的一个重要因素。如果企业拥有完善的采购合同管理制度，并可以高效地组织实施，则可以为企业带来市场竞争的优势。

第一节　采购合同的形式

　　一份买卖合同应该内容完整、叙述具体，否则容易产生法律纠纷。通常采购合同没有固定形式，但在签订采购合同时采购人员大体上还是应遵照开头、正文、结尾、附件的形式。

一、合同的开头

　　合同的开头应包括以下内容。
　　（1）名称。如设备采购合同、原材料采购合同等。
　　（2）编号。
　　（3）签订时间。
　　（4）签订地点。
　　（5）买卖双方名称。
　　（6）合同序言。如"双方一致认同""特立下此和约"等。

二、合同的正文

　　采购合同的正文条款构成了采购合同的内容，应当力求具体明确、便于执行、避免发生纠纷。其应具备以下主要内容。

1.产品的品种、规格和数量、价格

　　商品的品种应具体，避免使用综合品名；商品的规格应规定颜色、式样、尺码和牌号等；商品的数量应按国家统一的计量单位标出。必要时，可附上商品品种、规格、数量明细表。

2.产品的质量标准

合同中应规定产品符合的质量标准，注明是国家或部颁标准；无国家和部颁标准的应由双方协商凭样订（交）货；对于副、次品应规定出一定的比例，并注明其标准；对实行保换、保修、保退办法的商品，应写明具体条款。

3.产品的包装

对商品包装材料、包装式样、规格、体积、重量、标志及包装物的处理等，均应有详细规定。

4.结算方式

合同中对商品的结算作出规定，规定作价的办法和变价处理等；规定对副品、次品的折扣办法；规定结算方式和结算程序。

5.交货期限、地点和发送方式

交（提）货期限（日期）要按照有关规定，并考虑双方的实际情况、商品特点和交通运输条件等确定。同时，应明确商品的发送方式（送货、代运、自提）。

6.商品验收办法

合同中要具体规定在数量上验收和在质量上验收商品的办法、期限和地点。

7.违约责任

签约一方不履行合同，违约方应负物质责任，赔偿对方遭受的损失。在签订合同时，应明确规定，供应者有以下三种情况时应付违约金或赔偿金。

（1）未按合同规定的商品数量、品种、规格供应商品。

（2）未按合同规定的商品质量标准交货。

（3）逾期发送商品。购买者有逾期结算货款或提货、临时更改到货地点等，应付违约金或赔偿金。

8.合同的变更或解除

合同的变更或解除等情况，都应在合同中予以规定。

9.不可抗力

在合同的执行过程中，发生了不可预测的、人力难以应付以外事故时候的责任问题。

10.合同的其他条款

合同的其他条款可以根据企业具体情况而定，但是在签定合同时也必须给予说明。比如保值条款、纠纷解决。

三、合同的结尾

合同结尾部分包括但不限于以下内容。

（1）合同的份数。

（2）使用语言与效力。

（3）附件。

（4）合同签字生效日期。

（5）双方签字盖章。

第二节 采购合同的签订

采购合同是供需双方就供方向需方提供其所需的商品或服务，需方向供方支付价款或酬金事宜，为明确双方权利和义务而签订的具有法律效力的协议。依据合同法的规定，采购合同订立时，当事人应当遵循公平原则确定各方的权利和义务。

一、签订采购合同的步骤

签约是指供需双方对合同的内容进行协商，取得一致意见，并签署书面协议的过程。采购员在签订合同时应遵照图3-1所示的5个步骤。

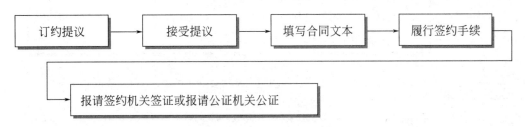

图3-1 签订采购合同的步骤

1.订约提议

订约提议是指一方向对方提出的订立合同的要求或建议，也称要约。订约提议应提出订立合同所必须具备的主要条款和希望对方答复的期限等，以供对方考虑是否订立合同。提议人在答复期限内不得拒绝承诺。

2.接受提议

接受提议是指被对方接受，双方对合同的主要内容表示同意，经过双方签署书面契约，合同即可成立，也称承诺。承诺不能附带任何条件，如果附带其他条件，应认为是拒绝要约，而提出新的要约。新的要约提出后，原要约人变成接受新的要约的人，而原承诺人成了新的要约人。实践中签订合同的双方当事人，就合同的内容反复协商的过程，就是要约→新的要约→再要约→……直到承诺的过程。

3.填写合同文本

填写合同文本时要注意以下格式。

（1）货物品种名称，一定要写全，不要简称。

（2）数量，不同规格要分开写，必要时标注大写。

（3）价格，不同规格要分开写。

（4）交货方式，自提、送货要注明，送货地点、时间要写清，是付费送货还是免费送货要注明。

（5）付款方式，可以先付一点定金，余款在到货验收合格后再付现金支票或限定期限内付清均可。

4.履行签约手续

双方要按照合同文本的规定事项，履行相关的签约手续。具体的手续，也可由双方协商而定。

5.报请签约机关签证或报请公证机关公证

有的经济合同，法律规定还应获得主管部门的批准或工商行政管理部门的签证。对没有法律规定必须签证的合同，双方可以协商决定是否签证或公证。

二、确保合同有效性的条件

采购人员签订合同时，要确保其合同的有效性，应把握图3-2所示的条件。

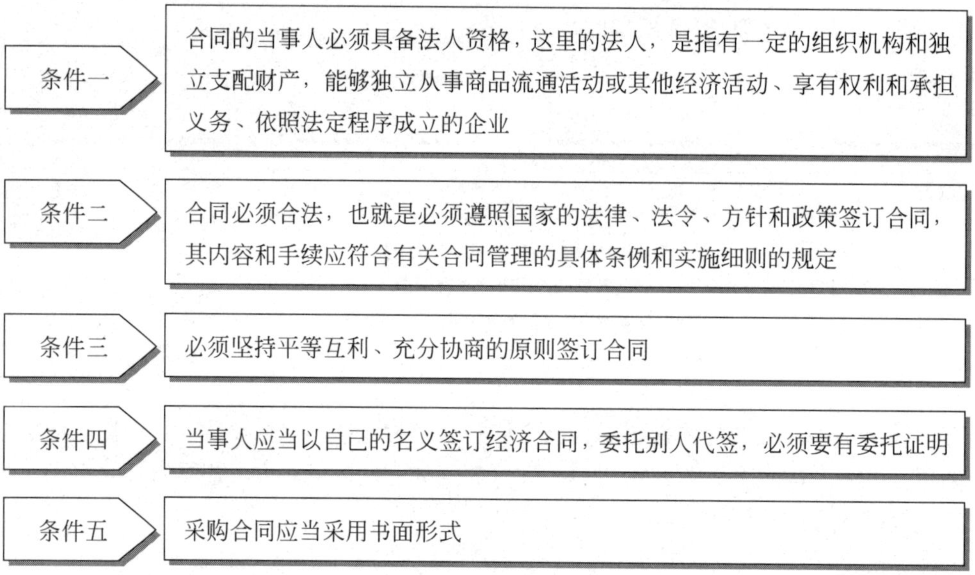

条件一 → 合同的当事人必须具备法人资格，这里的法人，是指有一定的组织机构和独立支配财产，能够独立从事商品流通活动或其他经济活动、享有权利和承担义务、依照法定程序成立的企业

条件二 → 合同必须合法，也就是必须遵照国家的法律、法令、方针和政策签订合同，其内容和手续应符合有关合同管理的具体条例和实施细则的规定

条件三 → 必须坚持平等互利、充分协商的原则签订合同

条件四 → 当事人应当以自己的名义签订经济合同，委托别人代签，必须要有委托证明

条件五 → 采购合同应当采用书面形式

图3-2　确保合同有效性的条件

三、签订采购合同的注意事项

采购人员在签订采购合同时应注意以下事项。

1.争取草拟合同

草拟合同时要把握草拟一方的优势。草拟合同的一方有巨大的优势，因为一方起草合同，会想起口头谈判时没有想到的一些问题。如果是采购草拟合同，采购方可以拟写对自己有利的条款。

2.仔细阅读文本

签合同以前，为防止对方对合同做了一些变动，必须从头到尾阅读当前的文本。应当注意，不得随意变更或者解除合同，除非遇到不可抗力事件。提议变更和解除合同一方，应给对方重新考虑所需要的时间，在新的协议未签订之前，原来的合同仍然有效。

第三节　采购合同的执行

为了有效地控制物资采购合同的法律风险，实现合同双方的预期目的，让合同给企业带来利益，避免因合同的不规范给企业带来不必要的损失，主要应从合同的签订、履行、最终结果三个阶段进行管理。

一、履行采购合同的督导

买卖双方签订采购合同以后，买方为了避免因卖方无法履约或交货，可对卖方的生产计划、制造过程中抽检、物料的供应等作业，进行督导。一般督导履约的有关事项如下。

1.履约督导的一般规定

履约督导的一般规定如下。

（1）为了供应商能如期交出适当的品质、数量，在签约后需进行督导。

（2）履约督导要由验收单位或技术人员主办。

（3）督导时发现问题应立即要求供应商改进，否则应请采购单位采取补救措施。

（4）履约督导对于特殊案的采购要加强处理，如紧急采购、大宗采购、精密设备采购、技术性高的加工等。

2.履约督导的方式

履约督导有图3-3所示的两种方式。

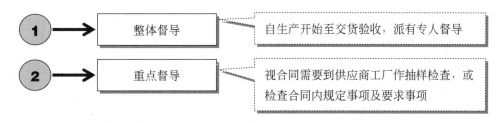

图3-3　履约督导的方式

3.国内采购对制造商履约督导要点

国内采购对制造商履约督导要点如下。

（1）原料准备是否充分，不足者有无补充计划。

（2）设备及工具齐全否。

（3）制造计划与合同所列品名、规格、数量是否相同。

（4）预定生产进度的安排是否妥当，是否符合契约的交货期。

4.国外采购时履约督导要点

（1）对贸易商的督导。与国外制造商联系的情形如何；是否有定期报告制造进度；预期交货的数量及船期的安排如何；进口日期是什么时候；国外厂商如果无法如期交货时，其补救办法如何。

（2）外购案如果由国外厂商直接报价而签约者，其履约督导可通过政府驻外单位寻求协助办理，或委托国外征信机构办理。

（3）外购案如果经由本公司驻国外采购单位办理者，履约督导可视该国实际情况而依照国内采购案的规定进行。

二、采购合同的修改

一般采购合同签订以后以不再变更为原则，但为了维护买卖双方的共同利益，得经买卖双方共同协议对合同加以修改。但合同的修改必须在不损及买卖双方的利益及其他关系人的权益下进行。通常有下列情形时，须协议修改合同条款。

1.作业错误而经调查原始技术资料可予证实的

合同签订以后如发现作业有错误而须加以更正时，得以原始技术资料为准而经买卖双方协议加以修正，并将修正情形通知相关单位。

2.制造条件的改变而导致卖方不能履约的

由于合同履行督导期间发现因制造条件的改变，因而判定卖方不能履约，但因物料的供应不能终止合同或解约，重新订购无法应急时，买方可以协议适度地修改原合同后要求卖方继续履约。

3.以成本计价签约而价格有修订的必要的

以成本计价的合同，由于成本的改变、超过合同规定的限度时，买卖双方均可提出要求修订合同所订的总成本。但固定售价合同其价格以不再改变为原则，但如有下述情形时可协议修改。

（1）由于生产材料的暴跌致使卖方获取暴利时，可协议修订价格。

（2）由于生产材料的暴涨致使卖方履约交货困难，解约重购对买卖双方不利时，可协议修订价格。

三、采购合同的取消

取消合同即是不履行合同的义务，因此为了公平的原则，不遵守合同的一方必须负发生取消合同的责任。但在法律上，到底哪一方负担责任，须视实际情形来决定。一般取消合同大致有违约的取消、为了买方的方便而取消、双方同意取消合同三种情形，其具体内容如下。

1.违约的取消

违反合同有两种情况。

（1）卖方不依约履行。比如，交货的规格不符、不按时交货，其违约的原因可能是故意、无能力履行或其他无法控制的因素所造成。

（2）买方的违约。比如，不按时开发信用证而取消合同。

2.为了买方的方便而取消

比如，买方由于利益或其他因素不愿接受合同的物质而取消合同，此时卖方可要求买方赔偿其所遭受的损失。

3. 双方同意取消合同

此种情形大都出于不可抗力的情形而发生的。

四、采购合同的终止

为维护买卖双方的权益，在采购合同内应订有终止合同的条款，以便在必要时终止合同的全部或其中的一部分。

1. 采购合同终止的时机

在履约期间，因受天灾人祸或其他不可抗力的因素，使供应商丧失履约能力时，买卖双方均可要求终止合同。

有图3-4所示的原因发生时，买方可要求终止合同。

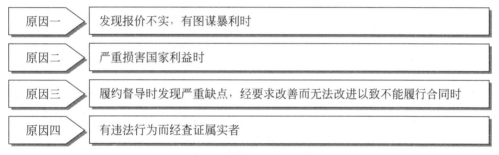

图3-4　采购合同终止的原因

2. 合同终止的赔偿责任

其具体赔偿责任如下。

（1）因需要变更而由买方要求终止合同者，卖方因而遭受的损失，由买方负责赔偿。

（2）因卖方不能履约，如果属于天灾或不可抗力因素所引起的，买卖双方都不负赔偿责任。但如果卖方不能履约是属于人为因素，买方的损失由卖方负责赔偿。

（3）因特殊原因而导致合同终止的，买卖双方应负何种程度的赔偿责任，除合同中另有规定而依其规定外，应同有关单位及签约双方共同协议解决，如无法达成协议时则可采取法律途径解决。

（4）采购合同规定以收到信用证为准，并说明在收到信用证以后多少日起为交货日期，由于其在开出信用证以前尚未具体生效，此时不论买卖双方是否要求终止合同，可径行通知对方而不负任何赔偿责任。

（5）信用证有效日期已过而卖方未能在有效期内装运并办理押汇时，买方若不同意展延信用证日期而终止合同，此时买方不负任何赔偿责任。

（6）如果在交货期中终止合同时，除合同另有规定以外，合同的终止需经买卖双方协议同意后才可，否则可视实际责任要求对方负责赔偿。

3. 国内采购合同终止的规定

（1）买方终止合同。买方验收单位根据规定终止合同时，应立即通知卖方，并在通知书上说明合同终止的范围及其生效的日期。

卖方接获通知以后，应按照图3-5所示规定办理。

方法一	依照买方终止合同通知书所列范围与日期停止生产
方法二	除了为了完成未终止合同部分的工作所需外，不再继续进料、雇工等
方法三	对于合同内被终止部分有关工作的所有订单及分包合同，应立即终止
方法四	对于卖方对他人的订单及分包合同终止所造成的损失，可按终止责任要求赔偿
方法五	对于终止合同内已制成的各种成品、半制品及有关该合同的图样、资料，依照买方的要求而送到指定的地点

图3-5　买方提出终止合同卖方的处理方法

合同终止责任如属买方时，卖方在接获合同终止通知书后，可在60天内申请赔偿。如卖方未能在规定的期间提出请求，则买方依情况决定是否给予卖方赔偿。

（2）卖方终止合同。合同终止责任如属卖方时，卖方应在接获合同终止通知书后，在规定期内履行赔偿责任。如果终止合同仅为原合同的一部分时，对于原合同未终止部分应继续履行。

第四节　不同采购项目的合同

不同的采购项目，其采购合同也各具特点。在此简单介绍5种常见的采购项目合同，并提供相应的范本供参考。

一、设备采购合同

设备采购合同是供货方转移设备所有权于采购方，采购方支付价款的合同。设备采购合同属于买卖合同，具有买卖合同的一般特点。

（1）采购方与供货方订立设备采购合同，是以转移设备所有权为目的。

（2）设备采购合同中供货方转移财产所有权，采购方须以支付价款为代价。

（3）设备采购合同是双务有偿合同。所谓双务有偿是指合同双方互负一定义务，供货方应当保质、保量、如期交付合同订购的设备，采购方应当按合同约定的条件接受货物并及时支付货款。

（4）设备采购合同是诺成合同。除了法律有特殊规定的情况外，当事人之间意思表示一致，设备采购合同即可成立，并不以实物的交付为合同成立的条件。

下面提供一份××实业有限公司大型设备采购合同的范本，仅供参考。

【范本】▶▶ --

××实业有限公司大型设备采购合同

购货单位：_____（以下简称甲方）

供货单位：_____（以下简称乙方）

签约地点：

为增加甲乙双方的责任感，确保实现各自经济目的，依据《中华人民共和国合同法》规定及招投标文件的内容，甲乙双方经友好协商，就甲方向乙方购买_____达成如下协议。

一、合同标的（名称、规格、型号、单价等）

_____

_____

_____

二、合同金额

合同总金额：人民币_____元。

大写：人民币_____万元整。

三、付款时间及方式

（1）合同分三批付款：在合同生效后_____日内，甲方向乙方支付合同总额_____%货款；设备安装调试完毕，并初步验收一周内，甲方向乙方支付合同总额_____%货款；设备正常运行_____日，经双方正式验收合格后一周内，甲方向乙方支付合同总额_____%的货款；质保期满后付清余款（根据招标文件的有关规定加以变更及修改）。

（2）付款方式：_____。

（3）在每期合同款项支付前_____日，乙方向甲方开具同等金额的增值税发票（根据实际情况加以约定）。

四、交货时间、地点、方式

（1）交货时间：合同生效后_____日内交货。

（2）交货地点：_____。

收货人名称：_____（应为签约单位名称）。

地址：_____。

（3）交货方式：乙方负责货物运输。

（4）货运方式：汽运。

（5）乙方将合同设备运至某工业城并经安装调试、投入使用并经过甲方验收合格后，方为设备交货日期（根据实际情况约定交货日期及何为交货：如规定供方将设备安装调试、投入使用视为交货，则对设备通过甲方验收合格的时间约定明确）。甲方在合同约定的交货地点提货，运输费及运输保险费均由乙方承担。合同设备的毁损、灭失风险自乙方完成交货后转移至甲方。

（6）乙方应在合同设备发运后1个工作日内将发运情况（发运时间、件数等）通知甲方，甲方应在合同设备到达合同列明的地点后及时将乙方所托运合同设备提取完毕。

（7）甲方提取合同设备时，应检查合同设备外箱包装情况。合同设备外箱包装无损，方可提货。如合同设备外箱包装受损或发现合同设备包装箱件数不符，应在_____个工作日内通知乙方，以便乙方办理合同设备遇险索赔手续。

（8）甲方对乙方交付的合同设备，均应妥善接收并保管。对误发或多发的货物，甲方应负责妥善保管，并及时通知乙方，由此发生的费用由乙方承担。

（9）如甲方要求变更交货地点，应在合同规定的交货日期15日前通知乙方。由于变更发货地址增加的运保费由甲方承担。

五、验收时间、地点、标准、方式

（1）验收时间：乙方应于合同生效后_____日内完成设备安装调试，安装调试完毕后，甲方应在_____日内安排初步验收。设备于合同生效后_____日内通过双方的合格验收并由甲方出具验收合格书。

（2）验收地点：_____。

（3）验收标准：_____。

六、现场服务（建议根据实际情况加以约定）

（1）乙方现场人员应遵守甲方厂规、制度，如有违规，乙方负责。

（2）乙方现场人员食宿自理。

（3）甲方如需邀请乙方开展非质量问题处理的技术服务，乙方应予协助。

七、人员培训

乙方负责对甲方操作、维修人员和有关的工艺技术人员进行操作培训、维修培训、设备保养培训，使之完全掌握全部使用技术，以便使甲方人员正常地使用、维修保养设备（根据设备的技术要求，视具体情况加以约定或技术协议时详细约定；如无必要，可不约定）。

八、保修方式

（1）自设备经过双方验收合格之日起按生产厂家规定的条款进行免费保修服务，免费保修服务期限为_____年。保修期内，乙方必须在接到甲方保修通知后_____日内派人至甲方现场维修。

（2）保修期内，如由于火灾、水灾、地震、磁电串入等不可抗拒原因造成的损坏，乙方负责免费维修，设备材料成本费用由甲方承担。

（3）保修期外，乙方必须在接到甲方维修通知后_____日内派人至甲方现场维修。设备的维修、更换，甲方酌情收取成本费和服务费，收费标准另行约定。

九、违约责任

（1）甲方无故中途退货，应支付乙方合同总额的_____%违约金。

（2）甲方逾期付款，每逾期一日，应支付乙方合同总额_____‰的违约金，违约金累计总额不得超过合同总额的____%。

（3）乙方逾期交货，每逾期一日，应支付合同总额____%的违约金，违约金累计总额不得超过合同总额的____%。逾期交货超过_____日，视为交货不能，乙方应双倍返回甲方已付款项，甲方有权解除合同并要求乙方支付合同金额____%违约金。

（4）保修期内，乙方未能在合同约定的期限内履行保修义务，每迟延一日，乙方向甲方支付合同金额____%的违约金并赔偿甲方其他经济损失，违约金累计总额不得超过合同总额的____%，乙方超过____日仍未履行保修义务，甲方有权解除合同并要求赔偿经济损失；乙方未能在接到甲方通知____日内将设备维修至正常使用的状态，甲方有权要求乙方换货或解除合同并要求乙方赔偿经济损失。保修期后，乙方未能在合同约定的期限内履行维修义务，每迟延一日，乙方向甲方支付合同金额____%的违约金并赔偿甲方其他经济损失，违约金累计总额不得超过合同总额的____%。

（5）设备未按照合同约定通过甲方验收合格，每迟延一日向甲方支付合同总额____%的违约金；超过____日仍未验收合格，甲方有权解除合同，乙方应立即返还已收款项并赔偿甲方由此遭受的其他经济损失。

十、不可抗力

如发生不可抗力事件，受不可抗力事件影响的一方应取得公证机关的不能履行或不能全部履行合同的证明，并在事件发生后____个工作日内，及时通知另一方。双方同意，可据此免除全部或部分责任。

十一、合同变更

未尽事宜，双方协商解决；合同的变更及修改须经双方同意，以书面形式变更。

十二、争议解决方式

双方如发生争议，应协商解决；如协商不成，任何一方应向甲方所在地人民法院提出诉讼。

十三、合同生效及终止

合同自双方签字并盖章后生效，双方权利义务履行完毕后，合同终止。

十四、合同一式四份，双方各执两份，具有同等法律效力。

甲方：＿＿＿＿＿＿＿＿＿＿　　乙方：＿＿＿＿＿＿＿＿＿＿

代表：＿＿＿＿＿＿＿＿＿＿　　代表：＿＿＿＿＿＿＿＿＿＿

日期：＿＿＿＿＿＿＿＿＿＿　　日期：＿＿＿＿＿＿＿＿＿＿

二、物料采购合同

物料采购合同是采购方向供货方采购所需的原料、用料、零件配件，并向供货方支付价款的合同。

物料采购合同属于买卖合同，具有买卖合同的一般特点。

（1）采购方与供货方订立物料采购合同，是以购买物料为目的。

（2）物料采购合同中供货方出售物料，采购方须以支付价款为代价。

（3）物料采购合同是双务有偿合同。所谓双务有偿是指合同双方互负一定义务，供货方应当保质、保量、如期交付合同订购的物料，采购方应当按合同约定的条件接受货物并及时支付货款。

（4）物料采购合同是诺成合同。除了法律有特殊规定的情况外，当事人之间意思表示一致，物料采购合同即可成立，并不以实物的交付为合同成立的条件。

下面提供一份××科技有限公司物料采购协议的范本，仅供参考。

【范本】▸▸▸ --

××科技有限公司物料采购协议

需方单位：＿＿＿＿＿＿＿＿＿＿＿＿＿＿＿（以下简称甲方）

地址：＿＿＿＿＿＿＿＿＿＿＿＿＿＿＿＿＿

法定代表人：＿＿＿＿＿＿＿＿＿＿＿＿＿

社会统一信用代码：＿＿＿＿＿＿＿＿＿＿

供方单位：＿＿＿＿＿＿＿＿＿＿＿＿＿＿＿（以下简称乙方）

地址：＿＿＿＿＿＿＿＿＿＿＿＿＿＿＿＿＿

法定代表人：＿＿＿＿＿＿＿＿＿＿＿＿＿

社会统一信用代码：＿＿＿＿＿＿＿＿＿＿

合同编号：＿＿＿＿＿＿＿＿＿＿　合同签订地点：＿＿＿＿＿＿＿＿＿＿＿

为发挥各自优势，友好合作，同创共赢，甲乙双方经友好协商就＿＿＿＿＿＿物料（以下简称合同物料）的供需事宜达成一致。为明确双方权利与义务，特订立本合同，以便共同遵守。

一、合同物料的名称、规格、计量单位、价格

需方企业物料代码	物料名称	规格	单位	价格/元	数量	备注

1.乙方应每月向甲方通报合同物料的相关材料的价格信息，以使甲方合同物料的定价做到透明合理。乙方如对合同物料的价格进行调整，应提前15日（说明：提前通知的时间由业务部门根据产品性质自行确定，此时间供参考）书面通知甲方。如双方协商一致，可签订新的价格表或合同。

2.以上价格均为含增值税价，在合同规定的交货或提货期内，如遇市场或甲乙双方商定调整价格时，对合同交货当月（季）实行"遇涨不涨，遇降不降"。乙方逾期交货

的，遇价格上涨时，按原价执行；遇价格下降时，按新价执行。

3.为确保甲乙双方长期有效的合作关系，乙方提供给甲方的合同物料必须最具市场竞争力。如乙方销售与合同物料类似的产品给其他客户，则乙方必须保证合同物料与这些类似产品相比价格最低；在其他厂家能以比乙方更低的价格提供相同质量的合同产品时，甲方有权要求乙方在保证质量的前提下，将价格调整到与其他厂家相同或更低。乙方在甲方提出要求之日起15日内不予调整价格也不能合理说明原因的，甲方可以终止本合同的履行。

4.合同物料交货数量的正负尾差、合理磅差和在途自然减（增）量规定及计算方法：_____。（说明：如有计算方法请详细写明，否则请删除此条。）

二、合同物料的技术标准（包括质量要求）

需方企业物料代码	物料名称	规格	技术标准或要求

没有上述标准的，或虽有上述标准，但甲方有特殊要求的，按甲乙双方在合同中商定的技术条件、样品或补充的技术要求执行。

三、合同物料的包装标准、包装物的供应与回收

1.合同物料的包装，按甲方企业技术规定执行：_____。

2.包装物标识规定：_____。

3.如该合同物料没有甲方产品的包装企业技术规定则按国家有关规定或采用适宜运输与保证质量的包装。

4.合同物料的包装物，由乙方负责供应；包装费用，由乙方负责。如果甲方有特殊要求的，双方应在合同中商定。

5.甲方负责乙方要求回收的合同物料包装物的保护并统一地点存放。乙方应在7日内将合同物料的包装物运走，否则，对包装物的任何问题甲方不负责。

四、运输（交货）

乙方应按甲方委外加工或采购生产通知单准时以汽车运输方式送货至甲方指定地点，由甲方仓库派员点收，经检验合格后，开具收料单，运费乙方负责。所送合同物料必须做到包装完整、标识明确、规格统一，并附送清单，做到数量与本委外加工或采购生产通知单相符，并在送货单上注明物料代码、名称、规格、数量、单位及生产厂的合格证。

五、货款的结算

1.货款结算方式为：每月25日前结清截至上月25日检验合格的合同物料的货款，扣除货款____元（说明：质量保证金可采用超额付款或在每次支付货款时扣除一定比例

的方式）作为质量保证金，乙方根据余额开具发票，甲方以3个月承兑汇票的方式支付货款（乙方如要求将承兑方式改为现汇支付，由乙方不低于月息____%贴息给甲方）。

2.质量保证金于双方终止业务来往的_____年内结清。第一年结算____%，第二年结算____%，第三年结算____%。

六、验收方法

甲方自合同物料入库之日起7个工作日内完成验收，验收标准与手段按照本合同第二条的规定或行业通行标准或国家标准执行。双方如对质量问题产生争议的，按甲方所在地质量监督检查机关检测结果为准。

七、对合同物料提出异议的时间和办法

1.甲方在验收过程中，如果发现合同物料的品种、型号、规格、花色和质量不符合规定，应妥善保管并在_____日内向乙方提出书面异议。书面异议中，应说明合同号、运单号、车或船只、发货和到货日期；不符合规定的合同物料的名称、型号、规格、花色、标志、牌号、批号、合格证或质量保证书号、数量、包装、检验方法、检验情况和检验证明；提出不符合规定的合同物料的处理意见。在付款期内，甲方有权拒付不符合合同规定部分货物的货款。

2.乙方在接到甲方书面异议后，应在_____日内负责处理，否则即视为默认甲方提出的异议和处理意见。

3.合同物料在用于甲方生产过程中出现质量问题，乙方应对此负全部责任，甲方负责协助。造成甲方无法正常使用的材料，乙方应负责退、换。由此引起所涉及的货款无法按时付款的，甲方不承担任何责任，但由此造成甲方不能生产或延误的，其损失由乙方承担赔偿责任。

4.合同物料出现售后质量问题的，由甲方将存在问题的产品提交甲方所在地质量监督检查机关检测，报告确认属乙方责任的，由乙方承担全部责任。

八、乙方的违约责任

1.乙方不能按时、按质、按量交货的，根据不同情况进行处理，具体如下。

（1）因质量问题批次检验不合格退货的，扣罚当批货值的____%，但不低于____元，不高于____元；在甲方通知乙方后，乙方做出返工、挑选、重新生产或其他手段在原订单要求的交货期内重新提交合格批产品；不能在原订单要求的交货期内重新提交合格批产品的，应及时知会甲方，并按第（4）条接受扣罚。

（2）因质量问题批次检验不合格让步接收的，扣除当批货值的_____%。

（3）因批次或零星不合格（料废）造成停工、返工或全检的，按未能按期按量交货造成停工处理，按____元/工时累计扣罚，物料损失由乙方负责。

（4）未能按期、按量交货或不合格造成计划调整的，扣罚违约金_____元/次。

（5）未能按期、按量交货或不合格造成出货延误，批次或零星不合格（料废）造成出货延误的，扣罚违约金_____元/次，损失另计。

（6）故意将不合格物料混放在合格品中，或明知是不合格品却冒充合格品的，扣

罚_____元以上的违约金，情节严重的除罚款外取消供应商资格。

（7）未经确认，私自更换、更改原材料、零部件规格型号或供应厂家，扣罚____元以上的违约金，情节严重的除罚款外取消供应商资格。

（8）送货实物数量或重量不足，扣除欠数货值_____～_____倍的违约金。

2.乙方所交的合同物料品种、型号、规格、花色、质量不符合合同规定的，除按以上规定进行扣罚，乙方还必须负责包换或包修，并承担修理、调换或退货而支付的实际费用。乙方不能修理或者不能调换的按不能交货处理。

3.乙方因合同物料的包装不符合合同规定，除按以上规定进行扣罚，乙方必须返修或重新包装的，乙方应负责返修或重新包装，并承担支付的费用。甲方不要求返修或重新包装而要求赔偿损失的，乙方应当偿付甲方该不合格包装物低于合格包装物的价值部分。因包装不符合规定造成货物损坏或灭失的，乙方应当负责赔偿。

4.乙方提前交货的、多交的和品种、型号、规格、花色、质量不符合合同规定的合同物料，甲方在代保管期内实际支付的保管、保养等费用以及非因甲方保管不善而发生的损失，由乙方承担。

5.乙方提前交货的，甲方接货后，仍可按合同规定的交货时间付款；合同规定自提的，甲方可拒绝提货。乙方逾期交货的，乙方应在发货前与甲方协商，甲方仍需要的，乙方应照数补交，并负逾期交货责任；甲方不再需要的，应当在接到乙方通知后15日内通知乙方，并自动解除乙方未按时完成部分的订购计划。

6.合同物料错发到货地点或接货人的，乙方除负责运交合同规定的到货地点或接货人外，还应承担甲方因此多支付的一切实际费用和逾期交货的违约金，并承担由此增加的费用。

九、甲方的违约责任

1.甲方逾期付款的，应按照中国人民银行有关延期付款的规定向乙方偿付逾期付款的利息。

2.甲方无正当理由拒绝接货的，应当承担由此造成的损失；甲方如错填到货地点或接货人，应当承担乙方因此所受的损失。

十、合同的变更、解除

1.合同期内，甲乙任何一方经协商一致均可变更或解除本合同。如有《合同法》第94条规定的解除合同条件的情况出现，均可解除合同。

2.乙方连续或累计两个月未能按时交货的，或生产的合同产品发生重大质量事故的，甲方有权解除本合同，并有权要求乙方赔偿由此给甲方造成的损失。

3.合同因任何原因而解除，乙方应在30日内将甲方所有为履行本合同而提供乙方使用的物品和材料，包括但不限于模具、商标标识、技术资料、供应商名单等，归还甲方。

十一、不可抗力

甲乙双方的任何一方由于不可抗力的原因不能履行合同时，应及时向对方通报不能履行或不能完全履行的理由，在取得有关主管机关证明以后，允许延期履行、部分履行或者不履行合同，并根据情况可部分或全部免予承担违约责任。

十二、其他

1. 按本合同规定应该偿付的违约金、赔偿金、保管保养费和各种经济损失，应当在明确责任后10日内，按银行规定的结算办法付清，否则按逾期付款处理。但任何一方不得自行扣发货物来充抵。

2. 解决合同纠纷的方式：执行本合同发生争议，由当事人双方协商解决，协商不成，双方同意由甲方所在地人民法院管辖。

3. 本合同一式叁份，甲方执两份，乙方执一份，具同等法律效力。

4. 本合同经双方签字并加盖合同专用章后生效，有效期自_____年____月____日到_____年____月____日，或终止于合同完全履行或其他解除事由出现时。

5. 双方签订的《质量保证协议》《业务交往若干问题备忘录》《商标使用管理合同》《知识产权保护协议》为本合同的附件。

十三、其他需约定事项

1._____

2._____

3._____

4._____

甲方：_____　　　　乙方：_____

授权代表：_____　　　　授权代表：_____

日期：____年____月____日　　　　日期：____年____月____日

三、ODM合同

ODM是原始设计商（Original Design Manufacture）的英文缩写。ODM是指某制造商设计出某产品后，在某些情况下可能会被另外一些企业看中，要求配上后者的品牌名称来进行生产，或者稍微修改一下设计来生产，这样可以使其他厂商减少自己研制的时间。承接设计制造业务的制造商被称为ODM厂商，其生产出来的产品就是ODM产品。

ODM合同是受委托方根据委托方的规格和要求，设计和生产产品，并由委托方支付受委托方价款的合同。

1.ODM的方式

ODM厂商设计的产品方案可采取买断或不买断的方式提供给品牌拥有方。

（1）买断方式。由品牌拥有方买断ODM厂商现成的某型号产品的设计，或品牌拥有方单独要求ODM厂商为自己设计产品方案。

（2）不买断方式。品牌拥有方不买断ODM厂商某型号产品的设计，ODM厂商可将同型号产品的设计采取不买断的方式同时卖给其他品牌。当这两个或多个品牌共享一个设计时，两个品牌产品的区别主要在于外观。

2.ODM合同的特点

ODM合同属于买卖合同，具有买卖合同的一般特点。

（1）委托方与受委托方订立ODM合同，是以购买知识产权为目的，且通常被委托方不得为第三方提供采用该设计的产品。

（2）ODM合同中受委托方转让知识产权，委托方须以支付价款为代价。

（3）ODM合同是双务有偿合同。所谓双务有偿是指合同双方互负一定义务，受委托方应当保质、保量、如期交付合同规定的知识产权，委托方应当按合同约定的条件接受产权并及时支付货款。

（4）ODM合同是诺成合同。除了法律有特殊规定的情况外，当事人之间意思表示一致，ODM合同即可成立，并不以实物的交付为合同成立的条件。

下面提供一份××数码技术有限公司ODM合作框架协议（买断方式）的范本，仅供参考。

【范本】▶▶

××数码技术有限公司ODM合作框架协议（买断方式）

甲方：＿＿＿＿＿＿＿＿＿　　　　乙方：＿＿＿＿＿＿＿＿＿

地址：＿＿＿＿＿＿＿＿＿　　　　地址：＿＿＿＿＿＿＿＿＿

电话：＿＿＿＿＿＿＿＿＿　　　　电话：＿＿＿＿＿＿＿＿＿

传真：＿＿＿＿＿＿＿＿＿　　　　传真：＿＿＿＿＿＿＿＿＿

电邮：＿＿＿＿＿＿＿＿＿　　　　电邮：＿＿＿＿＿＿＿＿＿

本着友好合作、互利互惠的原则，根据中华人民共和国相关法律、法规的规定，甲乙双方拟定本协议（以下简称"协议"），作为甲乙双方ODM项目合作及之后采购产品和服务的基础。甲方向乙方下达研发工程指令时，应以本合作框架协议签字生效为前提；甲方向乙方采购时应依据本协议内容签署具体的采购订单。

一、合作项目描述

（1）乙方承诺向甲方提供本协议附件一中所述的项目（以下简称"项目"）。

（2）乙方就其已经、正在或将来开发的新产品，赋予甲方知情与优先采购权。

二、经销范围

（1）乙方承诺：在授权范围内，该产品只提供给甲方独家经销，甲方有权以甲方拥有或获得授权的商标进行销售。

（2）甲方有权根据业务需要在授权范围内自行指定代理商及（或）分销商。

（3）未经甲方书面同意，乙方不得在授权区域内自行销售产品或将产品销售给除甲方以外的任何第三方进行再销售，否则乙方将承担由此而使甲方受到的任何法律和经济上的损失。

三、订购计划与支持

（1）除本协议另有规定或双方另有补充协议外，甲方应当按照本协议附件二中规定的订购计划（以下简称"订购计划"）向乙方订购产品。

（2）为支持和配合甲方完成订购计划，乙方应当按照其在本协议附件二中的承诺向甲方提供支持。

（3）乙方向甲方提供产品的技术标准（包括但不限于质量要求、出厂检验标准），经双方共同确认后执行。

（4）乙方应当向甲方提供甲方所需的相关文件，包括但不限于产品独家销售证明文件。

四、产品保证

（1）乙方保证，其提供给甲方销售的产品在所有权、知识产权以及其他任何权利上不存在侵权行为，乙方向甲方提供产品的行为不会侵犯任何第三方的合法权益。

（2）如果甲方使用或销售乙方提供的产品导致甲方与第三方发生纠纷或其他对甲方经营产生影响的事件，乙方应当积极配合甲方处理。如果前述事宜造成甲方损失，甲方有权要求乙方向甲方进行赔偿（包括但不限于甲方在经营上遭受的损失，甲方根据民事判决书、民事调解书、行政处罚决定书、仲裁裁决等向第三方做出的任何支付，及诉讼费、合理的调查费和律师费等其他相关费用）。

（3）乙方保证，本协议涉及的专利在协议履行期间是有效的和合法的。如果由于乙方的原因导致专利提前失效，乙方应立即书面告知甲方，甲方有权终止本协议或要求调整本协议中对采购计划的约定，如果协议终止，乙方应赔偿甲方由于专利失效所造成的全部损失。

（4）在协议履行期间，如果本协议涉及的专利的法律性质发生了变化，乙方应立即将此情况以书面形式通知甲方。双方应当立即就本协议的继续履行问题进行协商，否则乙方将承担由此引起的一切法律和经济上的责任。

五、技术合作

（1）如果产品的外观由甲方提供，由该外观产生的所有知识产权归甲方所有，未经甲方书面授权，乙方不得在其生产的任何产品上使用与之相同或近似的外观，否则，甲方有权解除本协议并要求乙方承担全部经济和法律责任。

（2）无论在协议有效期内或终止后，协议一方向另一方提供的任何技术信息（包括但不限于产品技术的改进、产品外形的设计方案等）均为提供方所有，未经提供方书面许可，接受方不得将上述资料或相关技术以任何方式在任何国家和地区自用或转让或展示给他人或者泄露给他人，否则将视为侵权行为，泄露方将承担由此引起的一切法律和经济上的责任。

（3）乙方提供的产品应通过国家规定的强制性认证，如果由于乙方原因使产品未能通过相关认证，则乙方应承担由此给甲方造成的一切经济和法律责任。对于甲方提出的其他认证申请，乙方有义务提供必要的协助。

（4）在合作过程中甲方对产品、方法（包括但不限于制造方法、使用方法、通信方法、处理方法、产品的新用途以及将产品用于特定用途的方法等）或者其改进所提出的新的技术方案，或对产品的形状、构造或者其结合所提出的适于实用的新的技术方案，或对产品的形状、图案或者其结合以及色彩与形状、图案的结合所提出的富有美感并适于工业应用的新设计，由此产生的具有实质性或创造性技术进步特征的新的技术成果，归甲方所有，甲方有权在任何国家（包括中国）申请专利或者以其他任何方式使用该技术。

（5）如果甲方使用或者许可他人使用该项改进技术必须以使用乙方原有技术为前提，则甲方对乙方技术的使用或者其许可人的使用不构成对乙方的知识产权的侵犯。

六、产品价格

（1）价格。乙方按照约定的价格向甲方提供产品和服务。甲乙双方在正式签署的采购订单中确认的价格是甲方应付给乙方的唯一货款。

（2）竞争性定价。乙方承诺，乙方的价格至少应在业界具有竞争力，否则，乙方应进一步调整价格，直至其价格具有竞争力。如果产品元器件和零配件的价格出现任何下调，则乙方应在新订单中将上述价格做相应下调。

（3）报价。报价单必须经过乙方授权人签名方有效。乙方对甲方的报价必须基于诚实的基础。

七、支付条款

（1）甲方将按照本协议中附件三的规定向乙方支付货款。

（2）经双方确认的订单中约定的价格为不可变更的价格，是双方进行结算的依据，任何一方不得单方变更。

八、订单签返及交货

（1）订单签返。乙方在收到甲方签署的订单后，应当在2个工作日内正式确认并返回甲方。经正式签返的订单的各项内容如价格、交货时间、数量、交货地点等应全面予以履行。乙方应定期向甲方传送未执行完订单的出货计划。

（2）零配件代购。乙方将其为甲方订购的产品代购零配件事宜向甲方提供相应报价单。如果乙方提供的报价单不符合甲方的要求，甲方有权向乙方提供相关的零配件采购渠道，乙方应当依据甲方指定的相关条件与甲方提供的相关厂商签署零配件采购协议。

（3）交货服务。本协议的交货是指将货物交到相关订单中规定的甲方所在地或其他指定交货地。甲方如果改变订单中的交货地点，须提前3日书面通知乙方。

（4）风险的转移。当货物交到甲方指定的收货地点，甲方相关人员签署交货单并验收合格后所发生的损失由甲方负责，在此之前货物所遭受的任何损失均由乙方负责。

（5）货物的所有权。在货物移交甲方或甲方在订单中指定的收货人后，甲方拥有货物所有权，在此之前的货物所有权归乙方所有。

（6）延期交货。如果乙方不能按时交货，乙方应立即将修改后的交货日期和交货数量书面通知甲方。甲方同意按照修改后的时间交货，不能免除乙方未能按照原定时间交货的违约责任。每延期1日，乙方应向甲方支付延期部分货物价值的＿＿%作为违约金。如果上述违约金无法完全赔偿因延期交货对甲方造成的损失，甲方有权向乙方要求进一步赔偿。

（7）运输及费用。货物的运输由乙方负责。乙方应采取与产品性能及交货时间相适宜的包装和运输方式进行运输。

九、品质保证和售后服务

（1）乙方对其向甲方提供的货物承诺提供售后服务。超过售后服务期限后，乙方应当为甲方以成本价提供有偿维修服务，但应提前向甲方提交有偿维修价目表。

（2）乙方对甲方直接提供产品技术支持。乙方承诺，如果出现任何与产品有关的修改或升级信息，乙方将在第一时间通知甲方。如果甲方要求，乙方应为甲方指派技术人员提供技术培训和修改或升级后的技术支持。

（3）乙方应当按照一定比例向甲方提供售后备品，包括所有可维修的元器件和配件，具体比例按照双方在附件四《品质保证及售后服务协议》中的约定执行。

（4）乙方应向甲方提供有效的客诉处理机制。如果附件四中没有其他规定，则乙方应当在甲方提出客诉后3个工作日内做出初步分析并将回复甲方，在甲方提出客诉后5个工作日内做出根本原因分析和改善报告并提交甲方。如果乙方在上述时限内无法提出改善对策，乙方必须提出改善计划与进度，经甲方同意后方可延后。甲方有权要求乙方赔偿因时间延后给甲方造成的任何损失，包括但不限于产品的更新、更换。

（5）乙方按照工厂对该产品出厂的检验标准对产品进行出货检验，并在交货的同时向甲方提供出货检验报告，以确保产品品质。

（6）乙方应当向甲方提供该产品的工厂质量标准及相应的规格，规格书至少应包括以下内容：抽样方案与缺陷定义、产品电气规格、产品外观规格、产品包装规格、产品可靠性规格。如甲方对该产品的工厂质量标准或规格的个别指标有特殊要求时，双方另行商定。

（7）在甲方或甲方客户使用该产品的过程中，由于产品技术、质量等原因造成的直接人身伤害或财产损失，乙方应承担相关的经济赔偿责任，甲方将配合乙方完成上述义务。如果由于上述原因导致甲方与任何第三方的纠纷，甲方有权要求乙方赔偿（包括但不限于甲方在经营上遭受的损失，甲方根据民事判决书、民事调解书、行政处罚决定书、仲裁裁决等向第三方做出的任何支付，及诉讼费、律师费等其他相关费用）。

（8）凡是乙方提供给甲方的产品，若有任何变更，乙方必须立即通知甲方，并经甲方书面同意后方可执行，否则甲方有权作为不合格品退货，同时由于乙方擅自变更产品后造成的质量问题和相关责任与损失（如退货费用等）均由乙方全部承担。

（9）其他具体售后条款在附件四《品质保证及售后服务协议》中确定。

十、不可抗力

（1）协议任何一方遇到人力不可抗拒的事件，包括但不限于火灾、水灾、地震、台风、自然灾害等不可预见或不可避免的无法控制的情况致使其不能履行本协议项下的义务，该协议方对此不负责任。本协议规定的该协议方的履约时间自动延长，其延长的时间应相当于因人力不可抗拒事件直接或间接地使该协议方不能履行协议的时间。受人力不可抗拒事件的影响的协议方应在合理时间内，用最快的通信方式将不可抗力事件的发生通知对方，并于事件发生后15日内将有关当局出具的有关不可抗拒事件证明提交对方。

（2）不能履约的情况延续达30日以上，双方应立即修改订单。若从不可抗拒事件的发生之日起60日内双方当事人未能取得双方满意的办法时，任何一方都可以终止履行订单的未执行部分。

十一、保密条款

（1）双方同意商业秘密包括但不限于任何未经公开的有关商业或技术的资料或信息。

（2）协议双方应当为对方的商业秘密保密。无论该商业秘密是通过口头、书面、视觉或其他形式取得的，协议任何一方不得将对方的商业秘密透露给任何第三人，除非协议对方已经事先书面授权该第三人取得该被透露的商业秘密。

（3）协议双方对保护对方商业秘密的谨慎程度应不亚于该协议方对自己拥有的商业秘密的谨慎程度，但无论如何协议任何一方采取的保护不能低于合理的标准。

（4）如果由于协议任何一方的过失或故意导致对方的商业秘密被泄露，泄露方应承担由此产生的一切法律和经济责任。

（5）本协议双方在协议有效期内和协议终止后，不得泄露对方的商业秘密，也不得将对方的知识产权和商业秘密超出协议范围使用。

十二、索赔条款

（1）一般性索赔。对因本协议任何一方人员玩忽职守、蓄意、疏漏或因违反本协议的条款而引起的对协议另一方的指控或索赔，该协议方应为对方抗辩，保护对方利益不受损害，并向对方做出包括诉讼费在内的赔偿。本协议另有约定的除外。

（2）知识产权的索赔。对因乙方的产品或服务侵犯第三方的知识产权而引起的索赔，乙方应为甲方抗辩，或在甲方的要求下与甲方合作抗辩，保证甲方的利益不受损害并向甲方做出包括诉讼费在内的赔偿。本协议另有约定的除外。

十三、生效和期限

（1）本协议由双方授权代表在中国_____签署，自附件一中所确定的生效日期起生效并具备法律效力。

（2）本协议期满时，双方发生的未了债权和债务，或者协议的权利和义务的履行期限超过本协议履行期限的，不受本协议终止的影响，双方应继续履行各自的责任。

十四、协议的变更和解除

（1）本协议执行期间，未经对方书面同意，任何一方不得随意变更和解除本协议。

（2）甲乙双方确定，出现不可抗力等情形，致使本协议的履行成为不必要或不可能的，可以协商解除本协议。

（3）任何一方可根据协议的约定行使其单方解约权解除或终止本协议。

十五、争议的解决

（1）因执行本协议所发生的以及与本协议有关的一切争议，双方应通过友好协商解决。

（2）如果双方通过协商不能达成协议，则争议应提交_____法院诉讼解决。

（3）诉讼费由败诉方负担。

（4）在争议的处理过程中，除正在进行诉讼的部分外，协议的其他部分将继续执行。

十六、附则

（1）本协议的附件为本协议不可分割的一部分。只有协议双方书面同意方可修改附件。附件与本协议不符的，以附件为准。

（2）任何对于本协议的明示弃权或未能及时行使本协议赋予的任何权利，均不构成持续的弃权或意味着放弃合同项下任何权利。

（3）如果协议中的任何条款或部分被裁定为违法或无强制力，则有关内容将与本协议分离，并将完全不影响、损害或减损本协议中任何其他条款或部分的效力。在含义和内容上与上述被裁定违法或无强制力的条款最相似但有效或合法的本协议其他条款或部分将取代上述被裁定违法或无强制力的条款。

（4）本协议中包括的条款标题和说明仅供参照，上述标题不得以任何形式限定、限制、扩展，或描述本协议的范围或任何条款的内容。

（5）本协议如有未尽事宜，由双方共同协商，签署书面补充规定，补充规定与本协议具有同等效力。

（6）本协议正本一式两份，甲方和乙方各执一份，具有同等法律效力。

附件一：合作项目描述

1.协议产品名称

乙方承诺向甲方提供如下产品。

_____

_____

2.产品专利

本合作项目涉及的乙方专利如下。

_____

_____

本产品新申请专利权归_____方。

3.授权地区

乙方授权甲方独家经销产品的区域如下。

_____

_____

4.授权范围

甲方授权乙方为_____地区的独家销售代理商，并使用乙方自主商标。

5.有效期限

本协议自＿＿＿＿年＿＿＿＿月＿＿＿＿日起生效，有效期限为＿＿＿＿＿＿年。

本协议期满后，甲方有优先续约权。

附件二：产品订购

（1）对于依本协议签署的第一张产品订单，乙方应当在＿＿＿＿日内交货。除第一张订单之外的全部订单的交货周期不得超过＿＿＿＿＿＿日。具体交货时间以订单为准。

（2）订购计划：在独家销售期间内，甲方承诺按照如下期限完成指定销量：＿＿＿＿。

（3）为支持和配合甲方完成本协议规定的年度销量，乙方承诺：当甲方每款产品销量达到＿＿＿＿台后，乙方将对甲方订购产品的价格让利不低于＿＿＿＿＿＿。

（4）双方约定，当产品实际销售达到累计数量＿＿＿＿＿＿时，乙方返还甲方所支付的ODM项目启动资金，具体返还方式，可用下一批产品的实际价格支付实际产品。

附件三：支付方法与条件

双方约定按照如下方式支付货款。

甲方向乙方下达研发工程指令时，支付ODM项目启动资金＿＿＿＿＿＿＿＿＿美元，该费用具体包括：＿＿＿＿＿＿＿＿＿＿＿＿＿＿＿＿＿＿＿。

甲方向乙方正式订货＿＿＿＿＿＿个工作日内，乙方支付订单款项。订单款项的支付原则为：单笔不超过＿＿＿＿＿＿＿＿万美元时采用＿＿＿＿＿＿＿＿方式；单笔超过＿＿＿＿＿＿＿＿万美元时采用三成＿＿＿＿＿＿＿＿+七成L/C组合付款方式。

附件四：见《品质保证及售后服务协议》

具体的品质及售后服务协议由双方在产品正式交付之前拟订并于交付第一批产品前签订。

四、OEM合同

OEM是原始制造商（Original Equipment Manufacturer）的英文缩写。OEM生产，也称为定点生产，俗称代工（生产），基本含义为品牌生产者不直接生产产品，而是利用自己掌握的关键核心技术负责设计和开发新产品，控制销售渠道，具体的加工任务通过合同订购的方式委托同类产品的其他厂家生产，之后将所订产品低价买断，并直接贴上自己的品牌商标。这种委托他人生产的合作方式简称OEM，承接加工任务的制造商被称为OEM厂商，其生产的产品被称为OEM产品。

1.OEM与ODM的区别

OEM和ODM的不同点，核心就在于产品究竟是谁享有知识产权，如果是委托方享有产品的知识产权，那就是OEM，也就是俗称的"代工"；而如果是生产者所进行的整体设计，那就是ODM，俗称"贴牌"。

OEM的设计是由品牌方提供的，而ODM则是由生产商自主设计产品。

2.OEM合同的特点

OEM合同的特点与ODM差不多，但关键是要提到委托方的知识产权的保护与使用。下面提供一份××电器有限公司OEM委托加工合同的范本，仅供参考。

【范本】▶▶▶ ---

××电器有限公司OEM委托加工合同

定做方（甲方）：＿＿＿＿＿＿＿＿＿＿＿＿＿

承揽方（乙方）：＿＿＿＿＿＿＿＿＿＿＿＿＿

甲方委托乙方加工＿＿＿＿＿＿，经双方充分协商，特订立本合同，以便共同遵守。

一、合同组成及内容

（1）本合同规范由甲方委托乙方承揽加工后，将全数加工制成品交付甲方的一切相关法律行为。

（2）原材料、加工制成品等的具体品种、数量、交期、交货地、加工费金额、支付日期、支付方法，按经乙方确认的甲方采购单、发票或其他书面约定所列，并作为本合同附件；本合同未尽事宜经双方协商需补充的条款可另附协议书，也视为合同附件。经双方确认的往来信函、传真、电子邮件等，将作为本合同的组成部分，合同附件及其组成部分与本合同具有同等效力。

二、加工成品

编号：＿＿＿＿＿＿＿＿＿＿＿＿＿

名称：＿＿＿＿＿＿＿＿＿＿＿＿＿

规格：＿＿＿＿＿＿＿＿＿＿＿＿＿

单位：＿＿＿＿＿＿＿＿＿＿＿＿＿

数量：＿＿＿＿＿＿＿＿＿＿＿＿＿

备注：＿＿＿＿＿＿＿＿＿＿＿＿＿

三、加工成品质量要求

（1）按照双方认定的样品质量标准为检验合格的标准，经检验，甲方有权拒收任何低于该样品质量标准的产品。

（2）乙方需为每单件产品提供产品合格证。

四、订单确认

（1）甲方委托乙方开发加工的新产品首次订货量每个单品不得少于＿＿＿＿套，再次订货量每个单品不得少于＿＿＿＿套。

（2）甲方以订货单形式将订货信息传真给乙方。

（3）乙方收到甲方订单在＿＿＿＿工作日内确认交货期及交货数量。在正常情况下＿＿＿＿日内交货。大宗订单是指单品订购数量＿＿＿＿套以上，特殊产品是指非乙方正常产品

（正常产品指甲方对乙方原有产品没有改动的情况下）及新产品（是指甲方提供实样或图纸需要乙方新开发模具的产品），以乙方确认的交货期为准。

（4）甲方指定订货负责人，订单必须由该负责人签字或盖有甲方公司公章才生效，否则乙方不认可该订单的有效性。

（5）甲方传真给乙方订单经确认后，与本合同具有同等的法律效力。

五、订单付款方式、交货时间、包装要求

（1）甲方所委托乙方加工的产品订单经双方确认日起_____日内，甲方首付该订单总额的_____%给乙方作为预付款，余下_____%在乙方发货前_____日内付清给乙方，乙方收齐货款_____日内发货。

（2）产品包装要求：_____。

六、原材料的提供办法及规格、数量、质量

（1）用甲方原材料完成工作的，应当明确规定原材料的消耗定额。甲方应按合同规定的时间、数量、质量、规格提供原材料，乙方对甲方提供的原材料要按合同规定及时检验，不符合要求的，应立即通知甲方调换或补齐。乙方对甲方提供的原材料不得擅自更换，对修理的物品不得偷换零部件。

（2）用乙方原料完成工作的，乙方必须依照合同规定选用原材料，并接受甲方检验。乙方隐瞒原材料的缺陷或者用不符合合同规定的原材料而影响定做质量时，甲方有权要求重作、修理、减少价款或退货。

（3）交（提）原材料等物品日期计算，参照本合同规定执行。

七、技术资料、图纸提供办法

（1）乙方在依照甲方的要求进行工作期间，发现提供的图纸或技术要求不合理，应当及时通知甲方，甲方应当在规定的时间内回复，提出修改意见。乙方在规定的时间内未得到答复，有权停止工作，并及时通知甲方，因此造成的损失，由甲方赔偿。

（2）甲方应当按规定日期提供技术资料、图纸等。

八、价款

合同总价款_____。

九、验收标准和方法

（1）按照合同规定的质量要求、图纸和样品作为验收标准。

（2）乙方需提供每款新产品的检测报告。

（3）每批产品，甲方按照双方认定的样品作为检验标准进行验收，如有不符合样品的产品，甲方通知乙方，乙方应在双方约定时间内退换符合样品标准的产品。

（4）甲方应当按合同规定的期限验收乙方所完成的工作。验收前乙方应当向甲方提交必需的技术资料和有关质量证明。对短期检验难以发现质量缺陷的定做物或项目，应当由双方协商，在合同中规定保证期限。保证期限内发生问题（除甲方使用、保管不当等原因而造成的质量问题），由乙方负责修复或退换。

（5）当事人双方对委托的定做物和项目质量在检验中发生争议时，可由法定质量监督检验机构提供检验证明。

十、交货的时间和地点

（1）（提）定做物期限应当按照合同规定履行。任何一方要求提前或延期交（提）定做物，应当在事先与对方达成协议，并按协议执行。

（2）（提）定做物日期计算：乙方自备运输工具送交定做物的以甲方接收的戳记日期为准；委托运输部门运输的，以发运定做物时承运部门签发戳记日期为准；自提定做物的，以乙方通知的提取日期为准，但乙方在发出提取定做物通知中，必须留给甲方以必要的途中时间；双方另有约定的，按约定的方法计算。

十一、包装、运输及费用

（1）发货方应确保其供料或加工制成品包装牢固，并保障运输过程安全。

（2）发货方应按收货方确定的运输路线、运输方式、送货地点委托承运单位发运，力求装足容量或吨位，以节约费用。

（3）乙方对甲方供料及甲方对乙方运送加工制成品的运输及保险费，由乙方负担。

十二、加工贸易手册、原物料进口及成品出口报关（若有）

加工贸易手册由甲方按海关法及相关法律规定填报，但因乙方向甲方提供资料性文件与实际进口料件不符（包括但不限于重量、品名、规格、数量、原产地等），导致甲方在料件进口报关或加工制成品出口报关时产生一切支出费用损失，由乙方全数承担。

十三、保密条款

（1）乙方不得将甲方或印有甲方商标或标识的产品置于乙方工厂展示给除甲方以外的任何第三方。

（2）乙方未经甲方书面同意，不得将甲方产品或印有甲方商标或标识的产品印刷于乙方自身或与乙方有关的样本、介绍、图册等宣传品上。

（3）未经甲方事先书面同意，乙方不得将甲方产品或印有甲方商标或标识的产品在展销会、展览会上展览或展示。

（4）甲方不得将乙方所报产品价格泄露给任何第三方。

（5）双方同意对所有甲方口头或书面披露或提交给乙方的保密信息严格保密，即所有的（包括但不限于）数据、制图、原料、规格、手册、文件、样品、模具、产品和其他信息。即使甲方对乙方有责任，仍然不可以使任何第三方直接或间接地轻易得到上述信息。

（6）双方同意根据国家规定的技术采用技术措施保护存在计算机中的数据，以避免任何第三方从外部轻易得到上述数据，或未经授权的乙方员工或没有资格的员工使用上述数据。另外，乙方同意需要上述数据的员工按照程序获得上述数据。

（7）双方同意甲方提供的包括工业秘密和技术秘密的文件均在上述义务的范围内。

（8）双方同意在甲方要求返还上述的样品和文件时，乙方立即返还。即使甲方在这期间与乙方有关系，但乙方也无权保留。当根据乙方的文件浇铸、再制造、抽选样品或其复制品时乙方同意将上述物品与原始文件一起返还给甲方。

（9）甲方所有的（包括但不限于）数据、制图、原料、规格、手册、文件、样品、模具、产品和其他信息，乙方未经甲方同意不得自己使用或者给第三方使用，或者在为第三方加工产品时使用。

（10）乙方应非常小心地对待专门为生产所发送的样品，同时不能够让任何第三方轻易地得到。只有当执行订单所需时才能使用照片、扫描或者其他光学记录等。无论如何，将上述物品转给任何第三方都是被禁止的。执行完订单后，上述样品应无需要求立即返还给甲方。

（11）生产订单的过程中甲方和乙方共同研发的结果和其技术秘密应为甲方的无限制的财产，未经允许，乙方不得使用。

（12）乙方同意另外用书面声明来约束与订单生产有关的所有事项和其任何员工遵守上述的合同条款。

（13）甲方可以在任何时间检查乙方的保密措施。

十四、违约责任

（1）按合同规定的质量交付定做物或完成工作，甲方同意利用的，应当按质论价，酌减酬金或价款；不同意利用的，应当负责修整或调换，并承担逾期交付的责任；经过修整或调换后，仍不符合合同规定的，甲方有权拒收，由此造成的损失由乙方赔偿。

（2）交付定做物或完成工作的数量少于合同规定，甲方仍然需要的，应当照数补齐，补交部分按逾期交付处理；少交、迟交部分甲方不再需要的，乙方应赔偿甲方因此造成的损失。

（3）按合同规定包装定做物，需返修或重新包装的，乙方应当负责返修或重新包装，并承担因此而支付的费用。甲方不要求返修或重新包装而要求赔偿损失的，乙方应当偿付甲方该不合格包装物低于合格包装物的价值部分。因包装不符合合同规定造成定做物毁损、灭失的，由乙方赔偿损失。

（4）逾期交付定做物（包括返修、更换、补交等），应当向甲方偿付违约金_____元（合同中无具体规定的，应当比照中国人民银行有关延期付款的规定，按逾期交付部分的价款总额计算，向甲方偿付违约金）；以酬金计算的，每逾期1日，按逾期交付部分的酬金总额的____‰偿付违约金。

（5）未经甲方同意，提前交付定做物，甲方有权拒收。

（6）未能交付定做物或不能完成工作的，应当偿付不能交付定做物或不能完成工作部分价款总值的_____%（10%～30%）或酬金总额的_____%（20%～60%）的违约金。

（7）异地交付的定做物不符合合同规定，暂由甲方代保管时，应当偿付甲方实际支付的保管、保养费。

（8）实行代运或送货的定做物，错发到达地点或接收单位（人），除按合同规定负责运到指定地点或接收单位（人）外，并承担因此多付的运杂费和逾期交付定做物的责任。

（9）由于保管不善致使甲方提供的原材料、设备、包装物及其他物品毁损、灭失的，乙方应当偿付甲方因此造成的损失。

（10）未按合同规定的办法和期限对甲方提供的原材料进行检验，或经检验发现原材料不符合要求而未按合同规定的期限通知甲方调换、补齐的，由乙方对工作质量、数量承担责任。

（11）乙方调换甲方提供的原材料或修理物的零部件，甲方有权拒收，乙方应赔偿甲方因此造成的损失。如甲方要求重作或重新修理，应当按甲方要求办理，并承担逾期交付的责任。

（12）乙方违反上述保密义务的，应当赔偿甲方的所有损失，并加付合同标的额的____%的违约金。

十五、不可抗力

在合同规定的履行期限内，由于不可抗力致使本合同不能履行时，可免予承担违约责任。

十六、合同解除

（1）合同签订后，双方不得擅自变更和解除。如遇不可抗拒的原因，确实无法履行合同，经双方协商同意后，可予变更或解除合同，但提出方应于该原因发生起24小时内通知对方，办理变更或解除合同的手续。

（2）乙方在规定交货期迟延的____日内仍然无法交付货物，甲方有权解除合同，乙方所收甲方款项应如数退还，如____日内不能退还，乙方还应在确定还款之日起以每日____向甲方加付迟延付款违约金。

十七、纠纷的处理

对本合同发生纠纷，双方应协商解决，协商不成，按照《中华人民共和国民事诉讼法》有关规定，提交甲方所在地的人民法院解决。

本合同自_____年____月_____日起生效，合同履行完毕即失效。本合同执行期间，双方不得随意变更和解除合同。合同如有未尽事宜，由双方共同协商，做出补充规定，补充规定与本合同具有同等效力。

本合同正本一式两份，甲方和乙方各执一份；合同副本一式____份，交_____（如经鉴证或公证，则应送鉴证机关或公证机关）各留存一份。

甲方：_____　　乙方：（客户）_____
公章：_____　　公章：_____
法定代表人：_____　　法定代表人：_____
开户银行：_____　　开户银行：_____
账号：_____　　账号：_____
法定地址：_____　　法定地址：_____
电话：_____　　电话：_____
传真：_____　　传真：_____
日期：_____年____月____日　　日期：_____年____月____日

五、政府采购合同

政府采购合同是国家各级政府为从事日常的政务活动或为了满足公共服务的目的，利用国家财政资金和借款向供货方购买货物、工程、服务的合同。

其具体的特点如下。

（1）货物买卖合同与其他合同相比，其最基本的特点是物权的转移。一方付出一定的价款便可获得对方所有物的所有权；一方交付出卖物的所有权便可得到一定的货币。

（2）双务。双务是指合同当事人双方都要履行相应的义务。在买卖合同中，买方的基本义务是支付价款；卖方的基本义务是交付出卖物的所有权。

（3）公平自愿是指签订合同的双方当事人必须是自己的真实意思表示。如果当事人的意思表示是在受到欺诈、胁迫、误解等情况下做出的，则该意思表示无效，对当事人没有法律约束力，受到侵害的一方当事人有权要求解除或变更合同，合同为无效合同。

（4）等价有偿是指合同双方当事人都从合同的交易中得到相应的补偿。任何一方都不得强迫另一方无偿交付物品。等价有偿是商品交换原则的核心，是价值规律的具体体现。买卖合同当事人通过合同这种法律的形式进行交换，同样体现着价值规律，当一方受到损害时，应当得到同等价值的赔偿。

下面提供一份××市政府采购标准合同的范本，仅供参考。

【范本】▶▶

××市政府采购标准合同（家具采购）

合同编号：

采购项目编号：

甲方：＿＿＿＿＿＿＿＿＿＿＿＿＿＿＿＿＿＿＿＿＿（采购人）

乙方：＿＿＿＿＿＿＿＿＿＿＿＿＿＿＿＿＿＿＿＿＿（供应商）

为了保护甲乙双方的合法权益，根据《中华人民共和国政府采购法》《中华人民共和国合同法》《××市政府采购条例》等相关法律法规规定，签订本合同，并共同遵守执行。

一、合同标的

1.1　乙方应当根据采购公告、采购应答文件及中标（成交）通知书等（上述文件统称为采购文件）并按照甲方需求提供下列货物。

家具采购具体要求

家具名称	家具技术要求	单位	单价/元	数量	小计/元	备注

注：本合同以人民币进行结算。

1.2 本合同总价款包括货物设计、材料、制造、包装、运输、安装、调试、检测（含检测用样品）、验收、保修等所有其他有关各项的含税费用。本合同执行期间合同总价款不变，甲方应当按合同约定进行付款，甲方无须另行向乙方支付本合同规定之外的其他任何费用。

1.3 上表规定的"家具技术要求"详见采购文件的技术要求。

二、交货及验收

2.1 交货时间。乙方应当在双方签订合同之日起_____个工作日内按时将全部货物送到甲方指定地点。对于甲乙双方协商进行分批交货的，可以补充详细的《分批交货进度要求》（双方签字盖章），作为本合同的补充。

2.2 勘察和确认。乙方应当在双方签订合同之日起_____个工作日（最长不超过10个工作日）内完成现场勘测。

2.2.1 如需进行打样的，必须将打样样品在双方签订合同之日起_____个工作日（最长不超过10个工作日）内完成并提交甲方。

2.2.2 乙方如对货物做深化设计的，应当做出深化设计图纸并在双方签订合同之日起_____个工作日内提交甲方。甲方对深化设计有异议的，应当在收到深化设计图纸之日起_____个工作日内向乙方反馈意见，逾期未反馈意见的视为无异议。（注：上述所填写的时间最长均不超过10个工作日）

2.3 交货地点及方式。乙方负责将全部货物送到甲方指定地点：_____，并负责卸货。在送货前，乙方应当与甲方沟通确定具体交货时间、地点等交接货相关事宜，以便甲方做好接货准备。甲方应当对乙方的送货及安装提供必要的配合。

2.4 现场验收。甲方应当在货物到达指定现场后____个工作日内（最长不超过10个工作日），对货物、数量及使用说明书、保修文件等附随资料进行现场验收。甲方现场验收认为存在问题的，可以拒收，但应当书面告知乙方拒收的原因，乙方应当在甲方指定的期限内完成交货。

2.5 安装调试质量验收时间。乙方在甲方完成现场验收之日起____个工作日内将货物全部安装、调试完毕，甲方应当在全部货物安装调试完毕后的____个工作日内，对货物进行质量验收。验收合格的，甲方应当签收验收单或向乙方出具验收合格书。甲方超过本合同规定期限____个工作日不进行质量验收并已使用货物的，视同已安装调试完成且质量验收合格。（注：上述所填写的时间最长均不超过10个工作日）

2.6 验收结论有异议。如乙方对甲方或甲方委托第三方机构做出的质量验收结论有异议的，应当在收到验收结论之日起____个工作日内（最长不超过10个工作日）以书面形式向甲方提出，并与甲方协商确定是否重新验收，重新验收的费用由乙方承担。乙方逾期未提出异议的，视为无异议。

2.7 交货相关费用。与交货有关的费用（含运输费、包装费、保险费等）以及安装、调试等服务费用由乙方承担。乙方负责货物运输、安装，并承担本合同项下货物经甲方工作人员签字确认收到货物前的一切风险。

2.8　甲方委托第三方监理。甲方依照政府采购规定（□是　□否）委托第三方监理机构对货物进行质量监理，受托方可以开展本合同规定的抽样检测、样品评审、质量验收等活动。监理费用由甲方承担，因乙方原因导致已封样样品、封条破坏或样品偷换等需重新进行抽样的，重新抽样的费用由乙方承担；监理费用所包含的抽样及检测工作仅限于在××省内实施的首次抽样及检测，抽样地点位于××省外的，抽样的差旅费由乙方承担；首次抽检不合格需再次抽检的，再次抽检的费用由乙方承担。

若乙方对抽样检测结果有异议的，应当在收到检测结果之日起____个工作日内（最长不超过10个工作日）向甲方提出书面异议，并与甲方协商确定是否重新检测及变更检测单位，重新检测的费用由乙方承担。

2.9　乙方配合抽检验收。乙方应当接受并配合甲方组织的原材料、成品抽检及质量验收等活动。

2.10　检测不合格乙方整改。因抽检不合格收到甲方书面整改要求的，乙方应当进行相应的整改并将整改情况告知甲方。乙方对甲方整改要求有异议的，应当在收到整改要求之日起____个工作日内（最长不超过10个工作日）向甲方提出。甲方就整改情况重新组织抽检的，重新抽检产生的费用由乙方承担。

三、质量要求

3.1　标准及质量、环保要求。乙方应当保证提供给甲方的合同货物符合采购应答文件的要求；所用材质的质量应当符合相关国家、行业标准要求；所用材质的环保要求应当符合国家强制性环保要求及××市相关技术规范要求。

3.2　出厂检验合格。乙方应当保证提供的合同货物通过货物制造厂商的出厂检验，并根据项目要求向甲方提供质量合格证书。

3.3　乙方对质量负责。乙方承诺对其所供货物及原材料的质量负责。

3.4　乙方不免责情况。货物的原材料、成品抽检合格及质量验收合格并不免除乙方提供不合格货物而应当承担的责任。

四、售后服务要求

4.1　保修期限。合同货物保修期为____年，从所有货物最终验收合格并交付使用之日起计算。

4.2　保修期内费用承担。保修期内货物出现质量问题的，由乙方负责免费维修、更换；因甲方使用不当和保管不善造成的质量问题，乙方应当配合甲方解决，但由此产生的费用由甲方承担。

4.3　保修期后维修更换费用。保修期过后，若出现质量问题，乙方只收取损坏的部件维修或更换的成本费用，终身提供免费上门维修、安装服务。

五、履约保证金

5.1　乙方在签订本合同之日向甲方或者甲方指定的机构提交履约保证金，履约保证金为_____元（履约保证金不得超过合同总价款的10%）。

5.2　如乙方未能履行本合同约定的相关义务，甲方在书面通知乙方后，有权直接从合同约定的货款或履约保证金中扣除相应金额的违约金、滞纳金或者其他赔偿款项。

5.3 甲方应当在乙方履行本合同全部义务完毕后____日内（最长不超过30日）将履约保证金无息退还给乙方。

六、货款支付

6.1 预付款。甲方（□是 □否）支付乙方预付款。合同正式签订后，甲方收到乙方开具的正规发票之日起____日内（最长不超过30日），向乙方指定的银行账户支付合同总价款____%的预付款，即人民币_____，大写_____。

6.2 进度款。除预付款外，本项目分____次支付进度款，具体支付进度安排如下：_____（此处如果是自动生成，则由系统自动抓取采购文件中的相关付款要求，否则由双方约定后手动填写）。在乙方交付相应比例的货物且该批货物经甲方质量验收合格后，甲方在每次收到乙方开具的正规发票之日起____日内（最长不超过30日）将相应约定货款支付到乙方指定的银行账户。

6.3 尾款。乙方提交给甲方合同约定的全部货物且经甲方质量验收合格后，甲方在收到乙方开具的正规发票之日起____日内（最长不超过30日），向乙方指定的银行账户支付合同总价款的____%，即人民币_____，大写_____作为尾款。实行监理的，合同尾款支付应当在家具监理方出具合格的质量验收报告且经甲方签字后予以支付。

6.4 甲方对乙方根据本合同提供的结算单或发票有异议的，应当于收到之日起10日内提出，否则视为无异议，但因乙方故意隐瞒事实或弄虚作假致使甲方无法发现的除外。

甲方按照乙方提供的银行账户支付货款后，因乙方提供账户或者账号相关信息遗漏、错误等原因所产生的后果由乙方自行承担。

七、合同解除

7.1 除具有《中华人民共和国政府采购法》第五十条第二款规定情形，或者《中华人民共和国合同法》第九十三条、第九十四条规定的情形及本合同约定的情形外，本合同一经签订，甲乙双方不得擅自解除合同。

7.2 乙方存在以下情形的，甲方有权解除合同。

7.2.1 对采购文件规定的不可调整项的验收结果达不到采购文件不可调整项要求的。

7.2.2 对采购文件规定的可调整项的验收结果超过了可调整范围的。

7.2.3 逾期交付货物超过60日的。

甲方根据上述情形主张解除合同的，应当书面通知乙方。

八、违约责任

8.1 甲方逾期付款或乙方逾期交货。甲方逾期支付货款，或乙方逾期交货的，每延误一日则必须向对方偿付合同总价款1‰的违约金，但该违约金原则上不超过合同总价款的10%。如因政府有关部门超期审批等原因造成甲方付款迟延的，不视为甲方违约，甲方不承担前述违约责任。

8.2　乙方货物验收不合格。乙方提供的货物经甲方抽检或验收不合格的，乙方应当无条件进行重新返修、返工制作、更换，直至甲方验收合格为止，所需费用由乙方自行承担，同时，乙方应当承担相应的违约责任。

8.3　不可抗力因素及本合同另有约定外违约责任。除不可抗力因素及本合同另有约定外，合同任何一方违反本合同约定的应当承担相应的违约责任，向另一方支付不超过合同总价款10%的违约金，并赔偿因此而给对方造成的损失。

8.4　出现政府采购法律法规规定的违法违规情形的，守约方应当及时将相关违法违规行为报告给财政部门。

九、争议的解决

9.1　质量问题争议。因货物质量问题发生争议的，应当邀请国家认可的质量检测机构对货物质量进行鉴定，甲乙双方应当接受该鉴定结论。货物符合质量标准的，鉴定费由甲方承担；货物不符合质量标准的，鉴定费由乙方承担。

9.2　合同争议解决。因履行本合同引起的或者与本合同有关的争议，甲乙双方应当通过友好协商方式解决，如协商不能解决的，任何一方可以　□向××市仲裁院申请仲裁　□向甲方所在地有管辖权的人民法院提起诉讼。（注：以上两种争议解决方式只能二选一。）

十、合同修改

10.1　合同修改要求。对于本合同的未尽事宜，需要进行修改、补充或完善的，甲乙双方应当就所修改的内容签订书面的合同修改书，作为本合同的补充协议。

10.2　合同修改效力。补充协议与本合同具有同等法律效力。

十一、合同生效

11.1　合同生效条件。自甲乙双方签字盖章之日起生效。

11.2　合同附件效力。采购公告、答疑、补充通知、投标或应答文件、中标（成交）通知书、乙方在招投标过程中所作的其他承诺（申明、书面澄清）以及在合同执行中甲乙双方共同签署的补充或者修正文件等均属本合同不可分割的组成部分，与本合同正文具有同等法律效力。以上合同组成部分文件与本合同正文存在不一致的，以本合同为准。

十二、其他

乙方有权依照政府采购相关规定就本采购合同申请政府采购订单融资等金融服务；甲方应当对乙方办理本条规定的金融服务所涉及的账户变更等事项给予必要的配合。

甲方：　　　　　　　　乙方：

签订日期：　　　　　　签订日期：

第四章

采购订单管理

导言

　　供应链的大部分工作都是围绕着一个个的采购订单来完成的。采购订单的处理与跟踪是采购人员的重要职责，订单处理与跟踪的目的是促进合同正常执行、满足企业的商品需求、保持合理的库存水平。

第一节　采购订单处理

　　任何作业都有一定的程序或须经过一定的手续，采购订单的处理也如此。一般而言，采购订单的处理需要经过请购确认、订单准备、供应商选择、签订订单等步骤。

一、请购确认

1.确认需求

　　确认需求就是在采购作业之前，应先确定购买哪些物品、买多少、何时买、由谁决定等，这是采购活动的起点。

　　任何采购都产生于企业中某个部门的确切的需求。生产或使用部门的人应该清楚地知道本部门独特的需求：需要什么、需要多少、何时需要。这样，仓储部门会收到这个部门发出的物品需求单，经汇总后，将物品需求信息传递给采购部门。有时，这类需求也可以由其他部门的富余物品来加以满足。当然，或迟或早企业必然要进行新的物品采购，采购部门必须有通畅的渠道能及时发现物品需求信息。

　　同时，采购部门应协助生产部门一起来预测物品需求。采购管理人员不仅应要求需求部门在填写请购单时尽可能地采用标准化格式，尽量少发特殊订单，而且应督促其尽早地预测需求以避免太多的紧急订单，从而减少因特殊订单和紧急订货而增加的采购成本。

　　另外，由于了解价格趋势和总的市场情况，有时为了避免供应中断或是价格上涨，采购部门必然会发出一些期货订单。这意味着对于任何标准化的采购项目，采购部门都要就正常供货提前期或其他的主要变化通知使用部门，对物品需求作出预测。因此要求采购部门和供应商能早期介入（通常作为新产品开发团队的一个成员），采购部门和供应商早期介入会给企业带来许多有用信息和帮助，从而使企业避免风险或降低成本，加速产品推向市场的速度，并能带来更大的竞争优势。

2.需求说明

需求说明就是在确认需求之后，对需求的细节如品质、包装、售后服务、运输及检验方式等，都要加以准确说明和描述。采购部门如果不了解使用部门到底需要什么，就不可能进行采购。出于这个目的，采购部门就必须对所申请采购物品的品名、规格、型号等有一个准确的说明。如果采购部门的人员对申请采购的产品不熟悉，或关于请购事项的描述不够准确，应该向请购者或采购团队进行咨询，采购部门不能单方面想当然地处理。

由于在具体的规格要求交给供应商之前，采购部门是能见到它的最后一个部门，因而，需要对其最后检查一次。这一步完成之后要填写请购单，请购单应该包括以下内容。

（1）日期。

（2）编号（以便于区分）。

（3）申请的发出部门。

（4）涉及的金额。

（5）对于所需物品本身的完整描述以及所需数量。

（6）物品需要的日期。

（7）任何特殊的发送说明。

（8）授权申请人的签字。

二、订单准备

采购人员在接到审核确认的请购单之后，应进行图4-1所示的订单准备工作。

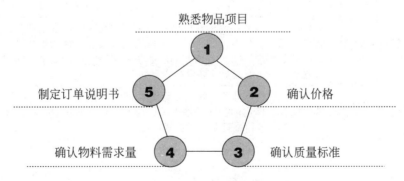

图4-1　采购订单准备

1.熟悉物品项目

采购人员首先应熟悉订单计划，订单上采购的物品种类有时可能很多，有时可能是从来没有采购过的物品项目，其采购环境不一定熟知，这就需要采购人员花时间去了解物品项目的技术资料等。

2.确认价格

由于采购环境的变化，作为采购人员应对采购最终的价格负责，订单人员有权利向采购环节（供应商群体）价格最低的供应商下达订单合同，以维护采购的最大利益。

3.确认质量标准

采购人员与供应商的日常接触较多，由于供应商实力的变化，对于前一订单的质量标准是否需要调整，采购人员应随时掌握。

4.确认物料需求量

订单计划的需求量应等于或小于采购环境订单容量（经验丰富的采购人员可不查询系统也能知道），如果大于则提醒认证人员扩展采购环境容量；另外，对计划人员的错误操作，采购人员应及时提出以保证订单计划的需求量与采购环境订单容量相匹配。

5.制定订单说明书

订单说明书的主要内容包括说明书（项目名称、确认的价格、确认的质量标准、确认的需求量、是否需要扩展采购环境容量等方面），另附有必要的图纸、技术规范、检验标准等。

三、供应商选择

订单准备工作完毕后，采购人员的下一步工作就是最终确定某次采购活动的供应商。确定某次具体采购活动的供应商，应做好表4-1所示的工作。

表4-1　确定具体采购活动供应商的工作

序号	工作事项	具体说明
1	查询采购环境	采购人员在完成订单的准备后，要查询采购环境信息系统，以寻找适应本次物品供应的供应商；认证环节结束后会形成公司物品项目的采购环境，用于订单操作，对小规模的采购，采购环境可能记录在认证报告文档上，对于大规模的采购，采购环境则使用信息系统来管理；一般来说，一项物品应有三家以上的供应商，特殊情况下也会出现一家供应商，即独家供应商
2	计算供应商容量	如果向一个容量已经饱和的供应商下单，那么订单很难被正常执行，最后导致订单操作的失败，作为经验丰富的采购人员，首先要计算一下采购环境中供应商的容量，哪些是饱和的，哪些有空余容量，如果全部饱和，就需要立即通知相关认证人员，并进行紧急处理
3	与供应商确认订单	从主观上对供应商的了解需要得到供应商的确认，供应商组织结构的调整、设备的变化、厂房的扩建等都影响供应商的订单容量；有时需要进行实地考察，尤其要注意谎报订单容量的供应商
4	确定意向供应商	采购人员在权衡利弊（既考虑原定的订单分配比例，又要考虑现实容量情况）后可以初步确定意向供应商以便确定本次订单由哪一家供应商供应，这是订单操作实质性进展的一步
5	发放订单说明书	既然是意向，就应该向该供应商发放相关技术资料，一般来说，采购环境中的供应商应具备已通过认证的物品生产工艺文件，如果是这样，订单说明书就不要包括额外的技术资料；供应商在接到技术资料并分析后，即向采购人员作出"接单"还是"不接单"的答复
6	确定物品供应商	通过以上过程，采购人员就可以决定本次订单计划所投向的供应商，必要时可上报主管审批，可以是一家，也可以是若干家

四、签订订单

在选定供应商之后，接下来要做的工作就是同供应商签订正式的采购订单。采购订单根据采购物品的要求、供应的情况、企业本身的管理要求、采购方针等要求的不同而各不相同。签订采购订单一般需要经过以下过程。

1.制作订单

拥有采购信息管理系统的企业，采购人员直接在信息系统中生成订单，在其他情况下，需要订单制作者自选编排打印。通常企业都有固定标准的订单格式，而且这种格式是供应商认可的，采购人员只需在标准合同中填写相关参数（物品名称代码、单位、数量、单价、总价、交货期等）及一些特殊说明后，即完成制作合同操作。需要说明的是：价格及质量标准是认证人员在认证活动中的输出结果，已经存放在采购环境中，采购人员的操作对象是物品的下单数量及交货日期，特殊情况下可以向认证人员建议修改价格和质量标准。

国外采购的双方沟通不易，订购单成为确认交易必需的工具。当采购单位决定采购对象后，通常会寄发订购单给供应商，作为双方将来交货、验货、付款的依据。国内采购可依情况决定是否给予供应商订单。由于采购部门签发订购单后，有时并未要求供应商签署并寄回，形成买方对卖方的单向承诺，实属不利。但订购单能使卖方安心交货，甚至可获得融资的便利。

订购单内容应特别侧重交易条件、交货日期、运输方式、单价、付款方式等方面。根据用途不同，订购单可分为厂商联（第一联），作为厂商交货时的凭证；回执联（第二联），由厂商签认后寄回；物品联（第三联），作为控制存量及验收的参考；请款联（第四联），可取代验收单；承办联（第五联），制发订购单的单位自存。

下面提供一份订购单的范本，仅供参考。

【范本】▶▶ --

订购单

订购单编号：　　　　　　日期：

厂商		编号		地址		电话	
订购内容							
交货地点							
项次	物料名称	料号	单位	订购数量	单价	金额	交货日期	数量
1								
2								
3								
4								
…								
合计								
合计金额（大写）				万　仟　佰　拾　元　角　分				

续表

交易条款					
1.交期 承制厂商须依本订单的交期或本公司采购部以电话或书面调整的交期交货，若有延误，逾一日扣该批款的_____%。 2.品质 （1）依照图纸要求。 （2）进料检验：依MIL-STD-105E Ⅱ抽样检验，AQL=0.65%。 3.不良处理 （1）经检验后的不合格品，应于三日内取回，逾时本公司不负责。 （2）如急用需选别，所产生的费用，依本公司的索赔标准计费。 4.附件 （1）产品图纸：____张。 （2）检验标准：____份。					
总经理		经理		主管	
承办人		承制厂			

2.审批订单

审批订单是订单操作的重要环节，一般由专职人员负责。主要审查内容如下。

（1）合同与采购环境的物品描述是否相符。

（2）合同与订单计划是否相符。

（3）确保采购人员仿照订单计划在采购环境中操作。

（4）所选供应商均为采购环境之内的合格供应者。

（5）价格在允许价格之内，到货期符合订单计划的到货要求等。

3.与供应商签订订单

经过审批的订单，即可传至供应商确定并盖章签字。签订订单的方式有图4-2所示的4种。

方式一	与供应商面对面签订订单，买卖双方现场盖章签字
方式二	采购人员使用传真机将打印好的订单传至供应商，并且供应商以同样方式传回
方式三	使用E-mail进行合同的签订，买方向供应商发订单E-mail，卖方回传E-mail表示接受订单并完成签字
方式四	建立专用的订单信息管理系统，完成订单信息在买卖双方之间的传递

图4-2　签订订单的方式

4.执行订单

在完成订单签订之后，即转入订单的执行时期。加工型供应商要进行备料、加工、组装、调试等过程；存货型供应商只需从库房中调集相关产品及适当处理，即可送往买家。

五、小额订单的处理

小额订单问题对所有企业而言都是一件值得关注的事情。绝大多数的申请都符合帕累托定律（帕累托定律也被称为ABC分析法）。这一定律指出：全部采购申请的80%仅仅占了全部采购金额的20%。当对企业的采购活动进行分析时，许多企业会发现，90%的采购交易仅仅占了采购总金额的10%。然而许多企业在处理价值500元与5000元的采购事项的花费差不多。这里要注意的是，为处理小额订单而设立的采购体系的成本与这些订单金额之间要配比。由于小额订单所涉及的物料的短缺而造成的损失与这些物料本身的价值远远不成比例，因而，确保这些物料的供应通常是要满足的首要目标。

解决小额订单问题有许多办法。通常，这些办法都涉及采购过程的简化或自动化，或是合并采购，以便减少采购周期时间（从发现需求到支付货款之间的这段时间）、削减管理费用、节省采购人员的时间，以将其用于金额更高的或更重要的采购事项。具体问题的解决办法如下。

（1）如果过失在使用部门，采购部门应该建议其提高采购申请中标准件的数量。

（2）供应部门收到小额订单申请后将其积累起来直到总金额达到一个可观的数额为止。

（3）建立采购申请一览表，某些天接受某些事项的采购申请，这样，对某一物料或服务的采购申请都会在同一天收到，或对某一个供应商所能提供的所有物料的申请都在同一天提出。

（4）使用"无库存采购"或"系统合同"的概念。

（5）向内部顾客发放采购信用卡，用以直接向供应商采购。

（6）采购部门建立空白订单制度，可使内部顾客用它发出订单，供应商汇总收款。

（7）建立和主要供应商之间的电子联系，这样，订购和再订购可以自动地进行。

（8）处理小额订单的权限和报价过程应该重新调整，使用电话、传真、QQ、微信进行订购。

（9）对于各种不同的物料和服务需求应尽量在某个或某些合适的供应商处进行订购。

（10）价值较低的订单交给公司外的第三方去处理。

（11）采用无票据支付手段（自己主动计算需支付的金额），或是发订单时就附上空白支票。

（12）使用者直接下订单。

六、紧急订单的处理

通常，采购部门会收到太多的标注着"紧急"字样的订单。紧急订单的出现不可避免，也有其存在的理由。款式和设计上的突然改变以及市场状况的突然变化都会使精心规划的物料需求不再适用。如果实际所需的部件或物料没有库存，那么生产的中断就不可避免。

1.紧急订单的产生原因

现实中许多所谓的"紧急"订单实际上并不紧急。这些订单产生的原因如下。

（1）错误的库存控制。

（2）生产计划和预算的不足。

（3）对供应部门在合适的时间内向使用者提供物料的能力缺乏信心。

（4）完全出于习惯，在订单上标注"紧急"的字样。

这种订单引发的代价通常较大，而且也会给供应商带来负担，而这必然会直接或间接地体现在买方最后的支付价格之中。

2.如何应对紧急订单

对于那些并不是出于紧急需要的所谓"紧急"订单而言，采购部可以通过进行正确的采购流程方面的教育加以解决。

比如在一家公司，如果某一个部门发出了紧急订单，这个部门必须向总经理作出解释并需得到批准。而且，即使这一申请得到批准，紧急采购所增加的成本在确定之后也要由发出订单的部门来承担，其结果自然是紧急订单的大量减少。

七、采购订单的传递和归档

个别公司在采购订单一式几份方面以及如何处理这些不同副本方面各不相同。典型情况下，采购订单的传递路径如下：原件发往供应商，有时随单附一份副本以便供应商返回作为其接受合同的证明，一份副本归入按顺序编号的采购订单卷宗中由采购部门保管，有些公司里，采购部门不保存采购订单的副本，他们把采购订单拍照后保存，另一副本则由供应商保管。会计部门也会收到一份订单副本以便于处理应付账款。一份副本发往仓储部门，便于其为接收物料做准备。如果公司组织结构把收货和仓储两个职能分开处理，收货部门也会收到一份副本。这些副本将按照供应商名称的字母顺序进行归档，并用于记录货物到达后真正收到的数量。如果收到的物料还要经过检验（通常原材料和生产部件就是这样）的话，也要送一份副本到检验部门。

尽管采购订单的所有副本内容上都是相同的，并且是一次同时填写完毕的，但是，这并不意味着它们在形式上也必须一模一样。比如，供应商的接受函上可能包含有其他副本不必列出的表明其接受意见的条款；填写收货方面的各项数据仅仅是收货部门对订单副本的要求；采购部门的订单副本则可能要求列出发货承诺、发票以及运输等方面的条款；由于价格的保密性，一般而言它不会出现在收货部门的副本上。

实际中，采购订单会以不同的方式加以保存，但关键是在需要这些文件的时候可以轻而易举地找到它们。目前可能做到的是：所有与一项特殊采购的订单有关的文书应该附在一张订单副本上。如果可能的话，还要将其在某处归档并建立交叉索引，以便需要时可以很快找到。

对于一式两份的采购订单的归档问题，一般一份按采购订单的编号顺序保管；另一份与相关的采购申请和往来信件一起，按照供应商名字的字母顺序加以保管。除此之外，还可以把一份按供应商名字的字母顺序进行保管，而另一份按应该从供应商那里收到接受函的期限归入到期票据记录簿中，如果到期后没有收到供应商发来的接受函，这个结果会记录在这份副本上，然后采购部门进行跟踪接触以督促供应商发出接受函，同时将订单上到期日期加以顺延。如果供应商最终接受了订单，到期票据记录簿中的这份副本就应按最后的跟踪接触的日期或货运到期日的日期进行归档。

第二节 采购订单跟踪

订单跟踪的目的有三个方面：促进合同正常执行、满足企业的物料需求、保持合理的库存水平。在实际订单操作过程中，合同、需求、库存三者之间会产生相互矛盾，突出的表现为：由于各种原因合同难以执行、需求不能满足导致缺料、库存难以控制。恰当地处理供应、需求、缓冲余量之间的关系是衡量采购人员能力的关键指标。

一、采购订单执行前跟踪

当制定完一个订单合同后，订单人员要及时了解供应商是否接受订单，是否及时签订等情况。

在采购环境里，同一物料往往有几家供应商可供选择，独家供应商的情况很少。尽管每个供应商都有分配比例，但在具体操作时可能会遇到因为各种原因的拒单现象，由于时间变化，供应商可能要提出改变"认证合同条款"，包括价格、质量、货期等。作为订单人员应充分与供应商进行沟通，确定本次物料可供应的供应商，如果供应商按时签返订单合同，则供应商的选择正确；如果供应商确定难以接受订单，可以在采购环境里另外选择其他供应商，必要时要求认证人员协助办理。与供应商正式签订过的合同要及时存档，以备后查。

二、采购订单执行过程跟踪

与供应商签订的采购协议具有法律效力，订单人员应全力跟踪，确定需要变更时要征得供应商的同意，不可一意孤行。订单跟踪应把握图4-3所示的事项。

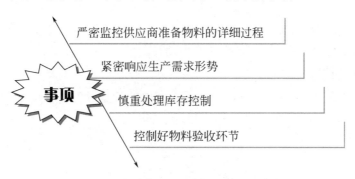

图4-3 采购订单执行过程跟踪应注意的事项

1.严密监控供应商准备物料的详细过程

在监控过程中发现问题要及时反馈，需要中途变更的要立即解决，不可贻误时间。不同种类的物料，其准备过程也不同，总体上可分为两类。

第一类是供应商需要按照样品或图纸定制的物料，需要加工过程，周期长、变数多。

第二类是供应商有存货，不需要加工过程，周期短。

因此前者跟踪过程复杂，后者相对比较简单。

2.紧密响应生产需求形势

如果因市场生产需求紧急，要本批物料立即到货，应马上与供应商协商，必要时可帮助供应商解决疑难问题，保证需求物料的准时供应。企业常把供应商比作自己的战略合作伙伴，这时正是需要伙伴出力的时候，有时市场需求出现滞销，企业经研究决定延缓或取消本次订单物料供应，订单人员也应尽快与供应商进行沟通，确定其可承受的延缓时间，或终止本次订单操作，给供应商相应的赔款。

3.慎重处理库存控制

库存水平在某种程度上体现了订单人员的水平，既不能让生产缺料，又要保持最低的库存水平，这确实是一项难以对付的问题，订单人员的经验表现在何处，在此一见高低。当然，库存问题还与采购环境的柔性有关，这个方面反映出认证人员的水平，库存问题也与计划人员有关。

4.控制好物料验收环节

物料到达订单规定的交货地点，对国内供应商一般是企业原材料库房，对国外供应商一般是企业国际物流中转中心。境外交货的情况下，供应商在交货前会将到货情况表单传真给订单人员，订单操作者应按照原先所下的订单对到货的物品、批量、单价及总金额等进行确认，并进行录入归档，开始办理付款手续。境外的付款条件可能是预付款或即期付款，一般不采用延期付款，与供应商进行一手交钱一手交货的方式，因此订单人员必须在交货前把付款手续办妥。

三、采购订单执行后跟踪

1.付款

采购方应按合同规定的支付条款对供应商付款，并进行跟踪。采购订单执行完毕的柔性条件之一是供应商收到本次订单的货款，如果供应商未收到付款，订单人员有责任督促付款人员按照流程规定加快操作，否则会影响企业信誉。

2.使用中物料问题的处理

物料在使用过程中，可能会出现问题，偶发性的小问题可由采购人员或现场检验者联系供应商解决，重要的问题可由质检人员、认证人员解决。

第三节　物料交货控制

发出去的采购订单，供应商一般都会根据合同和订单要求按时交货，企业在收货时，要加强质量检验，对于合格品按规定验收入库，而对于不合格品则按合同规定进行处理。

一、确定交货方式

对于所订购物料的交货方式应该事先与供应商协商确定下来，一般而言，交货的方式有

图4-4所示的4种。

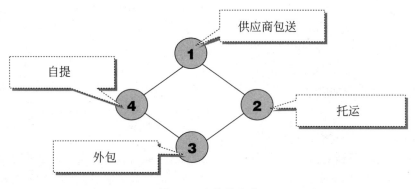

图4-4 交货的方式

1.供应商包送

供应商包送是指供应商负责将物料送到采购方仓库。对采购方而言，这是一种最省事的方式。其好处就是把运输进货的所有事务都交给了供应商，由供应商承担运输费用、货损、货差和运输风险，采购方只等供应商送货上门，只需要与供应商进行一次交接和验收就可以完成此次采购任务了。

2.托运

托运即委托运输，由供应商委托一家运输公司，把物料送到采购方手中。这种方式采购方也比较省事，所委托的运输商通常是铁路部门或是汽车运输公司，这时采购方也只需要和运输商进行一次交接，不过这种方式比第一种方式麻烦，如果运输的货物出现差错或出现货损、货差时，就需要取得运输商的认证，还要和供应商联系、洽商补货、退赔等事宜。

3.外包

这是采购方向供应商下订单以后，由采购方把运输进货外包给第三方物流企业或运输商。这时采购方要进行两次交接、两次验货，和供应商交接一次，和运输商交接一次，并且要根据与供应商签订合同的情况，决定采购方是否还要承担运输损失和运输风险。

4.自提

这种方式是采购方自己带车到供应商处去提货，自己承担运输进货业务。这种方式要和供应商进行一次交接、一次验货，但是，采购方要全部承担运输途中的风险及费用，而且自己入库时，还要进行一次入库验收。

二、确定交货允许期限

交货的延迟或提早都会给企业带来一些问题。

1.交货延迟会增加成本

交期的延迟，毫无疑问会阻碍企业生产或经营活动的顺利进行，对生产现场及经营或其有关部门带来有形或无形的不良影响。

（1）由于物品进库的延误，发生空等或耽误而导致效率下降。

（2）为恢复原状（正常生产、经营），有需加班或例假出勤的情况，导致增加人工费用。

（3）物品的交期延迟，失去客户的信用，导致订单的减少。

（4）成为修改或误制的原因。

（5）延误的频度高，需增员来督促。

（6）使作业人员的工作意愿减退。

2.提早交货也会增加成本

一般人总以为提早交货的不良影响不如延迟交货，实际上两者都会成为企业成本增加的原因。以下两点为其主要理由。

（1）容许提早交货则会发生其他物品交货的延迟（供应商，为资金调度的方便会优先生产高价格的物品以提早交货，所以假如容许其提早交货，就会造成低价格物品的延迟交货）。

（2）不急于要用的物品的交货，必定增加存货而导致资金运用效率的恶化。

> **小提示**
>
> 基于以上分析，必须明确规定允许期限的范围，严格加以限制，尤其要避免提前付款。

三、对验收管理作出明确规定

供应商交来的物料，如与订单上记载的数量不符，则不予签收。查核数量时，由于采用各个分别点收的方法确实麻烦，因此多数企业都利用数箱数或计算秤重等来确认物料的数量。另外，经验收后部分不良物料，可能也会有被退货、整修再重新交料等的可能性，因而应对验收管理作出明确规定。

1.制定合理的标准化规格

规格的制定涉及专门的技术，通常由采购方提出，验收标准要以经济实用为原则，切勿要求过严。所以，在制定标准化规格时，既要考虑到供应商的供应能力，又要顾及交货后是否可以检验，否则，一切文字上的约束都会因无法检验而流于形式。当然，也不能过于宽泛，否则会导致供应商以次充好，从而影响到企业采购物品的正常使用。

2.合同条款应写明验收标准

规格虽属技术范畴，但是招标时仍要列作审查的要件，不能有丝毫含混，因为其涉及品质的优缺与价格的高低。同时，采购人员应注意招标单上所列的项目是否做到了详尽明确的订立，有些关键的地方是否附带了详图说明。确认了这些问题，才能避免供应商发生误会。

> **小提示**
>
> 在合同中对验收标准要加以详细说明，使交货验收时，不至于因内容含混而引起纠纷。

3.设置健全的验收组织

由设计、品质、财务和采购组成验收小组，制定出一套完善的采购验收制度，同时对专业验收人员进行专业训练，使其具有良好的操守、丰富的知识与经验，然后对验收人员进行绩效评估，以发挥验收小组应有的作用。

4.采购与验收各司其职

现代采购讲究分工合作，通常，企业会规定：直接采购人员不得主持验收，以免徇私舞弊发生。一般采用用料品质与性能由验收者负责，其形状、数量则由收料人员负责。只有采购、检验、收料人员分工负责、各司其职才能达到预期效用。

四、按规定验收入库

1.三个检验重点

企业采购的目的是为了获得物料供给生产，物料获得的一个重要标志是经过检验并妥善入库，因此对物料的验收是非常关键的工作环节。

验收应依照业务的内容不同分为两种，一种是检验是否与运送单上的内容相符合，或是检查数量是否无误，以及确认外形包装上是否有问题的"检查验收"工作；另一种就是将买方的订购单与卖方缴货单及运货单等一一核对检查的"检验"工作。

检验的工作通常都比较受到重视，这个工作的基本要点如图4-5所示。

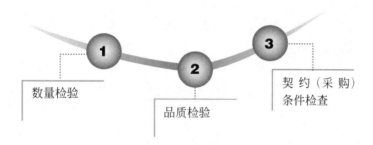

图4-5 检验的重点

（1）数量检验。数量检验通常与检查接收工作一起进行。一般的做法就是直接检验，但是当现货和送货单尚未同时到达时，就会实行大略式检验。另外，在检验时要将数量做两次确认，以确保数量无误。

（2）品质检验。这里要检验的是确认接收的货物与订购的货物是否一致。对于物料的检验，可以用科学的红外线鉴定法，或者可以依照验收的经验及对物料的知识运用各种检验方法。另外，不管是进行全面性检查还是抽样性检查，一般对于高级品或是招牌物料都会做全面性检查，而对购入数量大，或是单价低的物料，则采取抽样性检查。

（3）契约（采购）条件检查。检验关于采购的契约条件，如物料品质、数量、交货时间、价格、货款结算等条件是否相符等。

2.物料验收作业程序

物料验收作业程序如图4-6所示。

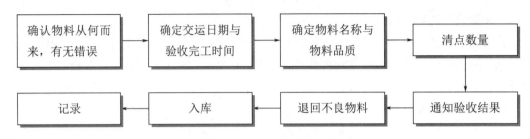

图4-6　物料验收作业程序

图示说明：

（1）如果一批物料分别向多家供应商采购，或数种不同的物料同时进厂时，验收工作更应注意，验收完后的标识工作非常重要。

（2）交运日期是整个采购过程中的重要日期，并以此可以判定厂商交期是否延误，有时可作为延期罚款的依据；验收完工时间则作为很多公司付款的起始日期。

（3）确定物料名称与物料品质是指收料是否与所订购的物料相符合并确定物料的品质。

（4）查清实际承交数量与订购数量或送货单上记载的数量是否相符。对短交的物料，立即促请供应商补足；对超交的物料，在不缺料的情况下退回供应商。

（5）将允收、拒收或特采的验收结果填写在"物料验收单"上通知有关单位。物料控制部门得以进一步决定物料进仓的数量，采购部门得以跟进短交或超交的物料，财务部门可根据验收结果决定如何付款。

（6）供应商送交的物料品质不良时，应立即通知供应商，准备将该批不良物料退回，或促请供应商前来用良品交换，再重新检验。

（7）验收完毕后的物料，入库并通知物料控制部门，以备产品制造之用。

（8）供应商交货的品质记录等资料，为供应商开发及辅导的重要资料，应妥善保存。

五、损害赔偿的处理

当发生供应商提供货物与要求不符，如物料数量不足、没有达到一定质量、交货期延误或是没有履行相关义务等情形时，企业有必要对供应商作出相应处理，以防止这类情形再发生。比如当数量不足时，就要提早要求追加补充。提出赔偿的程度也会因为疏失乃至于重大过失等因素不同而有以下程度之分。

（1）提出警告。

（2）要求货品赔偿。

（3）要求金钱赔偿。

更重要的是第（2）点与第（3）点。第（2）点可以要求损害赔偿、降价、拒绝支付等；而第（3）点可以要求解约，或者搭配组合以追求责任归属。

同时要注意，事先一定要互相协商好与赔偿相关的条款和约定。

当数量、品质以及契约条件等的检验都结束之后，接收合格物料，而收货及验收业务会因为业种及货物的不同而各有所异，所以最好找出适用自己企业的方法。

第二部分
采购成本控制

第五章
采购成本概述

导言

　　采购成本下降不仅体现在企业现金流出的减少，而且直接体现在产品成本的下降、利润的增加以及企业竞争力的增强。因此，控制好采购成本并使之不断下降，是一个企业不断降低产品成本、增加利润的重要和直接手段之一。

第一节　采购成本分析

　　企业采购成本有以下两种看法。

　　（1）采购支出成本观：

$$采购成本=企业采购支出-采购价格$$

　　（2）采购价格成本观：

$$采购成本=采购价格$$

一、企业采购支出成本观

　　在采购支出成本观中，采购成本是指与采购原材料部件、采购管理活动相关的物流费用，包括采购订单费用、采购计划制订人员的管理费用、采购人员管理费用等，但不包括采购价格。该概念主张找出采购过程中浪费的环节，以便寻找到削减采购成本的途径。

　　在该概念中，采购成本通常由材料维持成本、订购管理成本以及采购不当导致的间接成本构成，如图5-1所示。

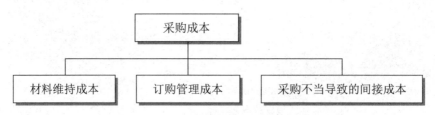

图5-1　企业采购支出成本的构成部分

1.材料维持成本

材料维持成本是指为保持物料而发生的成本。它可以分为固定成本和变动成本，固定成本与采购数量无关，如仓库折旧、仓库员工的固定工资等；变动成本则与采购数量有关，如物料资金的应计利息、物料的破损和变质损失、物料的保险费用等。

具体来说，材料维持成本的具体项目如表5-1所示。

表5-1　材料维持成本的具体项目

序号	项目	具体说明
1	维持费用	维持费用是指存货的品质维持需要资金的投入，投入了资金就使其他需要使用资金的地方丧失了使用这笔资金的机会，如果每年其他使用这笔资金的地方的投资报酬率为20%，即每年存货资金成本为这笔资金的20%
2	搬运支出	搬运支出是指存货数量增加，则搬运和装卸的机会也增加，搬运工人与搬运设备同样增加，其搬运支出一样增加
3	仓储成本	仓储成本是指仓库的租金及仓库管理、盘点、维护设施（如保安、消防等）的费用
4	折旧及陈腐成本	折旧及陈腐成本是指存货容易发生品质变异、破损、报废、价值下跌、呆滞料的出现等，因而所丧失的费用就加大
5	其他支出	其他支出是指如存货的保险费用、其他管理费用等

2.订购管理成本

订购管理成本是指企业为了实现一次采购而进行的各种活动的费用，如办公费、差旅费、邮资、电报电话费等支出。

具体来说，订购管理成本包括与表5-2所示活动相关的费用。

表5-2　订购管理成本的费用

序号	类别	具体费用
1	请购手续费	请购手续费是指请购所花的人工费用、事务用品费用、主管及有关部门的审查费用
2	采购成本	采购成本是指估价、询价、比价、议价、采购、通信联络、事务用品等所花的费用
3	进货验收成本	进货验收成本是指检验人员的验收手续所花费的人工费用、交通费用、检验仪器仪表费用等
4	进库成本	进库成本是指物料搬运所花费的成本
5	其他成本	其他成本是指如会计入账支付款项等所花费的成本

3.采购不当导致的间接成本

采购不当的间接成本是指由于采购中断或者采购过早而造成的损失，包括待料停工损失、延迟发货损失和丧失销售机会损失、商誉损失。如果损失客户，还可能为企业造成间接或长期损失。

具体来说，采购不当导致的间接成本可以分为表5-3所示的5种。

表5-3　采购不当导致的间接成本的分类

序号	类别	具体说明
1	采购过早及其管理成本	过早的采购会导致企业在物料管理费用上的增加，比如用于管理的人工费用、库存费用、搬运费用等，一旦订单取消，过早采购的物料容易形成呆滞料
2	安全存货及其成本	许多企业都会考虑保持一定数量的安全存货，即缓冲存货，以防在需求或提前期方面的不确定性，但是困难在于确定何时需要及保持多少安全存货，因为存货太多意味着多余的库存，而安全存货不足则意味着断料、缺货或失销
3	延期交货及其成本	延期交货可以有两种形式：缺货可以在下次规则订货中得到补充；利用快速运送延期交货 （1）在前一种形式下，如果客户愿意等到下一个周期交货，那么企业实际上没有什么损失，但如果经常缺货，客户可能就会转向其他企业 （2）利用快速运送延期交货，则会发生特殊订单处理和送货费用，而这些费用相对于规则补充的普通处理费用要高
4	失销成本	尽管一些客户可以允许延期交货，但仍有一些客户会转向其他企业，在这种情况下，缺货导致失销，对于企业的直接损失是这种货物的利润损失，除了利润的损失，还应该包括当初负责这笔业务的销售人员的人力、精力浪费，这就是机会损失，而且也很难确定在一些情况下的失销总量，比如，许多客户习惯电话订货，在这种情况下，客户只是询问是否有货，而未指出要订货多少，如果这种产品没货，那么客户就不会说明需要多少，对方也就不会知道损失的总量，同时也很难估计一次缺货对未来销售的影响
5	失去客户的成本	由于缺货而失去客户，使客户转向另一家企业，若失去了客户，也就失去了一系列收入，这种缺货造成的损失很难估计，除了利润损失，还有由于缺货造成的信誉损失，信誉很难度量，因此在采购成本控制中常被忽略，但它对未来销售及客户经营活动却非常重要

二、采购价格成本观

在企业内部，诸多采购员认为"采购成本=采购价格"。尽管这种观点在一些企业经营者中间不太认同，但对于采购员执行采购任务来说却有不可估量的意义。

采购价格即采购产品购入价格，采购价格是由供应商的产品制造成本与供应商的利润目标来决定。

采购产品购入价格=供应商产品制造成本+供应商的利润目标

1.供应商产品制造成本

供应商产品制造成本包括供应商原料费、人工费、制造费用三部分，如表5-4所示。

表5-4　供应商产品制造成本

序号	成本构成	具体说明
1	原料费	原料费是加工后成为产品的一部分者，其构成产品的主要部分，具体包括原料的购价、运费和仓储费用，并扣减购货折扣
2	人工费	人工费是指直接从事产品制造的工作人员，如加工与装配人员、班组长等的成本，包括直接人工的薪资与福利
3	制造费用	制造费用是指原料费与人工费之外的一切制造成本，包括间接材料、间接人工、折旧、水电费用、租金、保险费、修护费等，在此应了解以下两概念 （1）间接材料如制造过程中所需的工具、夹具、模具、润滑油、洗剂、黏着剂及螺丝钉等 （2）间接人工指与产品的生产并无直接关系的人员，如各级管理人员、品管人员、维修人员及清洁人员等

2.供应商利润

利润即企业销售产品的收入扣除成本价格和税金以后的余额。由于供应商成本消耗是固定的，但利润目标却是灵活的，供应商的目标是尽量提高销售价格，以便使供应商的利润获得足额空间。对于采购员来说，为了降低采购的成本，目的是尽量压缩供应商利润空间。供应商利润空间成为双方的焦点，其具体构成如图5-2所示。

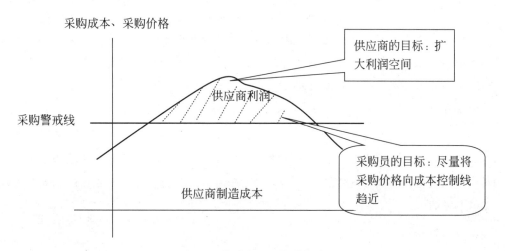

图5-2　供应商利润空间构成

华为控制成本费用的方向

关于成本控制，《华为基本法》第82条有一段描述：成本是市场竞争的关键制胜因素，成本控制应当从产品价值链的角度，权衡投入产出的综合效益，合理确认控制策略。成本费用的控制依据不应是"多与少"，而应是"是与非"，关键是要衡量投入产出比。控制成本费用不一定要追求成本费用总额的下降，而应尽可能让成本费用带来增量产出。

华为在成本费用控制方面，主要关注五个方面：设计成本、采购成本和外协成本、质量成本、库存成本、期间费用。重点是控制设计成本、质量成本。

1.设计成本

设计成本是指企业在进行产品设计时，根据设计方案中规定使用的材料，经过生产工艺过程等条件计算出来的产品成本。它是一种事前成本，并不是实际成本，也可以说是一种预计成本。

设计成本会决定后期生产中的80%以上的成本。在生产制造环节降成本，难度很大，也为时已晚。控制生产成本需要将着眼点前移到设计环节，让产品的设计方案能做到生产最经济，未来消费者能收获更高的性价比。

2.采购成本与外协成本

采购成本与外协成本取决于企业的业务规模与议价能力。在很大程度上议价能力也取决于业务规模。要降低这两项成本，最佳的方式是不断拓展业务，实现规模经济。

3.质量成本

质量成本一直是华为成本控制的重点。如果产品质量有瑕，必然会导致退换货，维修、运输等成本也会增高。如果产品直接面向消费者，产品质量问题还有可能导致公司整体形象受损，甚至给公司带来毁灭性灾难。三鹿奶粉、三星就是证明。

4.库存成本

库存过高一方面会增加仓储费用，另一方面会增加资金占用成本。存货库存主要包括两部分：原材料和产成品。在市场生产过剩的情形下，企业都有控制产量的意识，在维持一定的安全库存的情况下，做到按订单生产；对于原材料，要重点关注版本升级造成呆料和死料。

5.期间费用

很多企业把成本控制的重心放在了期间费用上。预算控制、总额控制、比率控制、人均控制，方法诸多，不一而足。控制效果一般不会太好，原因在于，期间费用在成本费用中比重一般不高，监管的难度却很大，本着成本效益原则，不应对期间费用过多干预。对期间费用的控制重心不妨后移，体现在对责任中心的利润考核当中。华为对期间费用控制的理念是做到不浪费就好。

总体而言，控制成本费用要摆脱紧盯局部不顾整体的思维。降低成本费用绝非控制成本费用的目标，降低公司的运营成本才是关键，企业应关注的是成本费用的投入产出比。

第二节　成本控制的基础

采购工作涉及面广，并且主要是和外界打交道，因此，如果企业不制定严格的采购制度和程序，不仅采购工作无章可依，还会给采购人员提供暗箱操作的温床。完善采购成本控制的基础工作要从以下4个方面做起。

一、建立严格的采购制度

建立严格完善的采购制度，不仅能规范企业的采购活动、提高效率、杜绝部门之间扯皮，还能预防采购人员的不良行为。采购制度规定物料采购的申请、授权人的权限、物料采购的流程、相关部门的责任和关系、各种材料采购的规定和方法、报价和价格审批等。

比如，可在采购制度中规定采购的物品要向供应商询价、列表比价，然后选择供应商，并把所选的供应商及其报价填在请购单上；还可规定超过一定金额的采购须附上三个以上的书面报价等，以供财务部门或内部审计部门稽核。

二、建立供应商档案和准入制度

对企业的正式供应商要建立档案，供应商档案除有编号、详细联系方式和地址外，还应有付款条件、交货条款、交货期限、品质评级、银行账号等，每一个供应商档案应经严格的审核才能归档。企业的采购必须在已归档的供应商中进行，供应商档案应定期或不定期地更新，并有专人管理。

同时，要建立供应商准入制度，重点材料的供应商必须经质检、物料、财务等部门联合考核后才能进入供应商档案。如有可能要实地到供应商生产地考核。

企业要制定严格的考核程序和指标，要对考核的问题逐一评分，只有达到或超过评分标准者才能成为归档供应商。

三、建立价格档案和价格评价体系

企业采购部门要对所有采购材料建立价格档案，对每一批采购物品的报价，应首先与归档的材料价格进行比较，分析价格差异的原因。如无特殊原因，原则上采购的价格不能超过档案中价格水平，否则要作出详细的说明。

对于重点材料的价格，要建立价格评价体系，由公司有关部门组成价格评价组，定期收集有关的供应价格信息，来分析、评价现有的价格水平，并对归档的价格档案进行评价和更新。这种评议视情况可以一个季度或半年进行一次。

四、建立标准采购价格

财务部对所重点监控的材料应根据市场的变化和产品标准成本定期定出标准采购价格，促使采购人员积极寻找货源，货比三家，不断地降低采购价格。

标准采购价格亦可与价格评价体系结合起来进行，并提出奖惩措施，对完成降低公司采购成本任务的采购人员进行奖励，对没有完成采购成本下降任务的采购人员，分析原因，确定对其惩罚措施。

下面提供一份某公司的采购流程管理制度的范本，仅供参考。

【范本】▶▶

××商贸有限公司采购流程管理制度

为了提高公司采购效率、明确岗位职责、有效降低采购成本，满足公司对优质资源的需求，进一步规范物资采购流程，加强与各部门间的配合，特制定本制度。

一、请购及其规定

1.请购单的要素

完整的请购单应包括以下要素。

（1）请购的部门。

（2）请购物品所属项目。

（3）请购的用途。

（4）请购的物品名。

（5）请购的物品数量。

（6）请购的物品规格。

（7）请购物品的样品、图片或详细参数资料等。

（8）请购的物品的需求时间。

（9）请购如有特殊需要请备注。

（10）请购单填写人。

（11）请购部门主管。

（12）请购单审核人。

（13）财务审核人。

（14）公司总经理审核。

2.请购单及其提报规定

（1）请购单应按照要素填写完整、清晰，由公司领导审核批准后报采购部门。

（2）固定资产申购按照固定资产购置申请表的格式进行填写提报。

（3）其他材料设备及工程项目申购按照物资采购申请表的格式填写提报。

（4）日常零星采购按照公司印制的零星物资采购审批单的格式填写提报。

（5）请购部门在提报请购单时应要求采购部签字，接收人请购部门备份。

（6）涉及的请购数量过多时可以附件清单的形式进行提交，为提高效率该清单的电子文档也需一并提交。

（7）遇公司生产、生活急需的物资，公司领导不在的情况下，可以电话或其他形式请示，征得同意后提报采购部门，签字确认手续后补。

（8）如果是单一来源采购或指定采购厂家及品牌的产品，请购部门必须作出书面说明。

（9）请购单的更改和补充应以书面形式由公司领导签字后报采购部。

3.公司物资请购单的提报部门

（1）公司经营生产的物资、劳务、固定资产、工程及其他项目由生产部门提报。

（2）公司生活及办公的物资、固定资产、服务或其他生活及办公项目由办公室提报。

（3）公司各部门专用的物资由各部门自行提报。

二、请购单的接收及分发规定

1.请购的接收要点

（1）采购部在接收请购单时应检查请购单的填写是否按照规定填写完整、清晰，检查请购单是否经过公司领导审批。

（2）接收请购单时应遵循无计划不采购、名称规格等不完整清晰不采购、图片或详细参数资料不全不采购、库存已超储积压的物资不采购的原则。

（3）通知仓库管理人员核查请购物资是否有库存。

（4）对于不符合规定和撤销的请购物资应及时通知请购部门。

2.请购单的分发规定

（1）对于请购单采购部应按照人员分工和岗位职责进行分工处理。

（2）对于紧急请购项目应优先处理。

（3）无法于请购部门需求日期办妥的应通知请购部门。

（4）重要的项目采购前应征求公司相关领导的建议。

3.采购周期的规定

（1）常规商品采购周期为7天。

（2）遇到紧急采购应汇报公司领导采取快速优先采购的策略，紧急采购商品周期为3天时间。

三、询价及其规定

（1）询价前应认真审阅请购单物品的品名、规格、数量、名称，了解图纸及其技术要求，遇到问题应及时与请购部门沟通。

（2）属于相同类型或属性近似的产品应整理、归类集中打包采购。

（3）对于紧急请购项目应优先处理。

（4）所有采购项目上必须向生产厂家或服务商直接询价，原则上不通过其代理或各种中介机构询价。

（5）对于请购部门需求的物资或设备如有成本较低的替代品可以推荐采购替代品。

（6）遇到重要的物资、项目或预估单次采购金额大于10万元的采购情况，询价前应先向公司相关领导汇报拟邀请报价或投标单位的基本情况，按照"拟报价＋招标单位名单"的格式提报公司领导批准方可询价或发放标书。

（7）询价时对于相同规格和技术要求应对不同品牌进行询价。

（8）除固定资产外单次采购金额在1万元以下项目可以自行采购；单次采购预算金

额在1万元以上的所有项目都应要求至少三家以上的供应商参与比价或招标采购，比价或招标项目应至少邀请四家以上单位参与；单次采购金额预算价格在20万元以上的项目应由采购部组织招标，公司相关领导参与监督；单次采购金额预算价格在100万元以上的项目由公司领导决定是否委托第三方机构代理招标。

（9）比价采购或招标采购所邀请的单位均应具备一定资质和实力，具有提供或完成我公司所需物资和项目的能力。

（10）比价采购或招标采购应按照材料或设备询价表的格式或拟订完整的招标文件格式进行询价。

（11）在询价时遇到特殊情况应书面报请公司领导批示。

四、比价、议价

（1）对厂商的供应能力、交货时间及产品或服务质量进行确认。

（2）对于合格供应商的价格水平进行市场分析，是否其他厂商的价格最低，所报价格的综合条件更加突出。

（3）收到供应单位第一次报价或进行开标后应向公司领导汇报情况，设定议价目标或理想中标价格。

（4）重要项目应通过一定的方法对于目标单位的实力、资质进行验证和审查，如通过进行实地考察以了解供应商各方面的实力等。

（5）参考目标或理想中标价格与拟合作单位或拟中标单位进行价格及条件的进一步谈判。

五、比价、议价结果汇总

（1）比价、议价汇总前应汇报公司相关领导，征得同意后方可汇总。

（2）比价、议价结果汇总应按照"比价+招标汇总表"的格式完整列出报价、工期、付款方式及其他价格条件，列出拟选用单位及选用理由，按照一定顺序逐一审核。

（3）如比价、议价结果未通过公司领导审核应进行修改或重新处理。

六、合同的签订及其规定

合同是当事人或当事双方之间设立、变更、终止民事关系的协议。依法成立的合同，受法律保护。广义合同指所有法律部门中确定权利、义务关系的协议。目前我们的采购工作主要涉及工矿产品买卖合同。

（1）合同正文应包含的要素。

①合同名称、编号、签订时间、签订地点。

②采购物品或项目的名称、规格、数量或工程量、单价、总价及合同总额，清单、技术文件与确认图纸是合同不可分割的部分。

③包装要求。

④合同总额应含税，含运输费用的总价，特殊情况应注明。

⑤付款方式。

⑥ 工期。

⑦ 质量保证期。

⑧ 质量要求及规范。

⑨ 违约责任和解决纠纷的办法。

⑩ 双方的公司信息。

⑪ 其他约定。

（2）合同签订及其规定。

① 如涉及技术问题及公司机密的，注意保密责任。

② 拟订合同条款时一定要将各种风险降低到最低。

③ 为防止合同工程量追加或追加无依据，打包采购时要求供货方提供分项报价清单。

④ 遇货物订购数量较多且价值较大或难清点的情况时务必请厂商派代表来场协助清点。

⑤ 质保期一定要明确从什么时候开始并应尽量要求厂商延长产品质保期。

⑥ 详细约定发票的提供时间及要求。

⑦ 针对不同的合同约定不同的付款方式，如设备类的合同一般应按照预付款、验收款、调试服务款、质量保证金的顺序明确付款额度、付款时间和付款条件等。

⑧ 与初次合作的单位合作时，应少付预付款或不付预付款。

⑨ 违约责任一定要详细、具体。

⑩ 比价+招标汇总表巡签完毕后方可进行合同的签订工作。

⑪ 合同签订应按照合同审查批准单的格式对合同初稿进行巡签审查。

⑫ 合同巡签审查通过后应由公司领导签字，加盖公司合同章方可生效。

⑬ 签订的所有合同应及时报送财务部门。

七、付款及合同执行

1. 付款规定

（1）所有已签订合同付款时应参照公司的相关规定执行。

（2）按照进度付款的采购项目必须确保质检合格方可付款。

（3）按照公司规定和合同约定达到付款条件的合同在付款时应填写"资金支出审批单"或"付款审批单"，该审批单巡签完毕后提交财务部付款。

（4）财务部门在接到付款审批单后应在3天内付款，以免影响合同的执行和供货周期，遇特殊情况延期付款的应及时通知采购部并汇报公司领导。

2. 合同执行

（1）已签订合同由采购部项目负责人负责跟进，由采购部负责人进行监督，如出现问题，采购部应及时提出建议或补救措施，并及时通知请购部门及公司领导。

（2）已签订的合同在执行期间，应及时掌握合作单位对于合同义务和责任的履行情况，跟踪并督促其保质保量，按时履约。

（3）合同在履行期间应按照约定严格执行，遇未尽事宜应及时协商并签订补充合同。

八、报验与入库

1.报验

（1）供应单位已经履行完毕的合同，采购部应及时通知质检部门进行验收。

（2）对于不同类型的合同的标的物的验收标准参照公司质检部门的相关规定执行。

（3）达到质检和报验条件的合同标的物应在第一时间报请质检部门进行质检、验收。

（4）质检部门在接到采购部报验通知后应及时报验，并出具报验结果证明书，对于质检不及时延误生产部门使用或不能入库的情况质检部门应负主要责任。

（5）用于公司生活和办公的物资不在公司质检部质检范围之内。

2.入库

（1）公司所有的生产材料、设备及外协加工件入库前均应通过质检部门的检验或验收。

（2）合同标的物在运达公司后采购部应及时通知请购部门，由请购部门及时安排卸货与搬运。

（3）质检部门未及时验收的合同标的物，仓库在收到送货清单后应将其作为暂存物资接受。

（4）质检部门已经验收的产品，仓库应及时地入库，并及时出具入库清单。

（5）外协加工件应按照原材料入库。

（6）质检合格后的固定资产及服务按照公司财务规定不入库。

06

第六章
通过降低价格控制成本

导言

　　随着经济的快速发展和市场竞争的加剧，生产与销售的利润空间已经被压缩，为了实现经济效益的最大化，物资供应成为企业控制成本的主要途径，而采购价格管理作为物资供应中的关键环节，其在成本控制中的作用不言而喻。

第一节　采购价格的确定

　　采购价格的高低直接关系到企业最终产品或服务价格的高低，因此，在确保满足其他条件的情况下，力争最低的采购价格是控制成本的有效措施之一。

一、影响采购价格的因素

　　影响采购价格的因素有许多，具体如表6-1所示。

表6-1　影响采购价格的因素

序号	因素	具体说明
1	供应商成本的高低	供应商成本的高低是影响采购价格的最根本、最直接的因素，供应商进行生产，其目的是获得一定利润，否则生产无法继续，因此，采购价格一般在供应商成本之上，两者之差即为供应商的利润，供应商的成本是采购价格的底线
2	规格与品质	价格的高低与采购物料的品质也有很大的关系，如果采购物料的品质一般或质量低下，供应商会主动降低价格，以求赶快脱手，有时甚至会贿赂采购人员
3	采购物料的供需关系	当企业需采购的物料紧俏时，则供应商处于主动地位，会趁机抬高价格；当企业所采购的物料供过于求时，则采购企业处于主动地位，可以获得最优的价格

续表

序号	因素	具体说明
4	生产季节与采购时机	当企业处于生产旺季时，对原材料需求紧急，因此不得不承受更高的价格，避免这种情况的最好办法是提前做好生产计划工作，并根据生产计划制订出相应的采购计划，为生产旺季的到来提前做好准备
5	采购数量多少	采购数量多少是指如果采购数量大，就会享受供应商的数量折扣，从而降低采购的价格，因此，大批量、集中采购是降低采购价格的有效途径
6	交货条件	交货条件也是影响采购价格的非常重要的因素，交货条件主要包括运输方式、交货期的缓急等，如果货物由采购方来承运，则供应商就会降低价格，反之就会提高价格
7	付款条件	付款条件一般都规定有现金折扣、期限折扣，以刺激采购方能提前用现金付款

二、采购价格调查

1.调查的主要范围

在大型企业里，原材料种类有万种之多，但限于人手，要做采购价格调查，谈何容易。因此，企业要了解通常所说的"重要少数"，就是通常数量上仅占10%的原材料，而其价值却占全体总值的70%～80%。假如能掌握住占80%左右价值的"重要少数"，那么，就可以达到控制采购成本的真正效益，这就是重点管理法。根据一些企业的实际操作经验，可以把图6-1所示的六大项目列为主要的采购调查范围。

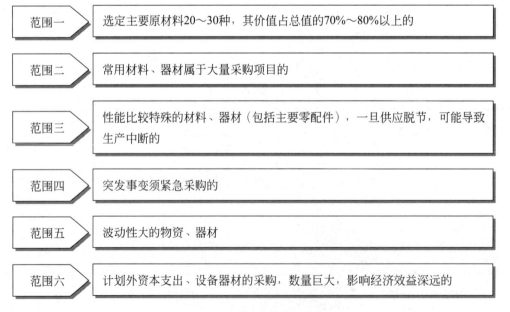

范围一	选定主要原材料20～30种，其价值占总值的70%～80%以上的
范围二	常用材料、器材属于大量采购项目的
范围三	性能比较特殊的材料、器材（包括主要零配件），一旦供应脱节，可能导致生产中断的
范围四	突发事变须紧急采购的
范围五	波动性大的物资、器材
范围六	计划外资本支出、设备器材的采购，数量巨大，影响经济效益深远的

图6-1　采购调查的主要范围

小提示

在一家企业中，为了便于了解占总采购价值80%的"重要少数"的原材料价格的变动行情，采购人员就应当随时记录，真正做到了如指掌。

2.信息收集方式

信息的收集可分为图6-2所示的3种方式。

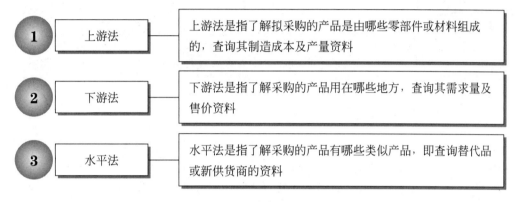

1	上游法	上游法是指了解拟采购的产品是由哪些零部件或材料组成的，查询其制造成本及产量资料
2	下游法	下游法是指了解采购的产品用在哪些地方，查询其需求量及售价资料
3	水平法	水平法是指了解采购的产品有哪些类似产品，即查询替代品或新供货商的资料

图6-2 采购价格息收集方式

3.信息的收集渠道

至于信息的收集，常用的渠道如下。

（1）杂志、报纸、网络等媒体。

（2）信息网络或产业调查服务业。

（3）供货商、顾客及同业。

（4）参观展览会或参加研讨会。

（5）加入协会或公会。

小提示

由于商情范围广阔，来源复杂，加之市场环境变化迅速，因此，企业采购人员必须筛选正确有用的信息以供公司高层决策。

4.处理调查资料

采购人员可将采购市场调查所得资料，加以整理、分析与讨论。在此基础上提出报告及建议，即根据调查结果，编制材料调查报告及进行商业环境分析，向本企业提出有关改进建议（比如提供采购方针的参考，以求降低成本、增加利润），并根据科学的调查结果，研究更好的采购方法。

三、计算采购价格

对构成价格的各种因素进行科学的分析，必要时采取改进措施。这种方法是以合理的材料成本、人工成本及作业方法为基础，计算出采购价格。

其计算公式如下：

$$采购价格＝物料成本＋人工成本＋设备折旧＋行政费用＋利润$$

在按上述公式计算采购价格时，如果供方无法接受价格，应根据各项目的资料，逐一检查双方的报价明细和差距，并互相修正错误，以达成协议。

小提示

有经验的采购人员，可凭自己的判断和过去累积的数值资料来算出合理的价格。

四、分析处理供应商的报价

就采购人员而言，底价与成本分析表只是提供了将来议价的参考价值，也就是获得一个合理价格的依据，它解决"量"的问题。至于"质"的问题，也就是各供应商报价单的内容，采购人员必须先加以分析、审查、比较，才能达到公平竞争的基础，即所谓"拿香蕉与香蕉比"。

1.价格分析的效益

（1）事先发现报价内容有无错误，避免造成将来交货的纷争。确保供应商所附带的任何条件均为买方可以接受的。

（2）将不同的报价基础加以统一，以利将来的议价及比价工作，而不会发生"拿香蕉和梨子比"的谬误。

（3）培养采购人员的成本分析能力，避免按照"总价"来谈判价格的缺失。

2.审查、比较报价的方式

（1）先把各项直接材料耗用数量、直接人工时数标准化。

（2）再计算所有报价厂商各项材料的单价、工资率。

（3）求出各厂商的制造成本（变动费用部分）。

（4）计算各厂商的固定费用，包括管理费、税金、利润。

（5）求出总额最低的报价厂商。

五、采购价格磋商

1.尽可能与对方负责人进行价格磋商

价格的磋商尽管有级别的要求，但为了有效地完成价格的磋商，缩短价格谈判的过程，除非供应商有级别对等的要求，否则应尽可能与对方负责人直接进行价格磋商。

2.完善谈判技巧

在减价磋商中，难免会遇到一些诡辩与抱怨的人，他们在磋商时，常提出似是而非的言论，如产品的利润空间已经很小了，工人要求加薪、减少工作时间以及物价上涨等，目的是强调价格不能再降低了。因此，采购人员要根据实际计算的成本来加以一一反驳，使对方无计可施，从而达到降价的目的。在磋商前要尽可能掌握图6-3所示资料。

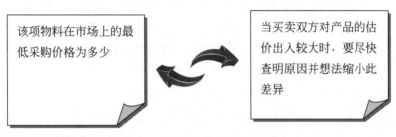

图6-3　在磋商前应掌握的资料

3.了解产品的成本构成及影响因素

采购人员在进行采购物品减价磋商前，要知道要所采购物料的销售价格是如何决定的，其成本结构如何，只有了解其成本结构的详细内容后，才有可能达到减价的目的。

采购人员必须了解以下产品价格的构成因素。

（1）由市场供求关系决定。

（2）价格会因计算方法不同而有所差别。

（3）交货日期、付款办法及采购量也会影响价格。

（4）季节性的变动也会影响价格。

（5）因供应商成本的因素而决定。

（6）受国家政策的影响。

（7）受物价波动的影响。

4.了解供应商的情况

就买卖双方的合作关系，还要考虑图6-4所示的因素。

图6-4　应了解供应商的情况

5.合适的人与合适的对象

进行价格磋商的人，要有生产技术、成本、法律等方面的知识，才能胜任减价的磋商。因此，有时需要有专门知识的人员随同前往交涉，如专业工程师、会计师等。

有了前往进行价格磋商的合适人选后，还需要找对磋商的对象。一般来说，供应商的销售人员不一定了解决定价格的因素，不具备技术及管理方面的知识，但我们要尊重对方的人员，和他们交朋友，从与他们的交谈中获取对方有价格决定权的人员等重要信息，然后有针对性地与这个人去打交道，如此才能圆满完成任务。

6.有利的时间与地点

进行价格磋商的地点可以是买卖双方的会议室、会客室或两方以外的地点，如饭店、咖啡店等。在选择地点时，应注意交涉降价物料的种类、对方企业的力量、信誉度、待人接物规范性等。

通常在小房间或安静的地方进行价格交涉的效果比大房间要佳，因为在大房间商谈容易受外部干扰，感觉比较疏远，气氛较差，不易缩短交涉双方距离。为了建立起彼此间长期的感情，也可采用一同进行休闲活动，如打高尔夫球、乒乓球或健身活动等。

至于时间的选定要因人而异。由于人容易被环境、时间的改变影响情绪，所以聪明的交涉者要能察言观色，事先加以留意而见机行事。

第二节　采购价格的控制

采购价格是企业成本和费用的主要组成部分，是采购成本高低的决定性因素。因此，企业及采购人员可从降低采购价格着手来控制成本。

一、互买优惠采购

在互买优惠采购中，买卖双方既是供应商又是购买方，具有双重身份，因此在自己购买了对方产品的同时，也希望自己的产品能被对方所采购，于是互惠互利的结果，促成了互买优惠采购的关系。

为了确定灵活运用互买采购的策略，企业必须在相互购买的基础上进行认真、仔细的成本分析，以企业整体成本的降低为目的。

1.互买采购的优缺点

一般来说，互买采购的优缺点如表6-2所示。

表6-2　互买采购的优缺点

序号	类别	具体说明
1	优点	（1）能准确地估计各自的销售量 （2）采购与营销能获得良好的经济平衡 （3）可以降低运输成本 （4）能有效防止呆账的发生 （5）减少销售及广告的费用

续表

序号	类别	具体说明
2	缺点	（1）无法自由选择供应商和产品 （2）单价有时会偏高 （3）会产生对某一类产品的依赖性，有时会把握不住供应商或产品转换的时机 （4）有时会因产品品质、效率、价格、服务等引起双方的不满

2.互买采购的正确运用

互买采购方法的正确运用，全在于利弊权衡和灵活操作，同时根据实际情况采取相应的对策和改进的方法。

（1）供应商和产品选择。在互买采购中，选择能够满足适当的品质、要求的交货期、便宜的价格的供应商即可。那些以为是相互购买就不加区别地订购是不明智的做法。互买采购和采购其他物料一样，应该寻找适当的品质、良好的服务及价格便宜的市场。所以一定要经常依据采购的基本原则灵活运用、货比多家后再做决定。

（2）把握控制总成本目标。互买采购常常会遇到以下不利因素。

① 互买采购比原来单向采购的价格超出很多。

② 互买采购因某种原因价格提高。

出现这种情况时，如果确实有相互购买的必要，则努力去交涉，要总体成本得到抑减为目标，否则，应该考虑放弃互买采购。

（3）把握转换供应商或产品的有利时机。由于感情方面的因素，会对某一类产品或某个供应商产生依赖性，即便已经因产品品质、价格、服务等引起双方的不满。因此，企业要善于把握转换供应商或产品的有利时机，如有新的供应商或产品，价格要优惠得多，此时或者放弃老供应商或老产品，转向新的供应商的合作，或者借此契机，调整老供应商的供货价格或者改变原先的服务范围。

小提示

为避免这种情况的发生，有必要在和供应商初期合作时，就订购数量、合作的有效期、互买采购违约的处罚和对策等做明确的约定。

在选择供应商前，企业做一下相应的评估计算还是很有必要的。只有通过经济计算，确认有利之后才开始进行互买采购。此后，不断地加以检查，一旦实际情况偏离预估方向时，及时地采取应对措施。

下面以某加工企业生产零件为例，介绍因产品单价变化后经济计算的方法。

已知：

月销售额=200000元

广告费支出比率=0.23%

步骤一：计算购入损失

① 单价差异

原购价　　　　　15元/个

新购价　　　　　15.2元/个

差额　　　　　　0.2元/个

② 月新增损失

15元×15000个/月=225000（元）

15.2元×15000个/月=228000（元）

每月损失：3000元/月 ·· A

步骤二：计算呆账损失减少额

原呆账比率0.3%

每月的销售额　　200000×0.3%=600（元/月）·············· B

步骤三：计算月广告费用减少额

200000元×0.23%=460（元/月）······························· C

步骤四：计算利息

计算期从购货付款到销货收回货款的期间，假定为120天，利息以每日2.5厘计算：

0.00025元×228000×120日=6840（元）·················· D

步骤五：因互买采购而引起的损益计算为A-（B+C）±D

代入上列方程式：

3000元-（600元+460元）-6840元=-4900（元）

由上例损益计算可以知道，虽然零件价格上涨，但由于采用了互买采购，实际的经济计算结果每月仍然有4900元的利润。

经济计算的结果对互买采购具有一定的指导意义，采购人员应该能把握一些互买采购科学的评价方法，并在营销部门、财务部门的通力合作下，以降低整体成本为目标，才是互买采购优惠策略的最好利用。

（4）做好详细记录。在互买采购过程，企业要对双方的订购记录、销售记录、品管记录、交货期限做详细的记录，并随时对这些资料进行整理分析。在可能出现不利情况前，就及时采取变动成本采购策略或要求对方降价等方法，以互买采购双赢为目标。

二、改善采购路径

采购路径是指原材料从供应商到采购商的物流通路。采购方在采购前，应该要了解生产所需的物料是什么样的工厂生产，经过什么样的路径才流通到企业等。

很多企业，在可能的情况下都直接与生产厂商交易，以减少中间环节的盘剥，从而带来直接的经济效益，但有时也可以利用流通环节来降低采购成本。

比如标准件、规格品以及一些专门的特殊品，则适合由经销代理店或特约店来进行交易。

在利用带有中间环节的流通路径时，可以依照下列4点原则进行处理。

1. 标准件订购

像螺丝、螺帽、垫圈等这些标准的紧固件，可以由专门的经销商根据市场销售情况，向生产厂商订购，并加以储存和销售，价格相对也比较便宜。对于一些不常用的、特殊的标准件、规格品，这些供应商也能随时供应。

2. 偏远物料订购

有些物料生产商地处偏远地区，或者企业远离供应区域，直接购买会受交通费用、运费、通信费等诸多不利因素的影响，这种情况下应该利用中间商去代为采购。

3. 特殊品的订购

新规格产品、特殊用途产品，往往用量不大，却很急用，此时以通过中间商预定为宜。即使某些产品已在市场上公开销售，但有时仍难以直接订购。像这种特殊品如能通过中间商来订购，则在交货期、品质、价格方面都是有利的。

4. 少量订购

批量很小的物料采购，不论是对供应商还是中间商来说，均处于弱势地位，因此要多次电话催促，甚至还要采购人员亲自上门拿取，这样就发生很多的额外费用，此时还是向中间商订购为好。对于那些数量虽小，却是持续不断需要的产品，则以直接向生产者购买为宜。

三、进行价格核算

企业对产品价格的计算通常有两种方法，一是概略计算方法，又称估算；另外一种为成本计算。

比如，一些铸造厂也常常使用估算法计价，他们对铸造产品往往是以重量为计算基准，而不大考虑铸件的形状。但实际上，铸件中空部分少则其重量大，中空部分多则其重量轻，所以，每千克的单价不应相同。

又如，电焊作业，常以焊接长度计价。其实焊接的作业条件不同，如焊接角度、焊缝高度、高空作业、地下作业等，其价格也是不一样的。

当供应商的产品价格计算是采用估算法时，采购人员可以采用"针锋相对"的价格核算方法来进行采购。

同样以铸件生产来说，对那些热衷估算法计价的企业，尽量采购那些重量轻、模具多、加工比较难的产品，这样的产品用估算法计价，采购方可以获得很大的利润空间，以很便宜的价格购得所需物品。

以焊接作业为例，对于那些焊接时间长、焊条耗量大的零件，或需在高处作业，或需在罐中作业，或焊缝高度大的零件等，同样的还是以焊缝长度计价，采购方就可以廉价采购了。

四、实施困境采购

困境采购是指在供应商受经济形势和产品供求不利条件的影响时，采购方抓住时机，促使所采购产品的价格大幅度下降的采购行为。

利用困境采购策略进行采购，可分下列两类情况。

1.企业生产必需品的采购

经济环境的好坏对企业来说，最受影响的恐怕是生产率和开工率两项指标。开工率不足，人员和设备空闲，投入的资本回收困难，加上市场疲软，供大于求，企业为了尽快摆脱困境，一定会通过降价来争取更多的订单。

采购方如能及时捕捉到此类信息，找到正遭遇不景气而可进行交易的供应商，在此时订购自己所需的材料、零件或制品时，易取得较好的效果，同时可以运用变动成本采购或固定成本削减策略，以帮助供应商渡过难关。该采购方式可以达到双赢的效果。

2.预测未来所需的采购

通过对生产所需的材料、零件或制品的需要动向、经济发展趋势等加以分析考虑，可以预见价格将会上涨，此时如能多买一些来存放，或将必要的直接材料购入并且加以调配，是压低材料成本的方法之一。对企业整体来说也是较为有利的。

但这种采购是有前提条件的，如资金比较宽松，且这些购入的物料不会因代替品的出现、技术的革新等而变成呆料或废料。

五、采用共同订货

共同订货是指把不同的企业联合起来，把若干不相同的零件统一起来，然后向专门制造此零件的厂商订货。由于是大批量订货，供应商可以批量生产，于是可以给联合采购商更多的价格优惠，加上设计的标准化，可以共同利用行业联合的优势，这样对买卖双力都十分有利，而且还能够建立起与外国同类产品竞争的优势地位。

共同订货并非只是用于同行业之间，只要产品条件可以协调，也能与其他行业协同合作。

共同订货采购方式主要有图6-5所示的4种。

方式一	材料价格可以随着采购批量的不同有很大的变化，根据联合采购企业的不同情况，汇集成大量采购
方式二	在不同的企业间，把部分同类零件标准化，转换成大量采购
方式三	共同利用人力工资低的地区，或开工率不足的机器来制造产品，以进一步降低采购价
方式四	共同利用搬运工具及仓库等而减少费用

图6-5　共同订货采购方式

（07）

第七章
通过事先分析控制成本

导言

　　降低采购成本是企业对成本控制的一个非常重要的方面。降低采购成本的方式有很多，企业可以在产品投产前，对影响成本的各项生产经营活动进行事前规划，做好成本预测，达到控制成本的目的。

第一节　通过VA/VE分析控制成本

　　VA/VE分析是将技术与经济相结合，降低产品成本的重要方法，是事前成本控制的首要途径。

一、何谓VA/VE

1.VA

　　VA（Value Analysis），即价值分析，着重于功能分析，力求用最低的生命周期成本，可靠地实现必要功能的有组织的创造性活动。价值是指采购产品对企业的价值，是以最低的成本，在理想的地点、时间发挥出产品的需求功能。

　　价值理论公式为：

$$V=F\div C$$

式中　F——Function，功能重要性系数。

　　　　C——Cost，成本系数。

　　　　V——Value，功能价值系数。

　　比如，电视机厂家在生产电视机配件螺丝的时候，螺丝有铁的、有铜的，其中铁螺丝的成本为2角，而铜螺丝的成本为3角，但两者的功能相同。所以从价值角度出发，在选择螺丝的时候最好选择铁螺丝。

　　对采购而言，价值分析的目的如图7-1所示。

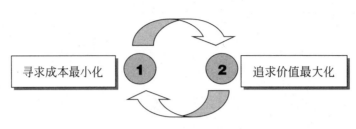

图7-1　价值分析的目的

2.VE

VE（Value Engineering），即价值工程。所谓价值工程是指通过集体智慧和有组织的活动对产品或服务进行功能分析，使目标以最低的总成本（寿命周期成本），可靠地实现产品或服务的必要功能，从而提高产品或服务的价值。价值工程的主要思想是通过对选定研究对象的功能及费用分析，提高对象的价值。价值分析是使用于新产品工程设计阶段，而价值工程则是针对现有产品的功能、成本，做系统化的研究与分析，但现今价值分析与价值工程已被视为同一概念使用。

价值工程的工作原理是通过对采购产品或采购过程服务的功能加以研究，以最低的生命周期成本，透过剔除、简化、变更、替代等方法，来达成降低成本的目的。由于采购产品在设计、制造、采购的过程中存在许多无用成本，因此价值工程的目的就是消除无用成本。

其具体内容如图7-2所示。

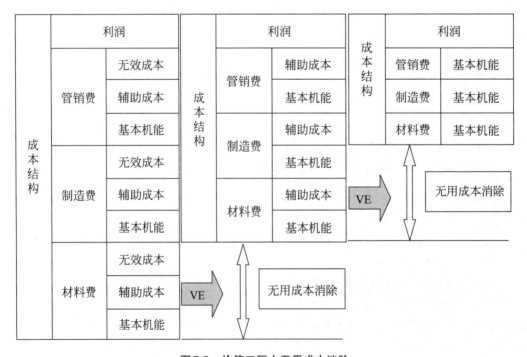

图7-2　价值工程中无用成本消除

二、价值分析工作运作步骤

1.选择分析对象

一般的情况是，采购产品越复杂，成本付出也就越大，因此也最值得改善。在选择改善对象时，应将产品的主件与配件总和按价值的高低排序，选取最值得改善的产品。

对于企业来说，选择分析对象如下。

（1）采购产品数量较多的。

（2）采购产品价值较大的。

（3）对企业影响较大的产品。

（4）成本消耗较多的采购品。

2.分析产品或者服务的功能

分析产品或者服务的功能是指分析采购产品、服务的价值大小。

比如，电脑组装制造公司选择配件的时候，分析电脑主机的功能，主机的功能对于启动电脑的功能远大于装饰功能。如果是装饰功能较大的话，电脑内部就不会配备如此多的电路板。

分析出产品的主要功能主要是为了针对功能而选择配件，选择是否能寻找到可以替代的配件。

3.资料收集

收集采购产品、采购过程的资料主要包括：采购品制造成本、品质、制造方法、产量、采购品的发展情况。

4.提出改善方法

改善方法主要是通过剔除、简化、变更、替代的方法。

（1）在采购过程中，考虑到是用人力的运输与用车的运输的价值分析：有一种情况，两地相距不过百米，是选择用车呢？还是选择用人呢？

（2）在采购过程中，采购谈判是一件常事。我们在分析产品价值的时候，对于一件不要紧且价格低廉的配件，还需要实施采购谈判吗？通过采购价值分析可以简化采购谈判的环节。

（3）在采购过程中，如果发现采购产品的质量没有达到预定要求，但并不损害产品的功能时，是可以采购该产品的，因为它可以降低成本。

比如，铝风扇与塑料风扇对于电扇的功能无影响，用塑料风扇代替铝风扇是一个降低成本的有效方法。

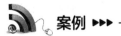 **案例** ▶▶▶ --

C公司运用VA/VE成功降低采购成本

C公司是一家电动机专业制造厂，引进了VA/VE改善活动。

首先，由采购部门召集研发、采购、生产、财务各部门及协作厂商共同组成项目改善小组，并由副总经理担任项目改善小组召集人，厂长担任副召集人，采购经理担任总干事，各部门主管担任项目改善小组干事。其次，在企业内召开成立大会，举行宣誓仪式，活动亦正式展开。

1.对象选定

2马力电动机（2AP）。

2.目标设定

降低20%零件成本。

3.展开步骤

（1）选定对象情报的收集、分析和活用。

① 将2马力电动机的所有情况装订成册，分送专业小组每位成员人手一册，并让其反复仔细审视，找出可以改善之处。

② 准备2马力电动机材料表，列出全部的料号、名称、规格、数量，并将1台电动机的实际材料放置于改善活动地点，以备研究之用。

③ 将VA/VE改善手法及程序摘要制成大字报张贴于活动地点的四周墙壁，以便让项目小组成员随时能看见，增加记忆。

④ 运用材料表，将其材料的品名、料号、材质、单位、单价、每台用量、每台价格及占总成本比例等予以展开，找出适合以VA/VE降低成本的材料。

（2）制作成本比重饼图，结果筛选出硅钢片（占35%）、漆包线（占25%）及轴承（10%）三项合计共占全部成本70%，作为主要改善重点。

（3）列出同业竞争者比较表，并拆检竞争者同机种电动机，以了解其用料与用量对照表，希望能知己知彼，取长补短。

（4）提出改善方案，并准备实物和磅秤，并确认其功能与重量及效果。

实施3个月内，共降低2马力电动机零件成本达24件，占电动机总零件45件的53.3%，并在往后3个月内又降低了7件，累计共降低31件零件成本，占电动机总零件的68.9%，其成本降低6.3%，年节省零件采购成本达1亿元左右。

第二节　分析产品周期控制成本

产品需要经历诞生、成长、成熟和衰退的过程，就像生物的生命历程一样，所以称之为产品生命周期。产品生命周期就是产品从进入市场到退出市场所经历的市场生命循环过程，进入和退出市场标志着周期的开始和结束。

一、产品周期的四阶段

产品生命周期一般可以分成四个阶段：引入期、成长期、成熟期和衰退期，如表7-1所示。对于采购产品而言，必须把握住产品的最佳时期，才能降低采购成本。

表7-1　产品周期四阶段

序号	阶段	具体说明
1	引入期	新产品投入市场，便进入了引入期，在此阶段产品生产批量小、制造成本高、广告费用大、产品销售价格偏高、销售量极为有限，因此对于零售业采购员来说，必须把握时机
2	成长期	当产品进入引入期，这是需求增长阶段，需求量和销售额迅速上升，生产成本大幅度下降，价格也会降低，可以在一定情况下降低采购成本
3	成熟期	随着购买产品的人数增多，市场需求趋于饱和，产品便进入了成熟期阶段，销售增长速度缓慢直至转而下降，由于竞争的加剧，导致广告费用再度提高，利润下降，价格可能上升，采购员是否出手则需要看情况
4	衰退期	随着科技的发展、新产品和替代品的出现，产品从而进入了衰退期，产品的需求量和销售量迅速下降，此时成本较高的企业就会由于无利可图而陆续停止生产，该类产品的生命周期也就陆续结束，如果是末代产品，对于零售业采购员来说，则必须谨慎

产品生命周期曲线如图7-3所示。

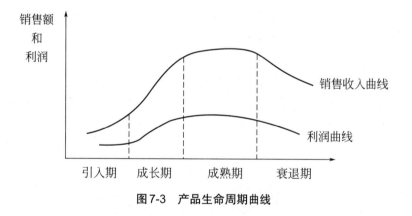

图7-3　产品生命周期曲线

二、产品周期对采购成本影响

由于产品所处的周期不同，产品固有成本也就不同。这里的固有成本一般指市场买价，由于产品所处的阶段不同，因此市场价格也不同。除了市场价格成本的影响外，采购还必须考虑到产品后期的维护成本。如果采购品的维护成本过高，则必须选择产品周期成本最小者。

比如，工厂的采购员在为本企业采购机器设备时，应该在价格最低的时候去买，这样最经济。如果是零售企业采购员在选择零售产品时，也想在价格最低时去买，此时可能会使你的采购品成为商场的呆滞品。

因此，产品寿命周期决定产品的价格，而产品的价格决定产品采购成本周期，如图7-4所示。

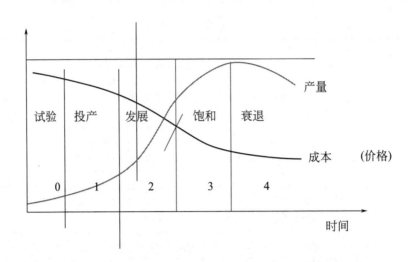

图 7-4　产品采购周期成本曲线

三、产品所处生命周期测定

能否正确判断产品处在生命周期的哪个阶段，对企业制定相应的采购策略非常重要。企业最常用的判断产品生命周期阶段有下面两种方法。

1. 类比法

类比法是根据以往市场类似产品生命周期变化的资料来判断企业产品所处市场生命周期的何阶段。如图 7-5 所示。

A 产品与 B 产品属于类似产品，用 A 产品的运行周期来确定 B 产品的运行周期。

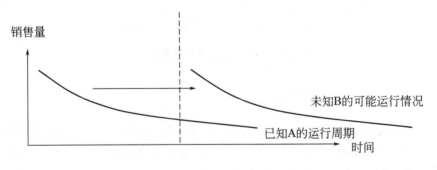

图 7-5　产品类比法

2. 增长率法

增长率法就是以某一时期的销售增长率与时间的增长率的比值，来判断产品所处市场生命周期阶段。如图 7-6 所示。

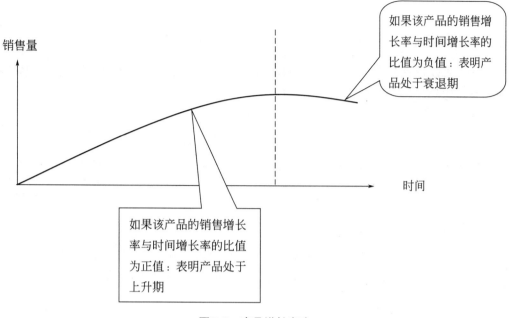

图7-6 产品增长率法

 案例 ▶▶▶ --

同样的设备，采购周期不同导致成本不同

某建筑公司A为提高机械化水平，决定引进大型建筑设备，该设备最近才投入市场，此时市场价格为20万元。一年后，另一家建筑公司B看到A公司的设备，也决定购买该设备，而此时价格已降为15万元。

由于A公司比B公司提前一年使用该设备，因此A公司经过统计发现该设备为企业创利5万元。后来，两公司在核算成本时发现，该设备的养护修理费用非常高，每年几乎要耗去2万元。

最后统计结果为：A公司两年间用于设备的支出是：20+4=24万元。两年间A公司使用设备后的收入为10万元；相对应的B公司用于设备支出15+2=17万元，但两年间B公司使用设备的收入为5万元。

总结：由于B公司比A公司晚采购一年设备，则可以为B公司节约成本2万元。

第三节 分析目标成本控制成本

目标成本法是一种以市场为导向（Market-driven），对产品的制造、生产服务的过程进行利润计划和成本管理的方法。其目的是在产品生命周期的研发及设计、原材采购阶段设计好产品的成本，而不是试图在制造过程降低成本或者销售过程中来获取利润。

一、成本定价法

目标成本法对于企业采购而言，是通过预计未来销售市场的价格来确定今天原材料采购品的价格，这与传统上的采购品定价不同。

传统的计算公式为：

$$成本=利润+销售价格$$

而成本定价法主张的公式为：

$$预计未来-目标利润=采购价格+制造成本$$

二、目标成本法的采购意义

目标成本法的采购意义在于采购品的价格制定上。企业在给采购品定价时，不是一味地、没有目标地谈价、压价，而是应运用科学方法核算出我们采购什么价位的产品、配件，才能为企业获得利润。

比如，某显示器制造厂预计电视未来价格可能是1500元，他们预计的利润为300元。因此在显示器成本的制造过程中，确定了1200元的成本。如果再预计人工等其他费用要耗去900元，剩下的电视原材料采购只能在300元之内。因此该企业采购显示器原材料的定价不得超过300元。

因此，目标成本法对于采购而言，就是有目标的定价采购品，从而达到采购成本的降低。

三、目标成本法的运作步骤

目标成本法运作步骤如图7-7所示。

步骤一	预订成品未来市场的可能销售价格

未来市场价格具有不确定性，由于影响市场价格的因素太多，唯一的参照物即目前已经形成价格，如果是新产品上市，可以在现行价格上调，但未来价格绝对不能预测得太高

步骤二	核算产品成型的过程支出

产品成型需要经过生产制造过程的设备使用支出、人工支出、辅助材料耗用等

步骤三	表示出利润空间

一个产品的开发必然涉及利润空间，因此我们在制造产品前，可以预设出想要的利润空间

| 步骤四 | 核算出原料采购成本控制范围 |

用预设的市场销售价格以及预设的利润空间，除去产品制造的支出，从而可以求得原料采购成本控制范围

| 步骤五 | 将原料采购成本控制在预设范围之内 |

采购员的任务是尽量将原料采购成本控制在预设范围之内

图7-7 目标成本法运作步骤

 **案例** ▶▶▶ --

D公司用目标成本法核算成本后获取大量订单

D公司是一家大型水龙头制造公司。在公司的发展初期，公司领导层致力于高品质、高规格水龙头，同时也采购高标准的原材料DR铜。由于DR铜价值属于高价值原料，该批水龙头上市后，为了抵消DR铜高成本带走的利润空间，公司便提高水龙头的市场价格，导致该批水龙头市场价格太高，买者寥寥无几。尽管D公司大力注重DR铜的质量，但在同行的眼中，DR铜的实用价值与普通铜差别不大，于是公司领导层决定放弃DR铜采购，走回原来模式。

两年后，南非一家大型国际采购集团来到该厂，寻求DR铜式水龙头。该厂鉴于DR铜成本太高，打算放弃合作，但外商执意坚持，并要求D公司在当前市场价格上核算出DR铜原材料的成本，在何种范围之内，企业才会有利润。经过分析，D公司认为，如果现行水龙头价格不变，则需将原料DR铜的价格降低40%。由于DR铜产自南非，经过南非合作商的努力，最后在DR铜原材料价格的基础上削减了40%。

后来，这种高规格的水龙头投产后，由于该类产品市场价格与普通铜产品市场价格相差无几，但品质却高出很多，因此，D公司这种DR铜水龙头订单蜂拥而至。

第四节 早期供应商参与控制成本

早期供应商参与是指产品开发阶段，客户与供应商之间，关于产品设计和生产以及模具、机器、夹具开发等方面所进行的技术探讨过程。

一、早期供应商参与的目的

早期供应商参与的主要目的是为了让供应商清楚地领会到产品设计者的设计意图要求，

同时也让产品设计者更好地明白模具、机器、夹具生产的能力、产品的工艺性能，从而做出更合理的设计。如图7-8所示。

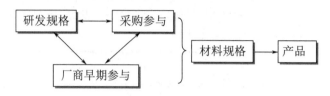

图7-8　早期供应商参与运作流程

二、早期供应商参与的好处

早期供应商参与不仅有利于采购方，也有利于供应商，并为他们建立长期稳定的合作关系创造了条件。

1.对采购方的好处

从采购方的角度来看，早期供应商参与至少具有以下好处。

（1）缩短产品开发周期。统计结果表明，早期供应商参与的产品开发项目，开发时间平均可以缩短30%～50%。

（2）降低开发成本。一方面供应商的专业优势，可以为产品开发提供性能更好、成本更低或通用性更强的设计；另一方面由于供应商的参与，还可以简化产品的整体设计。

（3）改进产品质量。供应商参与设计从根本上改变了产品质量。一是供应商的专业化水平提供了更可靠的零部件，能够改进整个产品的性能；二是由于零部件可靠性的增加，避免了随后可能产生的设计变更而导致的质量不稳定。

（4）降低采购成本。对采购成本而言，实现供应商早期参与，有图7-9所示的好处。

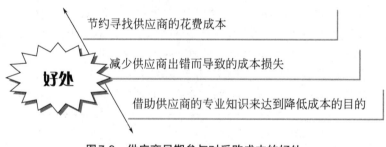

图7-9　供应商早期参与对采购成本的好处

2.对供应商的好处

早期供应商参与也有利于供应商，主要表现在以下两个方面。

（1）竞争的优越性。早期参与开发的供应商，凭借其作业技术的优势，自然比其他同类供应商更能得到客户的认可。

（2）研发的有效性。早期参与客户的产品开发，能使具有技术优势的供应商进一步提高自己的开发水平，从而保持领先或独特的地位，同时，也使自己的研发成果直接获得效益和效果。

三、早期供应商参与的层次

根据供应商参与的程度和深度的不同，可以将早期供应商参与分为五个层次，如表7-2所示。

表7-2 早期供应商参与的层次

层次	内容	内容详述
1	提供信息	提供信息是指早期供应商参与顾客产品开发的最低层次，通常只是根据企业的要求提供共享所必需的信息资料，如设备产能等信息供企业参考
2	设计反馈	设计反馈是针对企业的产品设计和开发情况，供应商会提出有关成本、质量、规格或生产工艺方面的改进意见和建议
3	零部件开发	零部件开发是指供应商根据企业提出来的零部件要求，深入参与或独自承担相关零部件的设计和开发工作
4	部件或组件整体开发	部件或组件整体开发是指在这一层次，供应商承担企业产品中较重要的部件或组件设计和开发的全部工作
5	系统开发	系统开发是指早期供应商参与顾客产品开发的最高层次，供应商必须根据企业产品的整体要求，完全承担整个系统的开发工作，早期供应商必须拥有产品开发的专业技巧或技能，允许顾客独家享有共用于产品开发，并对顾客产品设计和开发过程中所涉及的问题承担责任

四、供应商早期参与的条件

由于供应商早期参与涉及的战略合作问题，因此必须具备图7-10所示的3个条件。

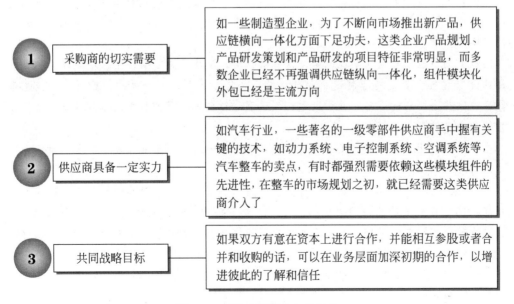

图7-10 供应商早期参与的条件

 **案例一** ▶▶▶ ---------------------------------

华为成立CEG推动供应商早期参与产品设计

华为采购部建立了物料专家团（Commodity Expert Groups，CEG），各CEG负责采购某一类或一族的物料满足业务部门、地区市场的需要。按物料族进行采购运作的目的是在全球范围内利用华为的采购杠杆。每个CEG都是一个跨部门的团队，通过统一的物料族策略、集中控制的供应商管理和合同管理提高采购效率。

CEG和华为的技术和认证中心（Technology & Qualification Center，T&QC）在华为研发和供应商之间架起了沟通的桥梁，推动供应商早期参与华为的产品设计来取得双方的技术融合以及在成本、产品供应能力和功能方面的竞争优势。

华为的工程采购部（Customer Solution Procurement，CSP）将与华为销售和行销一起积极地参与客户标书的制作。参与市场投标将使采购部了解到客户配套产品的需求，在订单履行过程的早期充分了解华为向客户做出的承诺，以确保解决方案满足客户需求并能够及时交付。

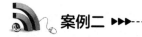 **案例二** ▶▶▶ ---------------------------------

TCL让供应商早期参与产品开发

TCL在产品开发初期，就由采购部门引导供应商参与新产品的早期开发。电视机芯方案的供应商会专门派遣技术小组参与新电视产品的开发与设计，配合设计部门完成早期开发工作。为了降低产品的开发成本，采购部门会同销售部门与设计部门共同分析并确定产品成本和产品功能。在执行可采购性设计策略的过程中，TCL设计部门、采购部门以及供应商都遵守"共同参与、定期协调、责任捆绑"的原则，保证了早期产品开发的进度和质量。

TCL的供应商长运通集成电路设计有限公司，从新产品立项开始，就参与了TCL产品的开发过程。长运通与制造企业设计部门合作，了解到新产品的性能规格和技术参数，提供符合要求的产品，并帮助系统制造商进行前期产品的相关测试和认证，提供完善的技术支持服务。

在电子行业，元器件和IC供应商参与早期产品开发已成为越来越多电子制造企业的迫切需求。

"可采购性设计策略"，是电子行业对于采购提出的一个新策略，就是指在产品开发初期，选择具有伙伴关系的供应商，并让其成为新产品早期开发团队的重要组成部分。通过这种供应商参与早期产品开发的方式，新产品开发团队能对供应商提供的元器件和IC提出性能、规格等具体要求，借助供应商的专业知识来达到降低成本、提高产品质量、优化产品性能和缩短上市周期等目的，并为后续产品的生产和销售提供保障，实现产品利润最大化。

电子制造企业的可采购性设计策略涉及分析元器件和IC的规格、性能、价格，确定元器件和IC的付款条件、交期、供货能力和技术支持服务等各个方面，既需要电子制造企业的采购部门与设计部门的协同合作，也需要元器件和IC供应商的全力支持。因此，为了应对电子制造企业的可采购性设计策略，不少电子供应商也调整了销售策略，在销售元器件和IC的过程中充分考虑可采购性设计要求，并积极参与电子制造企业早期的产品开发。

第八章
选择合适模式控制成本

导言

降低采购成本的模式有很多种，如集权采购、招标采购、ABC分类采购、定量采购、定期采购等，不同的模式有不同的特点，企业可以根据实际情况，选择与之相匹配的采购模式来控制采购成本。

第一节 集权采购控制成本

集权与分权，是采购反复权衡的话题。集权采购好还是分权采购好，关键是要进行综合考虑，包括采购成本、运营成本、用户满意度等方面，如果集中起来总成本最低，就可以采取集权采购模式。

一、集权采购的认知

1.一般意义上的集权采购

在一些集团公司或者政府部门，为了降低分散采购的选择风险和时间成本，除了一般性材料由分公司采购外，对于某些大型机电设备等由公司本部负责集权采购，也就是一般意义上的集权采购。

2.实际操作中的集权采购

在实际的操作中，总公司为了压缩分公司的采购主动权，防止分公司与供应商串通，将所有的物料统一由总公司集中采购，被称为集权采购。

二、集权采购的优点

集权采购有表8-1所示的6个方面的好处。

表8-1　集权采购的优点

序号	优点	具体说明
1	降低采购费用	共同利用搬运工具及仓库等而减少费用
2	采购单价便宜	集中购买，供应商会提供价格优惠，使得物料的价格便宜，同时，采购准备的时间和费用减少，工作效率提高
3	间接费用减少	物料采购所负担的间接费用包括订金、运输费、搬运费、质检费等，采购的数量越多，平摊到每一件物品的采购费就大大减少
4	大量采购	材料价格可以随着采购批量的不同有很大的变化，根据联合采购企业的不同情况，汇集成大量采购；在不同的企业间，把部分同类零件标准化，转换成大量采购
5	降低采购价格	共同利用人力工资低的地区，或开工率不足的机器来制造产品，以进一步降低采购价格
6	采购成本	对于采购成本而言，集权采购有利于： （1）降低采购价格 （2）减少采购行政支出 （3）防止集团内部为了采购而相互提价

三、集权采购的实施

实现集团采购业务集中管控的业务需求，集权采购包括以下4种典型模式的应用：集中定价、分开采购；集中订货、分开收货付款；集中订货、分开收货、集中付款；集权采购后调拨等运作模式。采用哪种模式，取决于集团对下属公司的股权控制、税收、物料特性、进出口业绩统计等因素，一个集团内可能同时存在几种集权采购模式。如图8-1所示。

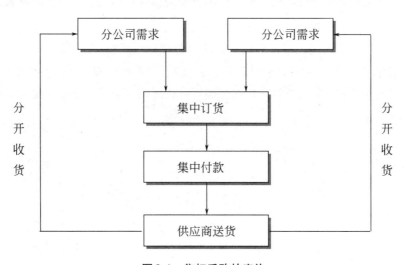

图8-1　集权采购的实施

1.集中订货、分开收货、集中付款模式

集团总部或采购公司，负责管理供应商及制定采购价格等采购政策，并且负责采购订货

工作。分支机构提出采购申请，前者进行汇总、调整，并根据调整结果下达采购订单，发收货通知单给分支机构；分支机构根据收货通知单或采购订单进行收货及入库；前者汇集后者的入库单进行与外部供应商货款结算，并根据各分支机构的入库单与分支机构分别进行内部结算。

2.集权采购后调拨模式

集团总部或采购公司负责管理供应商及制定采购价格等采购政策，并且负责采购订货工作。分支机构提出采购申请，前者进行汇总、调整，并根据调整结果下达采购订单，前者完成后续的收货、入库、外部货款结算处理，之后，根据各分支机构的采购申请，前者启动内部调拨流程，制定调拨订单并作调拨出库，后者根据调拨订单作入库处理，两者最后作内部结算处理。

四、集权采购的弊端

在公司整合、经济一体化的形式下，分散采购无法体现规模效益和满足全球化的要求，但是，规划、运用不当，集权采购往往会弊大于利。

1.集权采购会引发集团部门利益矛盾

在集权采购的各个环节中，各部门会维护自己的利益而引发诸多矛盾。

（1）子公司、分部认为分散采购有供应商选择权，灵活度高，利于快速应变；集中采购虽可带来价格优惠，但灵活性低，损失可能更大。

（2）设计部门为更快开发新产品，需要反应速度快，倾向于用小供应商。

（3）生产部门希望质量、交货稳定，更倾向于大公司。

（4）采购部门更看重价格，而价格最低的供应商往往难满足设计部门的要求。

2.集权采购必须把握度

集权采购的度，即一类物料，到底是全部归总部集权采购，还是适当授权、灵活处理，如何才能做到集中与灵活，总部与分部则需要一段时间的磨合和总结，不能期望一蹴而就。即使是模式定下来之后，随着采购额、供应商、合作方式、公司战略的变化等，也要及时调整集中与灵活的比例。

 **案例** ▶▶▶ --

西门子设立采购委员会协调全球采购需求

西门子公司是一家有150多年历史、横跨数个产业的"航空母舰式"的公司，仅仅西门子信息与移动通信（以下简称西门子移动公司）一家公司的供应商浩如烟海，分布在全球的各个角落，如何与他们协同作战？如何做到"精益采购"？如何从采购环节中节省成本？

全球集约化采购是西门子公司进行采购管理、节约采购成本的关键，西门子移动公司的采购系统是西门子公司整个全球采购网的一部分。

1.全球统一采购

过去很长一段时间里，西门子公司通信、能源、交通、医疗、照明、自动化与控制等各个产业部门根据各自的需求独立采购。随着西门子公司的逐渐扩大和发展，采购部门发现不少的元部件需求是重叠的：通信产业需要订购液晶显示元件，而自动化和控制分部也需要购买相同的元件。由于购买数额有多有少，选择的供应商、产品质量、产品价格与服务差异非常之大。

精明的西门子人很快就看到了沉淀在这里的"采购成本"，于是，西门子公司设立了一个采购委员会（Procurement Council），来协调全球的采购需求，把六大产业部门所有公司的采购需求汇总起来，这样，西门子公司可以用一个声音同供应商进行沟通。大订单在手，就可以吸引全球供应商进行角逐，西门子公司在谈判桌上的声音就可以响很多。对于供应商来说，这也是一个好事情。以前一个供应商，可能要与西门子公司的六个不同产业部门打交道，而现在只需要与一个"全球大老板"谈判，只要产品、价格和服务过硬，就可以拿到全球的订单，当然也省下不少时间和精力。

西门子公司的全球采购委员会直接管理全球材料经理（Commodity Manager），每位材料经理负责特定材料领域的全球性采购，寻找合适的供应商，达到节约成本的目标，确保材料的充足供应。手机市场的增长很快，材料经理的一项重要职责就是找到合适的、能够与西门子公司一起快速成长的供应商。西门子公司认为，供应商的成长潜力在其他成熟产业可能并不重要，但是在手机产业，100%的可得性是选择供应商的重要指标。

西门子移动公司的采购系统还有一个特色是，在采购部门和研发部门之间有一个"高级采购工程部门"（Advanced Procurement Engineering）。作为一座架在采购部和研发部之间的桥梁，高级采购工程部的作用是在研发设计的阶段就用采购部门的眼光来看问题，充分考虑到未来采购的需求和生产成本上的限制。

2.分合有度

有了这些充分集权的中央型采购战略决策机构，还需要反应灵活的区域性采购部门来进行实际操作。由于产业链分布在各个国家，西门子移动公司在各地区采购部门的角色很不一样。日本西门子移动公司采购部门的角色类似于一个协调者。由于掌握着核心技术，日本的供应商如东芝公司和松下公司直接参与了西门子手机的早期开发（Early Supplier Involvement）。西门子移动公司需要知道哪些需求在技术上是可行的，哪些是不可行的，而东芝和松下等企业也要知道西门子公司想要得到什么产品，采购部门的主要工作就是与日本供应商的研发中心进行研发技术方面的协调、沟通和同步运作。中国西门子移动公司采购部的角色重心就不同了，其主要任务是利用中国市场的廉价材料，降低生产成本，提高西门子手机的全球竞争力。且就在当年西门子移动公司的全球采购额是20亿欧元，单是在中国的采购就达到5亿欧元，占全球采购额的25%。在中国生产的每部西门子手机都达到了60%的国产化率（Localization）。

第二节 招标采购控制成本

所谓招标采购又称公开竞标采购，它是现行采购方法常见的一种。这是一种按规定的条件，由卖方投报价格，并择期公开当众开标，公开比价，以符合规定的最低价者得标的一种买卖契约行为。招标采购主要适用于政府机关、大型的集团公司采购。

一、招标采购的特点

招标采购具有自由公平竞争的优势，可以使买者以合理的价格购得理想物料，并可杜绝徇私、防止弊端，不过手续较繁、费时，对于紧急采购与特殊规格的货品无法适用。

比如，A想要购进一批设备，他让招标公司来替他招标。招标公司立即把生产这种设备的厂家召集起来，然后进行价格比较，选价格最低的那个厂家作为供应商。如图8-2所示。

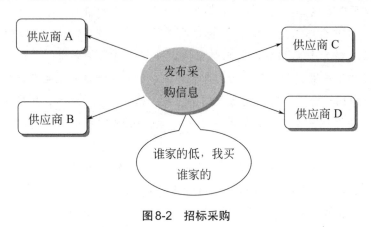

图8-2 招标采购

二、招标采购的成本意义

由于招标采购不需采购组织花费精力与时间去市场开发供应商，而是供应商会亲自上门，在一个公开的环境下，招标采购让供应商公开论价比价，方便采购组织寻找到最低采购价格的采购品，同时也防止了采购员与供应商的私下作业。因此，对于采购成本来说，招标采购具有图8-3所示的意义。

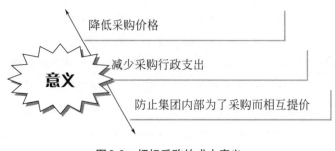

图8-3 招标采购的成本意义

三、招标采购的实施

招标采购必须按照规定作业程序来进行。一般而言，招标采购的流程可分为图8-4所示的4个阶段。

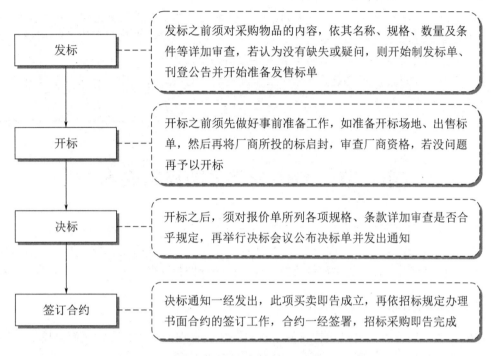

图8-4 招标采购的实施步骤

 **案例** ▶▶▶ --

招标采购让G公司有效降本

某供应商C接到G公司打来电话，说要购买10台笔记本电脑，不久又接到G公司总部电话询问100台电脑的价格，其中有10台是笔记本电脑。供应商C分别记录了型号和配置的详细情况后，立即派相关人员到G公司总部洽谈。

经过调查，供应商C感觉到G公司的采购毫无章法、权利浪费、各自为阵，价格也五花八门，没有任何优势，决定在这次供货后，放弃以后的合作。

鉴于多年的合作，供应商C在此次供货后，向G公司提出了采购管理疑问，表示出不愿意继续合作的意向。此时，G公司意识到了管理的缺陷，决定从采购上作出改善。

首先，由使用人提出采购申请，提交需求的数量、型号和报价，所有申请由部门经理根据预算批准后，再交财务总监批准，然后统一交由IT部门汇总，再根据公司有关的采购规定和工作需要来决定配备的机型、配置、操作系统、软件和品牌。最后，G公司采购部根据汇总的数量、金额及具体要求，决定竞标的名单。由IT部门提交竞标内容，采购部组成招标委员会或评标小组，邀请IT部门经理、工程师参加评审。采购部按采购流程开展采购活动，与参加投标的供应商分别地一一谈判。不仅仅是价格，也包括售后服务、交货和索赔的条款、升级服务等。评标委员会按事先商定的评定标准，评判参加投标的供应商，推出中标者，向中标者发出中标通知、向败标者发出感谢信。采购部与中标方签署合同，监督供应商的供应。

通过改善，G公司的供应商会得到一个公平的竞争环境，采购员的谈判能力及IT经理的专业能力也相应地得到了提升。同时，G公司也获得了采购部门努力换来的竞争优势，即以较低的价格、良好的售后服务及供应商的及时信息反馈，让G公司的钱被好钢用在刀刃般地花出去发挥其最大作用了。最重要的是G公司认识到招标采购不仅有效地降低了采购成本，还把采购部门变成了成本控制和利润的中心。

第三节 ABC分类采购控制成本

ABC分类法对于采购库存的所有物料，按照全年货币价值从大到小排序，然后划分为三大类，分别称为A类、B类和C类。A类物料价值最高，受到高度重视，处于中间的B类物料受重视程度稍差，而C类物料价值低，仅进行例行控制管理。

一、ABC分类原则

ABC分类法的原则是通过放松对低值物料的控制管理而节省精力，从而可以把高值物料的库存管理做得更好。如图8-5所示，仓库ABC三类物料的存量。

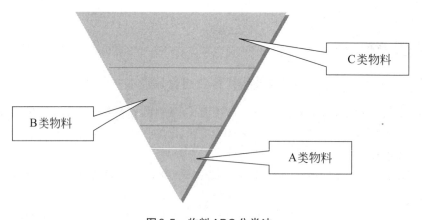

图8-5 物料ABC分类法

二、ABC分类标准

在企业物料存储中，A类物资在总金额中约占75%～80%，而品种仅占10%以下；B类物资在总金额中约占10%～15%，品种约占10%～15%；C类物资在总金额中仅占5%～10%，而品种却占75%以上。

根据ABC分类的结果可以采取不同的库存管理方法。

（1）对A类物资应重点管理，严加控制，采取较小批量的定期订货方式，尽可能降低库存量。

（2）对C类物资采用较大批量的订货方式，以求节省手续，留出精力管好重要物资，而对B类物资则应根据情况区别对待。

三、ABC分类采购方式

1.A类物资的采购

对占用资金多的A类材料必须严格采取定期订购，订购频率可以长久一些，同时要进行精心管理。

采购方式采取询价比较采购、招标采购，这样能控制采购成本，保证采购质量。采购前，采购人员做好准备工作，进行市场调查，货比三家。对大宗材料、重要材料要签订购销合同。材料进场必须通过计量验收，对材料的质量报告、规格、品种、质量、数量，认真验收合格后入库，进行货款结算材料计划的检查与调整，做到及时、有效纠正偏差。

2.B类物资的采购

对于批量不是很大的常用材料、专用物资，订货渠道可采取定做及加工改制，主要适应非标准产品、专用设备等。加工改制包括带料加工和不带料加工。

采购方式可采取竞争性谈判。采购方直接与三家以上的供货商或生产厂家就采购事宜进行谈判，从中选出质量好、价格低的生产厂家或供货商。

订货方式可采用定期订货或定量订货。B类材料虽无须像A类材料那样进行精心管理，但其材料计划、采购、运输、保管和发放等环节管理，要求与A类材料相同。

3.C类物资的采购

C类材料是指用量小、市场上可以直接购买到的一些物资。这类材料占用资金少，属于辅助性材料，容易造成积压。其进货渠道可采用市场采购，订货方式采用定量订货。必须严格按计划购买，不得盲目多购。采购人员要认真进行市场调查，收集采购材料的质量、价格等市场信息，做到择优选购。材料保管人员要加强保管与发放，要严格领用手续，做到账、卡、物相符。

4.ABC分类管理作用

材料ABC分类管理，是保证产品质量、降低材料消耗、杜绝浪费、减少库存积压的重要途径。无论是A类材料，还是B、C类材料，只有认真做好材料的计划、采购、运输、储存、保管、发放、回收等环节的管理工作，同时要根据不同的材料采取不同的订货渠道和订货方式，才能及时准确、有效地做好材料质量与成本控制，才能达到节约成本、提高经济效益的目的。

第四节　按需订货控制成本

按需订货，是属于MRP的一种订货技术，生成的计划订单在数量上等于每个时间段的净需求量，是有效避免采购过多、采购不足的一种方法，也是有效避免采购成本增加的一种方法。目前大多数生产企业均采用该种订货方式。

一、按需订货的计算模式

按需订货的计算模式是：

净需求量=生产订单需求量–（现有库存量+在途采购量）

比如：下表是某个生产收音机企业的外购需求情况表。

外购需求情况表

订单名称	产品名称	需要量	下单时间	交货时间
广州明华01单	电子	1000	1月1日	2月1日
广州明华01单	电子	8000	1月1日	3月1日
广州明华01单	天线	500	1月1日	2月1日
澳门水杉01单	天线	3000	1月1日	2月1日
四海科技01单	电子	2000	1月1日	2月1日
四海科技01单	天线	4000	1月1日	2月1日

该企业没有电子与天线的生产线，因此需要外购。如果该产品的生产期限是一个月，目前库存量是电子5000个、天线3000个。

则MRP的计算是：

在1月份电子需求是：

广州明华01单的1000+四海科技01单2000个–前库存量电子5000个= — 2000个

因此1月份没有必要实施电子采购。

在1月份天线需求量是：

广州明华01单的500+四海科技01单4000个–前库存量天线3000个=1500个

因此1月份天线需求量是1500个。

利用MRP实施按需订货可以准确地计算出在一段时间内的净需求量。上面的例子过于简单，因为现实企业操作中，订单每时每刻在增加，采购需求也在不断变化，而利用MRP技术，实施按需订购则是一个比较科学的方式。

二、按需订货的前提

为了保证MRP数据的准确性，实施按需订货需要两个前提，如图8-6所示。

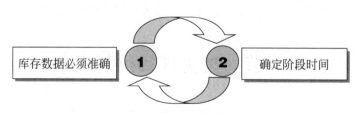

图8-6　按需订货的前提

1.库存数据必须准确

采购需求是订单总需求与库存需求的差值。总需求数据是来自订单直接数据，而库存数据是来自企业仓储内部。库存数据的准确性是目前大多数企业的一个弱点，利用良好仓库管理技术，是保证库存数据正确、保证按需订货的前提。

2.确定阶段时间

按需订货必须确定采购阶段时间，也就是常说的采购周期合并法。采购周期如表8-1所示。

表8-1　某企业采购周期需求表

订单名称	配件名称	需要量	采购到位时间	下单时间
明华01单	电子	1000	1月10日	2月1日
成华01单	电子	8000	1月20日	2月5日
明华01单	天线	500	1月11日	2月8日
水杉01单	天线	3000	1月12日	2月2日
高科01单	电子	2000	1月18日	2月1日
兴科01单	天线	4000	1月20日	2月10日

据一般企业情况，采购的周期常用一周来作为采购衡量标准，为了减少搬运量，如1月10日～1月17日之间的采购订单可以合并到1月10完成。即

在1月10日电子需求量=明华01单1000

在1月11日天线需求量=明华01单500+水杉01单3000

在1月18日电子需求量=水杉01单3000+成华01单8000

在1月20日天线需求量=兴科01单4000

第五节　定量采购控制成本

所谓定量采购控制法指当库存量下降到预定的最低库存数量（采购点）时，按规定数量（一般以经济批量EOQ为标准）进行采购补充的一种采购成本控制方式。当库存量下降到订货点（也称为再订货点）时马上按预先确定的订货量（Q）发出货物订单，经过交纳周期（LT），收到订货，库存水平上升。其常用于零售企业。

一、定量采购的优点

定量采购具有图8-7所示的优点。

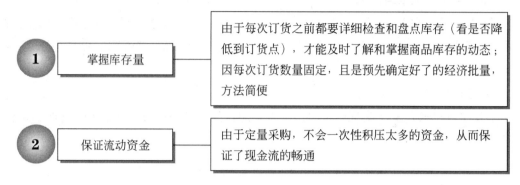

图8-7 定量采购的优点

二、定量采购的缺点

定量采购具有图8-8所示的缺点。

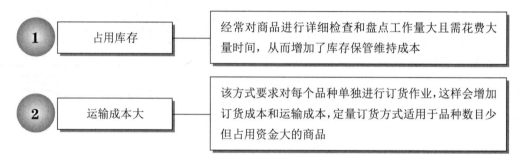

图8-8 定量采购的缺点

三、定量采购的实施

定量采购订货方式适用于产品数量少、占用资金量大的物品。

1.订货点

通常采购点的确定主要取决于需求率和订货到货间隔时间这两个要素。在需要固定均匀和订货到货间隔时间不变的情况下，不需要设定安全库存，订货点R的计算公式为：

$$R=LT \times D \div 365$$

其中LT代表交纳同期；D代表每年的需要量。

当需要发生波动或订货、到货间隔时间是变化的情况时，订货点的确定方法则较为复杂，且往往需要安全库存。

2.订货量

订货量通常依据经济批量方法来确定，即以总库存成本最低时的经济批量（EOQ）为每次订货时的订货数量。

第六节　定期采购控制成本

定期采购是指按预先确定的订货间隔期间进行采购补充库存的一种方式。企业根据过去的经验或经营目标预先确定一个订货间隔期间，每经过一个订货间隔期间就进行订货，每次订货数量都不同。采购人员在定期采购时，库存只在特定的时间进行盘点，如每周一次或每月一次。其常用于零售企业。

一、定期采购的目的

当供应商走访顾客并与其签订合同或某些顾客为了节约运输费用而将他们的订单合在一起的情况下，必须定期进行库存盘点和订购。另外一些公司采用定期采购是为了促进库存盘点。比如，销售商每两周打来一次电话，则员工就明白所有销售商的产品都应进行盘点了。

二、定期采购的定购量

企业在定期采购时，不同时期的订购量不尽相同，订购量的大小主要取决于各个时期的使用率。它一般比定量采购要求更高的安全库存。定量采购是对库存连续盘点，一旦库存水平到达再订购点，立即进行订购。

相反，标准的定期采购模型是仅在盘点期进行库存盘点，这就有可能在刚订完货时由于大批量的需求而使库存降至零，这种情况只有在下一个盘点期才被发现，而新的订货需要一段时间才能到达，这样有可能在整个盘点期和提前期会发生缺货。所以安全库存应当保证在盘点期和提前期内不发生缺货。

三、定期采购的优点

定期采购具有图8-9所示的优点。

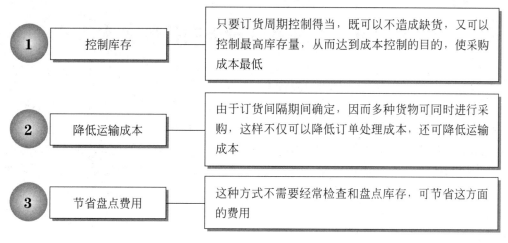

1	控制库存	只要订货周期控制得当，既可以不造成缺货，又可以控制最高库存量，从而达到成本控制的目的，使采购成本最低
2	降低运输成本	由于订货间隔期间确定，因而多种货物可同时进行采购，这样不仅可以降低订单处理成本，还可降低运输成本
3	节省盘点费用	这种方式不需要经常检查和盘点库存，可节省这方面的费用

图8-9　定期采购的优点

四、定期采购的缺点

定期采购具有图8-10所示的缺点。

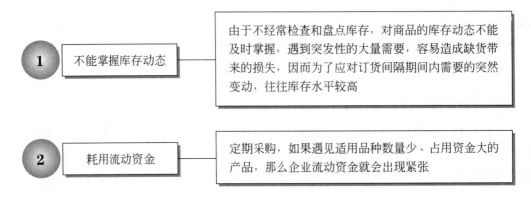

图8-10　定期采购的缺点

五、定期采购的实施

定期采购仅适用于产品数量大、占用资金较少的商品；对于产品数量小、占用资金较大的商品最好采用定量采购。

采购周期也可以根据具体情况进行调整。比如，根据自然日历习惯，以月、季、年等确定周期；根据供应商的生产周期或供应周期进行调整等。定期采购方式中订货量的确定方法如下：

订货量＝最高库存量–现有库存量–订货未到量＋顾客延迟

第七节　经济性批量采购控制成本

经济订货批量（Economic Order Quantity，EOQ）是使订单处理和存货占用总成本达到最小的每次订货数量（按单位数计算）。订单处理成本包括使用计算机时间、订货表格、人工及新到产品的处置等费用。占用成本包括仓储、存货投资、保险费、税收、货物变质及失窃等。企业无论规模大小都可采用EOQ计算法（图8-11）。订单处理成本随每次订货数量增加而减少（按单位数平摊的增加而下降，因为只需较少的订单就可买到相同的全年总数），而存货成本随每次订货数量的增加而增加（因为有更多的商品必须作为存货保管，且平均保管时间也更长）。这两种成本加起来就得到总成本曲线。

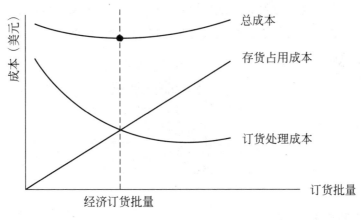

图8-11 经济性批量

一、经济性订货点计算

对企业而言，在进行采购时，其经济的订货数量如何求取非常关键。为了解决这一问题，采购员应备有若干计算经济订货量的公式，按照这些公式就无须靠经验或感觉来决定经济的订货数量。

一般的经济订货量的公式：

$$经济订购量 EOQ = \sqrt{\frac{2 \times 年需要量 \times 订货成本}{库存管理费用率 \times 单价}}$$

用数学公式表示，经济订货批量为：

$$EOQ = \sqrt{\frac{2DS}{IC}}$$

式中 EOQ——每次订货数量（以单位计）；

D——年需求量（以数量计）；

S——订货成本（以金额计）；

I——年存货成本占单位成本的百分比；

C——商品的单位成本（以金额计）。

比如，某超市估计每年能销售15000套电动工具，这些工具每件成本为900元。损坏、保险费、呆账及失窃等费用等于这些工具成本的10%（或每件90元）。单位订货成本为250元。其经济订货批量为：

$$EOQ = \sqrt{\frac{2 \times 15000 \times 250元}{0.10 \times 900元}}$$

$$= \sqrt{\frac{7500000元}{90元}}$$

$$= 290$$

二、经济性批量采购的适用范围

经济性批量采购的适用范围如下。

（1）该物品成批的，或通过采购，或通过制造而得到补充，它不是连续地生产出来的。

（2）销售或使用的速率是均匀的，而且同该物品的正常生产速率相比是低的，使得显著数量的库存因而产生。

三、经济性批量采购的不足和缺陷

伯比奇教授在《生产管理原理》中，对经济批量提出的批评大略如下。

（1）它是一项鲁莽的投资政策，不顾有多少可供使用的资本，就确定投资的数额。

（2）它强行使用无效率的多阶段订货办法，根据这种办法所有的部件都是以不同的周期提供的。

（3）它回避准备阶段的费用，更谈不上分析及减低这项费用。

（4）它与一些成功的企业经过实践验证的工业经营思想格格不入。

似乎那些专心要提高库存物资周转率，以期把费用减少到最低限度的公司会比物资储备膨胀的公司获得更多的利益。其他反对意见则认为，最低费用的订货批量并不一定意味着就获利最多。此外，许多公司使用了经另一学者塞缪尔·艾伦教授加以扩充修订的经济批量法之后认为，在他们自己的具体环境条件下，该项方法要求进行的分析本身就足够精确地指明这项方法的许多缺点所在，而其他方法则又不能圆满地解决它们试图要解决的问题。

第八节　电子采购控制成本

电子采购是由采购方发起的一种采购行为，是一种不见面的网上交易，如网上招标、网上竞标、网上谈判等。人们把企业之间在网络上进行的这种招标、竞价、谈判等活动定义为B2B电子商务，事实上，这也只是电子采购的一个组成部分。电子采购比一般的电子商务和一般性的采购在本质上有了更多的概念延伸，它不仅仅完成采购行为，而且利用信息和网络技术对采购全程的各个环节进行管理，有效地整合了企业的资源，帮助供求双方降低了成本，提高了企业的核心竞争力。

一、电子采购的优势

电子采购和一般的电子商务和传统的采购有本质上的区别，其不仅是单纯的采购，而是利用信息和网络技术对采购各个环节进行科学管理，能有效地控制成本、提高效率、增加效益。具体来说，电子采购具有图8-12所示的优势。

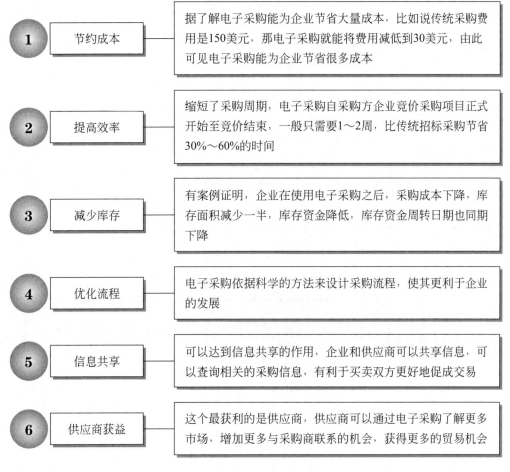

1	节约成本	据了解电子采购能为企业节省大量成本，比如说传统采购费用是150美元，那电子采购就能将费用减低到30美元，由此可见电子采购能为企业节省很多成本
2	提高效率	缩短了采购周期，电子采购自采购方企业竞价采购项目正式开始至竞价结束，一般只需要1～2周，比传统招标采购节省30%～60%的时间
3	减少库存	有案例证明，企业在使用电子采购之后，采购成本下降，库存面积减少一半，库存资金降低，库存资金周转日期也同期下降
4	优化流程	电子采购依据科学的方法来设计采购流程，使其更利于企业的发展
5	信息共享	可以达到信息共享的作用，企业和供应商可以共享信息，可以查询相关的采购信息，有利于买卖双方更好地促成交易
6	供应商获益	这个最获利的是供应商，供应商可以通过电子采购了解更多市场，增加更多与采购商联系的机会，获得更多的贸易机会

图8-12　电子采购的优势

二、电子采购的流程

电子采购的流程如图8-13所示。

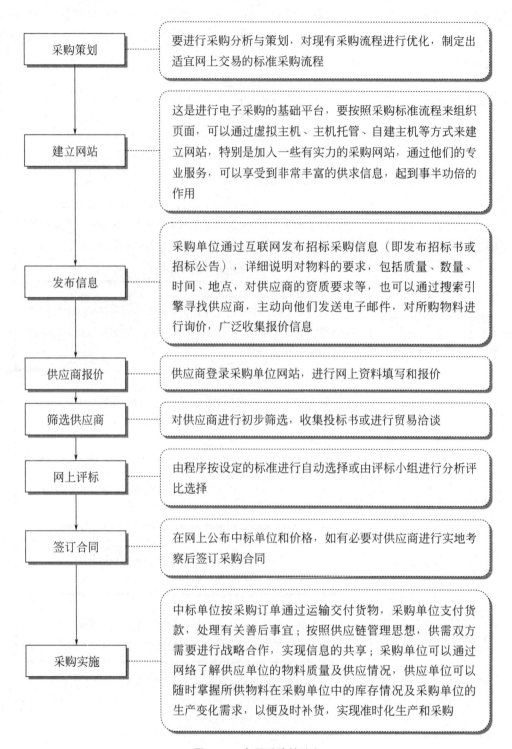

采购策划 —— 要进行采购分析与策划，对现有采购流程进行优化，制定出适宜网上交易的标准采购流程

建立网站 —— 这是进行电子采购的基础平台，要按照采购标准流程来组织页面，可以通过虚拟主机、主机托管、自建主机等方式来建立网站，特别是加入一些有实力的采购网站，通过他们的专业服务，可以享受到非常丰富的供求信息，起到事半功倍的作用

发布信息 —— 采购单位通过互联网发布招标采购信息（即发布招标书或招标公告），详细说明对物料的要求，包括质量、数量、时间、地点，对供应商的资质要求等，也可以通过搜索引擎寻找供应商，主动向他们发送电子邮件，对所购物料进行询价，广泛收集报价信息

供应商报价 —— 供应商登录采购单位网站，进行网上资料填写和报价

筛选供应商 —— 对供应商进行初步筛选，收集投标书或进行贸易洽谈

网上评标 —— 由程序按设定的标准进行自动选择或由评标小组进行分析评比选择

签订合同 —— 在网上公布中标单位和价格，如有必要对供应商进行实地考察后签订采购合同

采购实施 —— 中标单位按采购订单通过运输交付货物，采购单位支付货款，处理有关善后事宜；按照供应链管理思想，供需双方需要进行战略合作，实现信息的共享；采购单位可以通过网络了解供应单位的物料质量及供应情况，供应单位可以随时掌握所供物料在采购单位中的库存情况及采购单位的生产变化需求，以便及时补货，实现准时化生产和采购

图8-13　电子采购的流程

三、电子采购的组织实施

企业电子采购的组织实施一般由采购部门负责，由它组织生产部门或其他部门提出采购计划，利用采购管理信息化系统，使电子采购实现内部各相关程序和权利的公开、透明和有效制衡。

采购物资的价格质量等信息要在企业内部网上公开，做到采购人员掌握的信息，监督和管理人员也能掌握，堵塞采购漏洞，减低采购成本，确保采购物资质量，防止过高库存。

基于电子商务的应用，可以有效地实现供应链上各个业务环节信息孤岛的连接，使业务和信息实现有效的集成和共享。同时，电子商务应用将改变供应链的稳定性和影响范围，也改变了传统的供应链上信息逐级传递的方式，为企业创建广泛可靠的上游供应网关系、大幅降低采购成本提供了基础，也使许多企业能以较低的成本加入到供应链联盟中。

四、电子商务与供应链管理的集成

供应链管理模式要求突破传统的计划、采购、生产、分销的范畴和障碍，把企业内部及供应链节点企业间的各种业务看作一个整体功能过程，通过有效协调供应链中的信息流、物流、资金流，将企业内部的供应链与企业的供应链有机地集成，以适应新竞争环境下市场对企业生产和管理运作提出的高质量、高柔性和低成本的要求。

基于电子商务的供应链管理的主要内容涉及图8-14所示的7个方面。

图8-14 基于电子商务的供应链管理的主要内容

电子商务的应用促进了供应链的发展，也弥补了传统供应链的不足。从基础设施的角度看，传统的供应链管理一般是建立在私有专用网络上，需要投入大量资金，只有一些大型的企业才有能力进行自己的供应链建设，并且这种供应链缺乏柔性。而电子商务使供应链可以共享全球化网络，使中小型企业以较低的成本加入到全球化供应链中。

从通信的角度看，通过先进的电子商务技术和网络平台，可以灵活地建立起多种组织间的电子联接，从而改善商务伙伴间的通信方式，将供应链上企业各个业务环节孤岛联接在一起，使业务和信息实现集成和共享，使一些先进的供应链管理方法变得切实可行。

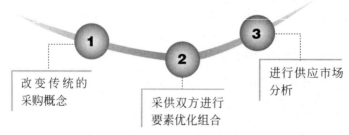

第九章

采取多种策略控制成本

导言

企业经营环境的变化推动了管理科学的发展，企业应采取多种策略，适时更新成本管理的观念，变革技术，全面提升企业的成本管理水平，使用战略管理的思想为企业的决策提供强有力的支持，使企业取得成本竞争优势。

第一节　规范采购行为控制成本

对于企业来说，在采购过程中应从多方面着手，大的方面来说，可从系统建设方面创建采购的环境氛围，从技术层面提高采购业务的执行能力，并不断从这两个关键方面持续改进，从而规范采购行为，提升采购部门业务综合能力，以达到采购总成本最低的结果。

一、从采购战略层面控制成本

战略采购管理要充分平衡企业内部和外部的优势，以双赢采购为宗旨，注重发展与供应商长期战略合作关系，是适应新经济形势发展的采购管理方式。具体措施如图9-1所示。

图9-1　战略采购管理措施

1.改变传统的采购概念

采购不仅是原材料的采购问题，还包含了质量管理、生产管理和产品设计问题。客户的需求和偏好的满足必须通过供应链各环节主体的参与才可能实现客户需求转换为产品设计。

客户偏好的实现是战略实施的前提，因此，改变传统的采购概念有利于战略的有效实施。

2. 采供双方进行要素优化组合

基于核心能力要素组合的思想要求供应商和客户之间进行要素优化组合，建立一种长期的战略联盟合作关系而非买卖交易关系，而要建立这种关系就要求供需双方达到战略匹配。进行供应商评估和管理不再是以交易为第一要则，而应该首先考虑是否战略匹配，在企业精神、企业文化、企业战略和能力要素对比等方面加大权重。

3. 进行供应市场分析

采购不单是货比三家，应该进行供应市场分析，这种分析不仅包括产品价格、质量等，还应该包括产品的行业分析，甚至应该对宏观经济形势做出预判。此外，我们应该对供应商的战略作出判断，因为供应商的战略管理能力无疑会最终影响采购关系是否可靠。

二、从采购标准层面控制成本

标准化工作是现代企业管理的基本要求，它是企业正常运行的基本保证，它促使企业的生产经营活动和各项管理工作达到合理化、规范化、高效化，是成本控制成功的基本前提。在成本控制过程中，图9-2所示的4项标准化工作极为重要。

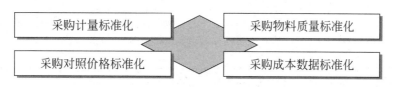

图9-2　标准化管理的内容

1. 采购计量标准化

采购计量标准化是指用科学方法和手段，对采购活动中的量和质的数值进行测定，为采购活动，尤其是采购成本控制提供准确数据。如果没有统一计量标准，基础数据不准确，资料不统一标准那就无法获取准确的采购成本信息，更无从谈控制。

2. 采购对照价格标准化

采购成本控制过程中要制定两个对照标准价格，一是采购标准价格，即原材料市场的行情价格或历史价格，各核算单位与企业之间模拟市场进行；二是内部采购预算价格，即在企业设计过程中通过企业利润率要求与销售价格结合计算出原材料额定价格。采购标准和采购预算价格是采购成本控制运行的基本要求。

3. 采购物料质量标准化

质量是产品的灵魂，没有质量，再低的成本也是浪费。采购成本控制是质量合格下的成本控制，没有采购原料的质量标准文件，就无法高效满足采购活动的要求，就更谈不到采购成本的高与低。

4. 采购成本数据标准化

这一方面的工作包括：制定采购成本数据的采集过程，明晰成本数据报送人和入账人的责任，做到成本数据按时报送，及时入账，数据便于传输，实现信息共享；规范采购成本核算方式，明确采购成本的计算方法；形成统一的成本计算图表格式，做到采购成本核算结果准确无误。

三、从采购制度层面控制成本

从采购制度层面控制成本的措施如表9-1所示。

表9-1　从采购制度层面控制成本的措施

序号	控制措施	具体说明
1	完善采购基础管理	包括采购物资的分类、分等与数据库建立；合格供应商评价标准的确定与供应商等级的划分及数据库建立；各类物资采购最低批量、采购周期、标准包装数量确认；各种采购物料的样品及技术资料
2	建立大宗采购招标制度	大宗采购要建立招标制度，公司明确制定规范招标流程，使其招标采购达到采购成本降低的目的，特别避免走形势主义，招标做了，成本反而升了
3	零散采购实行采购信息注册备查制度	有关采购品名、数量、商标、价格、厂家名称、采购地点、联系电话等信息要详细向公司稽查部门进行登记备查，公司可随时派人以第三方身份进行抽查
4	采购流程分权运作，相互制约	由采购部门负责初选供应商，质量与技术等部门评价供应商的供货能力，对其资格进行认定，价格由财务部门负责监督与控制，付款由公司主要领导审批
5	通过采购人员整合实现采购渠道整合	明确各采购人员所负责的采购物资，同一类物资须由同一人员、经同一渠道采购，除非是有计划地进行供应商的更换
6	规范采购合同	采购合同明确规定供应商不得为销售其产品以不正当竞争的方式贿赂公司人员，否则按比例扣除其货款；合同还要明确有关采购返利的约定
7	建立采购询价制度	明确从可能的卖方那里获得谁有资格、谁能以最低成本完成原材料采购计划中的供应任务，确定供应商的范围，该过程的专业术语也叫供方资格确认
8	与供应商建立稳定的合作关系	稳定的供应商有较强的供货能力，价格透明，长期合作有助于其对公司供应有一定的优先安排，能确保其供货的质量、数量、交期、价格等

小提示

采购管理要十分重视提高整体供应链的竞争优势，要尽可能与优秀的供应商建立长期、稳定的合作关系，鼓励供应的产品与技术改进，支持供应商的发展，必须时可与其签订战略联盟合作协议等。

四、从采购作业层面控制成本

从采购作业层面控制成本的措施如表9-2所示。

表9-2 从采购作业层面控制成本的措施

序号	控制措施	具体说明
1	通过付款条件的选择降低采购成本	如果公司资金充裕，或者银行利率较低，可采用现款现货的方式，这样往往能带来较大的价格折扣，但对整个公司的营运资金运作会有一定影响
2	把握价格变动的时机	价格会经常随着季节、市场供求情况而变动，因此，采购人员应注意价格变动的规律，把握好采购时机
3	以竞争招标的方式来牵制供应商	对于大宗物料采购，一个有效的方法是实行竞争招标，往往能通过供应商的相互比价，最终得到底线的价格，通过对不同供应商的选择和比较使其互相牵制，从而使公司在谈判中处于有利的地位
4	向制造商直接采购	向制造商直接订购，可以减少中间环节，降低采购成本，同时制造商的技术服务、售后服务会更好
5	选择信誉好的供应商并与其签订长期合同	与诚实、讲信誉的供应商合作不仅能保证供货的质量、及时的交期，还可得到其付款及价格的优惠
6	多渠道扩大公司供应链	充分进行采购市场的调查和资讯收集，开发供应商资源、多渠道扩大公司供应链，一个企业的采购管理要达到一定水平，应充分注意对采购市场的调查和资讯的收集、整理，只有这样，才能充分了解市场的状况和价格的走势，使自己处于有利地位

五、从采购人员层面控制成本

从采购人员层面控制成本需要采取图9-3所示的措施。

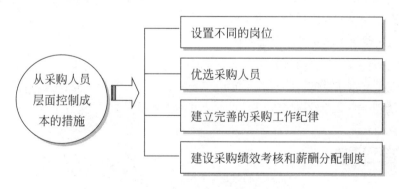

从采购人员层面控制成本的措施
- 设置不同的岗位
- 优选采购人员
- 建立完善的采购工作纪律
- 建设采购绩效考核和薪酬分配制度

图9-3 从采购人员层面控制成本的措施

1.设置不同的岗位

针对采购环节，需要设置不同的岗位，是为了解决采购权力不要过分集中，需要互相制约和监督支持，同时又不要影响各岗位人员的工作积极性。

2.优选采购人员

采购部各岗位人员的选择标准，需要具备图9-4所示的综合素质，还要尽量避免采购部门管理者的亲属担当采购业务。

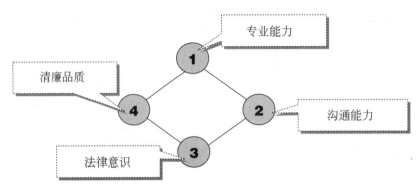

图9-4　采购人员应具备的综合素质

专业能力不仅包括对所负责的原材料属性有一定的认识，还要对原材料管理的流程有一个清晰的思路；清廉的品质，对经常与花钱打交道的采购人员来说尤其重要，虽然在内部管理各个环节上采取了种种措施，但对一线的采购人员来说，还是不可避免地遇到供应商主动提供的种种诱惑，怎样防止诱惑背后的陷阱设置，就需要采购人员本身要具备清廉的素养和法律意识等。

3.建立完善的采购工作纪律

采购活动的决策和执行程序应当明确、透明，并相互监督、相互制约；严格遵循"事前周密计划、事中严格控制、事后认真分析总结"的工作原则，确保采购供应物美价廉、符合要求的物资材料；实行"全员、全过程、全方位"的采购监管，坚决杜绝采购供应过程中营私舞弊、收受索要回扣、损害公司利益的违纪、违法、犯罪行为，对无法回绝的供货方礼品、礼金，应立即上缴公司进行备案；培养采购人员爱岗敬业、尽职尽责、忠诚于公司、对公司负责、维护公司利益、保守公司秘密、保护知识产权。

4.制定采购绩效考核和薪酬分配制度

对各采购岗位成绩进行考评，引进和制定科学的管理方法，有助于对采购人员的管理绩效考核的标准是非常重要的，它可以不断促进采购管理的各环节的持续改进，对有效的工作给予肯定和鼓励，客观做到以绩效促进成本降低的工作环境。

 相关链接

苹果的反腐败政策

在 Apple，我们秉承公平公正的原则开展业务，并且完全遵守所有法律和法规。正当交易是我们的承诺，也是 Apple 的立足之本。

我们的立场很明确

Apple 不收送任何形式的贿赂或回扣，也绝不容忍与我们的商业交易相关的腐败。

腐败是对职权的滥用，涉及为了换取金钱、个人利益或任何有价之物而做出的不诚实或不正当的行为。腐败有多种形式，并不仅限于与政府之间的往来。

腐败使一些滥用职权的个人获得不正当利益，破坏了对法治的尊重，导致不公平竞争，阻碍经济发展，不利于创新，并会造成政府和社会的不稳定。

对 Apple 而言，参与贿赂或腐败会对我们的品牌和声誉造成持久的损害，令消费者和股东对我们丧失信心，并导致产出低质量的产品。违法行为可能会导致数百万美元的罚款，参与违法者还可能会受到刑事处罚。

所有员工务必遵守此政策

本政策为处理涉及腐败的情况提供了参考指南，其目的在于：确保全球范围内的所有 Apple 员工及代表 Apple 工作的所有独立第三方（如独立承包商、顾问、代理、供应商、供货商、渠道成员以及与 Apple 有业务往来的其他方）理解并遵守相关的法律以及 Apple 的反腐败政策。

所有员工必须遵守本政策以及美国和国际的反腐败法律。违反本政策及相关法律可能导致纪律处分，最严重者可能会被解除劳动关系或被终止与 Apple 之间的业务关系。

举报违规行为

如有其他问题或发现违规行为，请联系商业行为和全球合规性办公室。

礼品、餐饮和娱乐活动

根据全球各种反腐败法律的规定，向个人提供现金或其他任何有价之物（如礼品、宴请或娱乐活动）从而获得或维持业务，或获得不正当利益都是违法的。这些法律没有禁止合理、符合惯例的商务礼品、宴请和娱乐活动，但是，你必须遵守下列重要规定。

（1）无不正当的影响或特殊对待：不得收送任何意在影响决策或者获得特殊对待的有价之物。

（2）无现金：不得收送现金或现金的等价物（如超过象征性价值的礼品券、支票或礼品卡）作为商务礼品。

（3）低频率：经常性地向同一个人赠送礼品是不恰当的（即使礼品并不昂贵）。

（4）透明：必须在恰当的时间和场合公开赠送礼品，而不是秘密赠送或通过第三方赠送。

（5）了解当地法律：在收送任何礼品之前，先了解相应国家、地区的当地法律，确保合规性。

（6）有关政府官员的特殊规定：所有赠送给"政府官员"的礼品必须事先得到政府事务部门的批准。请参考商业行为政策的"赠送和接受商务礼品"部分，了解更多指导原则。

与第三方代表打交道

Apple 在全球各地均与第三方有业务往来，包括经销商、供应商、顾问、供货商以及代理。

在与第三方打交道时，Apple 员工应清楚声明 Apple 完全不容忍任何腐败行为。第三方也应理解并遵守本政策及适用的反腐败法律。第三方还有义务确保分包商理解并遵守本政策及适用的反腐败法律。如有第三方为谋取 Apple 业务利益而提供或赠送有价之物，则 Apple 需为此行为负责。这包括向全世界范围内参与推广 Apple 业务的中间人支付佣金或费用。

与第三方及分包商打交道时要时刻保持警惕，如果发现下列任何事项，需报告给商业行为和全球合规性办公室。

（1）行贿或受贿的传言；某人有行贿或受贿的习惯。

（2）发票或费用报销的细目不清，或要求一次性全部报销（尤其是对于与政府打交道的人员）。

（3）要求提前支取或不合理地支取高额佣金或付款，或者通过第三方或其他国家、地区进行付款。

（4）第三方与政府官员有亲属关系，或声称与某一官员或部门有"特殊的关系"。

（5）坚持使用某一顾问或不能带来明显附加价值（或附加价值很少）的顾问。

政府官员差旅管理条例

如果当地法律允许，Apple可以为与产品和服务的促销、演示或说明直接相关的政府官员支付合理的差旅费用，但是，你必须遵守以下准则。

（1）应始终首先获得政府事务部门或当地的Apple法律顾问的批准，然后才能向政府官员提供差旅费。

（2）使用适当发票报销所有差旅费。

（3）直接向服务供应商支付相关费用，而不要给提供支持的政府官员提供现金或津贴。

（4）请勿为官员的家人或朋友支付差旅费。

（5）确保差旅的主要目标是开展业务，尽可能避免娱乐或休闲活动。

代表Apple工作的第三方有义务确保分包商理解并遵守相关的法律及Apple的政策。

关于"疏通费用"的一些信息

除极特殊情况（如面临紧急的人身安全或生命威胁）外，Apple严禁支付通融费和疏通费。

如对特定费用是否属于通融费用有疑问、被要求支付通融费用或者怀疑支付了通融费用，请联系商业行为和全球合规性办公室。

准确记录的重要性

部分反腐败法律将不准确的商业交易记录视作另一种违法行为。请确保所有的相关记录（包括发票和费用报告）均准确反映相关的业务交易。不得以任何方式谎报事实、遗漏关键信息或修改记录或报告以误导他人，也不得协助他人实施此类行为。

远离灰色地带

本政策的目的不仅在于为遵守法律提供指导，还在于帮助避免在与Apple有关的运营中出现可疑的行为。以下为避免违规的一些有用提示。

（1）如果你有疑问或疑虑，请提出问题。

（2）不要放任可疑行为。认真对待合规事宜，鼓励其他人也认真对待。

（3）保持警惕！密切监督第三方，尤其是当他们代表Apple或为了Apple利益与政府官员往来时。

（4）如果你听到关于不正当支付或其他可疑活动的传言，请不要忽视这些传言！请联系商业行为和全球合规性办公室，以便我们对相关情况展开调查并采取恰当的纠正措施。

第二节　实施战略采购控制成本

战略采购是企业采购的发展方向和必然趋势，企业在创业之初由于采购数量和种类的限制，战略采购的优势并不明显，但在企业向更高层次和更大规模发展的过程中优势会日益明显，有远见的企业应该在发展之初就有组织地构建战略采购框架，实施战略采购。

一、战略采购的概念

战略采购是由著名咨询企业科尔尼于20世纪80年代首次提出的，科尔尼致力于战略采购研究和推广工作，已为全球500强企业中的三分之二提供过战略采购咨询服务。

战略采购"是计划、实施、控制战略性和操作性采购决策的过程，目的是指导采购部门的所有活动都围绕提高企业能力展开，以实现企业远景计划"。它有别于常规的采购管理，注重的是"最低总成本"，而常规采购注重的是"单一最低采购价格"，它用于系统地评估一个企业的购买需求及确认内部和外部机会，从而减少采购的总成本，其好处在于充分平衡企业内外部优势，以降低整体成本为宗旨，涵盖整个采购流程，实现从需求描述直至付款的全程管理。常规采购和战略采购的概念模型如图9-5和图9-6所示。

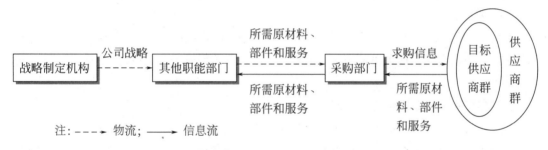

图9-5　常规采购的概念模型

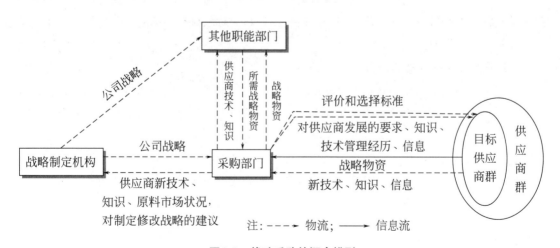

图9-6　战略采购的概念模型

二、战略采购的原则

战略采购的原则如图9-7所示。

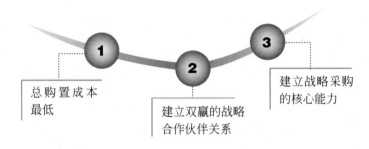

图9-7　战略采购的原则

1.总购置成本最低

总购置成本不仅仅是简单的价格，还承担着将采购的作用上升为全面成本管理的责任，它是企业购置原料和服务所支付的实际总价，包括安装费用、税费、存货成本、运输成本、检验费、修复或调整费用等。低价格可能导致高的总购置成本，却更容易被忽视，总成本最优被许多企业的管理者误解为价格最低，只要购买价格低就好，很少考虑使用成本、管理成本和其他无形成本。

采购决策影响着后续的运输、调配、维护、调换乃至产品的更新换代，因此企业必须有总体成本考虑的远见，必须对整个采购流程中所涉及的关键成本和其他相关的长期潜在成本进行评估。

2.建立双赢的战略合作伙伴关系

不同企业有不同的采购方法，企业的采购手段和企业管理层的思路与文化风格是密切相关的，有的企业倾向于良好合作关系的承诺，有的倾向于竞争性定价的承诺。战略采购过程不是零和博弈，一方获利一方失利，战略采购的谈判应该是一个商业协商的过程，而不是利用采购杠杆，压制供应商进行价格妥协，而应当是基于对原材料市场的充分了解和企业自身长远规划的双赢沟通。

3.建立战略采购的核心能力

双赢采购的关键不完全是一套采购的技能，而是范围更广泛的一套组织能力：总成本建模、创建采购战略、建立并维持供应商关系、整合供应商、利用供应商创新、发展全球供应基地。很少有企业同时具备了以上六种能力，但至少应当具备以下三种能力。

（1）总成本建模能力，它为整个采购流程提供了基础。

（2）创建采购战略能力，它推动了从战术的采购观点向战略观点的重要转换。

（3）建立并维持供应商关系能力，它注重的是双赢采购模式的合作部分。

三、战略采购的策略

实施战略采购可参考图9-8所示的策略。

图9-8　战略采购的策略

1.构筑采购战略

在企业的采购政策中要确定采购目标：以统一的采购标准和程序、先进的信息管理手段、高素质的员工队伍为基础，以国际先进的管理水平为参照目标，以集中采购、同步采购、双赢为战略手段，在产品开发、质量、价格、物流四个方面实现最佳采购供应链，用产品开发能力、质量保证能力为客户提供最大的价值，用合理的价格、最低的储备和运输成本实现企业的效益最大化。

（1）同步采购主要针对新产品研发方面，要求供应商能和本企业保持同步开发，极大地缩短产品的研发周期，这样，由于供应商的先期介入，避免了一些不必要设计等方面的变更，更能保证零部件的技术要求在工艺上实现。

（2）集中采购主要是提高同类产品资源集中度，其任务是对现有零部件及原材料进行分析和研究，尽可能将同类产品向一家或少数的供应商整合集中，从而降低采购成本和物流费用。

小提示

很多企业在发展初期因采购量和种类较少而无法进行集中采购，随着企业的集团化发展，在采购上就出现分公司各自为政的现象，这在很大程度上削弱了采购优势。事实上，实施集中采购方式是企业控制成本的有力措施。

2.建立采购总成本模型

总成本建模是公认的非常重要的采购技能之一，其重要性对所有的产品都是重要的，任何一个正确采购决策不只是单纯考虑商品的采购价格，建立采购总成本模型，所包含的因素除了价格外，还要考虑运输费用、质量成本、库存维护成本等。

在战略总成本建模中，采购管理者首先应当考虑的是采购品种的分类，即找出占80%采购成本的20%核心A品类，考虑这类材料采购的数量、需求、规格、定价、供应商等采购管理类别，重点选择该类品种开展工作，建立供应商名单，对供应商进行调查。通过深入分析原材料的供应市场，全面收集供应商的数据信息，初步拟订原材料的供应商名单，并通过数据分析，检验、调整和比较行业采购成本数据和绩效表现水平，并在此基础上制定采购策略。总成本建模是战略采购中最重要的组织能力，对采购过程的一切活动，从制定战略到简化设计、改善供应商的成本和降低采购成本奠定了基础。

3.建立和维持与供应商的长期合作关系

战略采购的一个基本思想就是采购和供应双方共同努力寻找节省资金的机会，这将比任何一个单方面的努力都更为有效。通过总成本建模，双方通过识别成本要素和驱动要素可以使共同的努力集中在某些关键的环节。创建采购战略，就是与供应商一道来对未来的发展做出规划，并为在双方的关系发展创造长期价值而努力。

建立并维持供应商关系需要做到图9-9所示的3点。

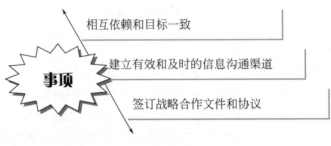

图9-9 建立并维持供应商关系应做的事项

四、战略采购的实施步骤

战略采购的实施可参考表9-3所示的步骤。

表9-3 战略采购的实施步骤

序号	实施步骤	具体说明
1	建立采购类别	（1）定义采购类别：各类采购之间有何相关 （2）采购类别的基本特性：我们现在买什么、怎么买 （3）对采购类别市场的了解：我们能买什么，可否以不同的方式购买
2	建立供应商名单	（1）发现并先期筛选出潜在供应商 （2）建立评估标准与方法 （3）进行评估与建立合格的候选供应商名单
3	制定采购策略	（1）定位采购类别 （2）设计采购策略与技术：采购量集中、产品规格改进、联合程序改进、合作关系重整、全国和全球采购、最优价格评估
4	选择实施路径	（1）采用竞争性的方法选择供应商 （2）尽可能多寻找供应商 （3）抛弃原来的供应商，如果它不提供有竞争力的报价，否则，应当与原来的供应商共同讨论，实现成本降低的目标
5	选择供应商	（1）设计谈判策略 （2）寻求并评估供应商报价 （3）与供应商谈判，定义交易内容 （4）建议更换新供应商，或改变与现有供应商的合作关系
6	与供应商进行运营整合	在与新供应商的整合过程中，需要制订相应的过渡时间计划，确保稳定的供货，不至因为供应商的变更而发生中断，影响生产
7	不断进行供应市场基准比较	确保本企业具备监督与回应供应市场、供应商能力与采购类别内部需求等变化的流程

第三节 实现数字化采购控制成本

数字化技术近年来飞速发展，正在颠覆传统采购业务。数字化采购不仅可识别降低成本的机会，创造价值，防止价值漏损，还可以赋能企业践行可持续数字化采购。

一、数字化采购的概念

麦肯锡对数字化采购定义：供应商和商业用户通过大数据分析、流程自动化和全新协作模型，提升采购智能效率，大幅降低成本，从而实现更快捷、更透明的可持续采购。

数字化采购的核心是数据，包括企业内部数据和外部数据。依托数字化采购形成海量数据，通过大数据、AI等技术对采购数据深度挖掘、洞察，打造可预测战略寻源、自动化采购执行、采购支出可视化和全方位供应商生命周期管理，提升供应链透明度，为企业采购管理者提供数据化的决策支持。从供应商选择、采购价格确定、控制合规风险、增强谈判能力等方面全面赋能企业采购人员。

数字化采购将促进采购部门将主要职能更多地放在战略寻源和供方管理上，减少日常事务性工作时间；促进采购人员从服务辅助职能转变为战略职能，从需求驱动转变为主动服务，充分发挥采购职能的战略价值。

二、数字化采购降低成本的表现

企业数字化采购能够使大型企业的分散采购集中化、复杂流程集成化、采购过程透明化、采购全流程可控化，最终使企业的采购综合成本降低15%～20%，采购业务效率提高60%以上。相关研究发现，采购成本每下降1%，平均利润增长可达2.3%，杠杆作用非常明显。

数字化采购降低成本的主要体现如图9-10所示。

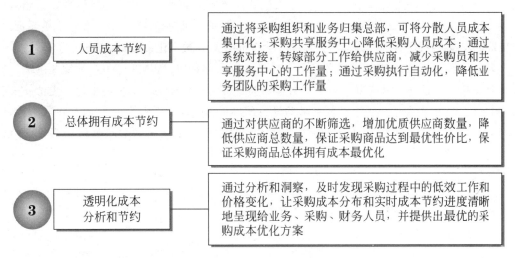

图9-10 数字化采购降低成本的表现

数字化能力可以促进企业价值链的各个方面创造新的价值观和新的形式，从而保持企业的竞争优势。

三、打造数字化采购供应链

由于采购环节涉及的主体多、层级多、品类多、金额大、业务复杂，企业面临诸多痛点难点，对优化采购业务流程、进一步降低成本、提升效率的需求更加迫切，而数字化采购已在这些方面表现出巨大优势。很多企业主动探索数字化转型，形成了各具特色的业务模式和发展路径，取得了明显成效。

一般来说，打造数字化采购供应链应包含图9-11所示的5个要素。

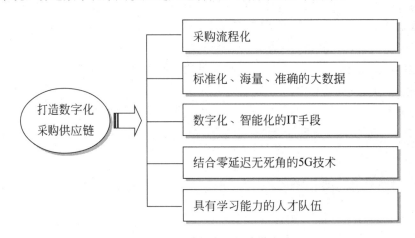

图9-11 打造数字化采购供应链

1.采购流程化

数字化采购能力的提升离不开卓越的流程。清晰明确的流程设计，建立标准的、操作性强、符合企业实际的管理体系对打造高效供应链系统非常重要。采购供应的管理体系通常包括供应商的开发与寻源、供应商的评估、供应商风险管理、供应商绩效管理、供应商关系管理、供应商的发展（帮扶与淘汰）等。有了规范、标准的流程，数字化系统的建设就有了基础。

比如，数商云开发的端到端采购平台可以集成内部ERP、WMS、MES等信息系统，实现跟供应商之间计划、收发货、质量、对账的高效协同。内部实现从采购申请、定价、采购订单执行、发票开具、对账等环节对采购进行闭环管理，从注册、认证、准入到采购执行、供应商评估、整改、淘汰等环节对供应商进行闭环管理，实现采购管理和供应商管理的公平、公开、透明。

> **小提示**
>
> 卓越的流程能为企业采购变革提供战略性、框架性支撑，帮助企业突破行业和区域限制，为采购变革带来更多的战略价值，帮助企业在可持续发展、流程透明化及多元化供应商管理上得到更多的支持。

2.标准化、海量、准确的大数据

收集供应商端、客户端、生产制造端，以及采购市场、销售市场的相关数据，精准且完整的数据是建立数字化系统的基础。

但由于制造厂与供应商、客户之间有时也很难分享所有数据，如果开始阶段，我们无法与所有供应商、所有客户分享数据，我们可以分步骤、有序地推进数字化系统的建设，先优选战略供应商、战略客户、战略物料开始链接数据，搭建数字化平台，以点带线，以线带面。

3.数字化、智能化的IT手段

通过开发数字化采购系统把供应链中的各个环节的数据有效地链接起来，最终实现自动化响应、智能化决策。通过精确算法、严谨的程序实现数字化、智能化。将系统集成，真正实现数据的互联互通，让供应链中的不同环节，包括供应商、供应商的供应商、客户、客户的客户都能融入到数字化系统中，才能真正发挥数字化的作用。

4.结合零延迟无死角的5G技术

有了数据和算法，还需要传输手段来实现万物互联，即智能物联网。2019年是5G的元年，5G技术的成熟应用将使全球信息传输无延迟、无死角，给信息传输带来划时代的变化，以大数据和精确算法为基础，加上5G传输速度，使信息流能够及时快速传输，在整个供应链中没有盲点，大大提高了采购管理效率。

5.具有学习能力的人才队伍

有了流程和数字化驱动，具备充足专业能力和工作经验的人才队伍也必不可少。这类人才不但要熟悉流程，还要有很强的学习能力，善于运用数字化手段提升工作的效率。此外，树立数字供应链人才的全局观念和协同思想，不断强化供应链思维，那么，数字化供应链时代将指日可待。

相关链接

数字化采购助力企业降本增效

数字化技术近年来飞速发展，正在颠覆传统采购业务。简化和自动化变得司空见惯，智能与洞察成为核心竞争力。数字化采购通过应用人工智能、物联网、机器人流程自动化和协作网络等技术，打造可预测战略寻源、自动化采购执行与前瞻性供应商管理，助力企业降低成本和管控风险，并发掘新价值来源，从而实现降本增效，显著降低合规风险，将采购部门打造成企业新的价值创造中心。

目前国内大多数企业的采购业务普遍以手工为主，效率低下。随着企业信息管理系统逐渐普及，部分企业开始使用电子采购系统，但是系统间的数据往往难以兼容和共享，阻碍企业快速、科学制定业务决策，导致采购成本始终居高不下。

采购业务进入数字化时代将带来如下改变。

1.可预测战略寻源

在战略寻源（即从寻源到合同）环节，数字化采购将完善历史支出知识库，实现供应商信息、价格和成本的完全可预测性，优化寻源战略并为决策制定提供预测和洞察，从而支持寻源部门达成透明协议，持续节约采购成本。

2.支出分析

数字化采购将建立实时支出管理体系和支出知识库，应用预测分析技术，帮助企业预测采购需求和支出结构，进而定位关键支出，实现可持续降本战略。

实时监控合同支出与执行，预测采购需求，自动生成寻源建议，帮助企业优化采购效率；打造认知支出解决方案，实时分类与管理AP系统的支出数据，从而为企业定位关键支出；应用智能内容提取技术，实时从合同中提取有价值的信息，实现广泛细致的支出分析。

3.寻源战略

数字化采购将提供强大的协作网络，帮助企业发掘更多合格供应商，同时智能分析和预测其可靠性和创新能力，逐步实现战略寻源转型。应用认知计算等技术，评估和预测潜在供应商的可靠性和创新能力，发掘优质潜在供应商；借助领先供应商协作平台，如通过Ariba连接250多万供应商，在全球市场中发现最优供应商；结合品类管理功能，根据不同品类的需求特点等因素，制定差异化寻源策略和可复用标准流程。

4.决策制定

数字化采购将应用智能分析技术，预测供应商对企业成本与风险的影响，为寻源提供可视化预测及业务洞察，帮助企业快速、智能制定寻源决策。应用数字技术，构建敏感性分析模型，从而更准确预测供应商对企业影响，筛选优质合作伙伴；借助高级可视化仪表盘，直观展现寻源洞察与建议，可将寻源执行及决策周期缩短50%。

5.供应商协作

数字化采购将智能预测供应商谈判的场景和结果，分析并推荐最优供应商和签约价格，同时自动执行供应商寻源任务，最终建立可预测的供应商协作模式。构建敏感性分析模型，预测谈判双方条件变化对签约价格及采购成本的影响，帮助谈判人员识别关键因素与节点，从而控制谈判风险并削减采购成本；基于最佳实践构建全球条款库，自动识别适用条款，提高合同签订效率，并确保合规性。

6.自动化采购执行

在采购执行（即从采购到付款）环节，数字化采购将提供自助式采购服务，自动感知物料需求并触发补货请购，基于规则自动分配审批任务和执行发票及付款流程，从而加速实现采购交易自动化，有效管控风险和确保合规性，大幅提升采购执行效率。

7.目录管理

数字化采购将通过目录化采购，构建基于品类的自动化采购流程，从而帮助企业加强全流程控制，实现差异化品类分析，并在复杂的支出类别中发现可持续的成本节省。

结合最佳实践和企业采购品类自定义编码，建立全品类目录化采购，从根本上规范采购流程；基于采购目录建立精细的品类管理模式，实现差异化品类分析，优化各采购品类的管理策略。

8.采购到发票管理

数字化采购通过批量执行重复性任务、自动触发请购及审批流程，实现核心的采购到发票管理活动的自动化和标准化，帮助企业全面提高采购效率，持续降低管理成本。应用自动化技术，消除重复性手动操作，使员工专注于高附加值工作，为企业创造更大价值；实时感知物料需求，并自动触发补货请购，从而简化和智能化请购流程；结合最佳实践和企业现有流程自动分配各环节审批任务，大幅缩短审批周期，提高效率。

9.付款管理

数字化采购能够应用智能合约技术自动触发付款流程，根据企业需求提供供应链金融功能，推动付款管理更加安全与高效。应用智能合约技术自动执行合同条款，精准触发付款，从而消除手动验证；具备供应链金融功能，实现灵活按需融资，从而增加企业自由现金流，释放运营资本；结合动态折扣功能，最大限度享受供应商折扣，从而降低采购成本，实现更高收益率。

10.风险与合规

数字化采购通过构建风险与合规管理生态系统，将风险与采购管理无缝嵌入采购流程，从而自动监控各环节采购行为和审计跟踪，帮助企业快速洞察风险与机遇，有效控制采购风险。

应用数字技术，自动追踪采购行为和异常情况，帮助决策制定者实时洞察采购风险与合规性；应用机器人流程自动化技术，自动化审计跟踪，提升审计效率，预计可将审计时间削减50%。

11.前瞻性供应商管理

数字化采购将应用众包、网络追踪和VR等技术，全面收集和捕捉供应商数据，构建全方位供应商生命周期管理体系，实现前瞻性风险规避与控制，从而提升供应商绩效与能力，支持采购运营持续优化。

12.绩效管理

数字化采购能够建立实时监测和定期评估机制，将数据转化为切实可行的洞察和预测，从而打造前瞻性绩效管理，逐步优化供应商资源。应用高级可视化仪表盘，识别优质供应商，及时淘汰不合格供应商，打造前瞻性供应商管理；应用VR或空间分析技术，生成虚拟场景完成供应商访问与现场审核，简化绩效管理流程。

13.风险管理

数字化采购将应用数据捕捉和采集技术，基于大数据进行前瞻性预测分析，实时洞察潜在的供应商风险，帮助企业建立先发制人的风险管理模式。结合第三方数据源集成整个供应价值链，建立供应商风险评估数据库；应用数字技术，实时监测、识别供应商风险，建立前瞻性风险控制与规避机制；应用对等网络技术，捕捉影响供应商风险的事件，实现广泛细致的风险洞察，降低供应链风险。

对于期待拥抱数字化的企业来说，实现数字化转型从未如此容易。软件即服务模式意味着部署解决方案变得更快速和简便。采购的未来已呈现在我们眼前，数字化采购将助力企业快速实现业务价值，决胜数字时代。

第三部分
供应商管理

第十章

供应商开发

导言

做好供应商的开发与管理是做好采购工作的前提与保证，其运作的好与坏直接体现出采购部门的水平。选择重于管理，做采购最怕选错供应商，供应商选择出错，对企业而言，就是一场灾难，尤其当供应商转换成本较高时更是如此，可见供应商选择开发的重要性。

第一节 潜在供应商的选择

潜在供应商是指有能力向采购方提供符合其特定技术规格要求的货物、工程和服务的法人、其他组织和自然人。也就是说，当采购方就特定采购项目发出采购需求要约后，所有有能力应约的供应商都是潜在供应商。

一、选择供应商前的布局规划

企业为了长远的发展或在供应链上更有保障，往往会对供应商的地理位置布局、各行业供应商的数量、各供应商在其本行业中的大小、供应商性质等内容做一份详细的规划，便于采购工作更有方向和目标。具体的规划内容如图10-1所示。

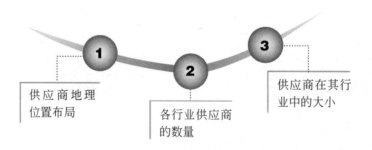

图10-1 潜在供应商选择之前布局规划的内容

1.供应商地理位置布局

供应商地理位置布局是指企业与供应商在地理上的分布状态。一般来说，供应商的生产基地最好在企业的附近，若较远，一般可以与供应商协商沟通，让其在企业附近设一个仓库。

2.各行业供应商的数量

各行业供应商的数量是指在具体的各种材料中，其供应商的数量需要多少个，如一般用得较多的材料，为了可以形成良性的竞争机制，一般要选择三个以上的供应商。在做规划时一般要对本企业的材料进行分析，对每一类材料在一定时期内选定几个主要的供应商，其他供应商也要下一些订单，以用来维持关系，同时还可以备急用。

3.供应商在其行业中的大小

在选定供应商的规模时，一般也讲究"门当户对"，即大企业的供应商最好也是相对大型企业，至少也不能小于中型企业；而中型企业的供应商一般都为中小型企业，如选择相对大型的企业，则不利于企业对供应商的方针与策略的实施，但也不宜选择"家庭作坊"式的企业，这样难以保证品质。

二、收集潜在供应商的资料

1.资料收集的途径

由企业采购部门收集所需产品的供应商名单及其产量、质量、价格等有关历史背景材料。寻找供应商，可由图10-2所示的途径来进行。

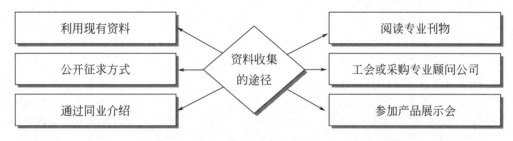

图10-2　资料收集的途径

（1）利用现有资料。在管理上比较正规的企业里，常常建立合格供应商的档案或名册，因此企业不必舍近求远，应该从现有的供应商中甄选，分析或了解他们是否符合要求。

（2）公开征求方式。这种方式政府采购用的比较多，企业通常比较少用此种方式，因为这是被动地寻找供应商。换言之，若最适合的供应商不主动来投标，也就失去公开征求的目的。

（3）通过同业介绍。同行的采购人员之间因为彼此可以联合采购或互通有无。采购人员若能广结善缘，同业必乐于提供供应商的参与名单，因为"于己无害，于人有利"，何乐而不为。

（4）阅读专业刊物。企业可从各种专业性的杂志或报章获悉许多产品供应商信息，也可以从"采购指南""工商名录""工商黄页"电话分类广告等，获得供应商的基本资料。

（5）工会或采购专业顾问公司。企业可以商请拟购产品的同业工会提供其会员厂商名录，此外也可询问采购专业顾问公司，了解特别是来源稀少或取得不易的物品，如精密的零件或管制性物品。

（6）参加产品展示会。企业应参加有关行业的产品展示会，派人收集适合的供应商资料，或者当面洽谈。

小提示

在全球化的市场环境下，供应商的寻源寻找不应局限于本地或本国，应该利用外地或国外的资料来源。

2.资料收集的内容

选择供应商，应着重收集以下方面的资料。

（1）管理能力。对于管理能力，企业应主要了解表10-1所示的几个方面。

表10-1　了解管理能力的几个问题

序号	应了解的问题	具体说明
1	供应商的管理者如何？工作是否有效？对企业的合作是否感兴趣？	要了解一个供应商可以通过给他们寄询问表，征求他们的意见，同时，限他们在规定的时间段内回复，那些对企业的提议感兴趣的供应商就会在短期内给企业答复函，同时还会有高级经理的亲笔签名，而那些对企业不感兴趣的供应商会拖得很晚才给企业一个答复，而且随便签上一个助手的名字便打发了事
2	供应商的组织结构如何？是否存在一个质量管理实体？质量经理对谁负责、向谁汇报工作？注意，质量经理以前是不是生产部经理？质管人员会像保护他们自己公司那样维护客户的利益吗？	如果能到供应商的公司参观一下，那一定要留意管理者的办公环境，如果文件在桌子上和椅子上堆得老高，如果办公室总是不断地有喧闹和混乱的场面，可以肯定，你的合同也会遭受到相同的命运
3	管理者的经验如何？他们在签错文件的时候是不是很慌乱？或者他们能够直接了当地面对问题并很好地解决它们吗？	这需要花上一段时间和他们相处，否则将很难直接作出判断
4	管理人员的态度如何？他们是否相信犯错误是不可避免的？他们能向客户证明"没有一家店可以保持一尘不染"吗？或者他们是否能证明自己的大脑中有"缺陷预防"的理念？他们是否赞同零缺陷的工作哲学？	如果供应商的管理人员是积极的，认为履行合同应以一定数量的花费为限，应照原定进度进行，同时仍然能够生产出符合要求的产品，那么这个供应商是可以考虑的

（2）对合同的理解能力。只有一种方法能保证签订合同的双方都能对合同有恰当的理解：双方同时坐下来逐字逐句地研究，每一项规格要求、每一类装运要求、每一种单据要求都应该进行讨论，这样才能达成双方真正意义上的意见一致。

买卖双方必须建立一种适宜的沟通渠道，一切相关事宜最好都以书面形式表达出来。因为双方的人员都会有所变化和流动，所以书面文件更显得重要。

（3）设备能力。在为企业生产产品时，供应商将会使用什么设备？机器或工艺程序是否已具备？它们会不会同时短缺？这一切考察者都有权知道。

（4）过程能力。许多企业都已经制定并验证了文件化的过程，核心的问题是必须掌握过程策划能力。

过程策划应该包含一些小的事件，应该具有能够解决许多小问题的秘诀，这些小问题虽然单独看来似乎无足轻重，合在一起却往往决定计划的精确度。采购方要确认供应商对每一个过程在付诸使用以前，证明它是否能够让质管部门满意、是否有持续的评审流程，以确保该过程不经过相似的证明不得有所改变。

（5）产品衡量和控制能力。在供应商的工厂中，产品不符合要求的程度是什么样的？是否知道问题出在哪里？是否能预测下一批产品的情况？

错误的代价是金钱。返工和报废最终将由企业承担，所以唯一的答案在于"缺陷预防"。即使有时候不能预防一个缺陷的首次出现，但仍可以确切地预防它的再次发生。

一家等到产品已经下线才去衡量其符合标准的程度或表现的工厂，并不是管理有道的工厂。当然，起码应该有一个记录检验和测试机构用来发现不符合项，通过针对生产缺陷来消除问题和错误，工厂便可以用较小的成本生产出符合标准的产品，而且，这种随时记录的方法也便于不断地检查。

（6）员工技术能力。技术工人，就是能通过某种方式证明自己具有干某项工作能力的人。确定企业的供应商是否有合格技术工人的最好方法，是要求他指定一些代表人物，然后与这些人进行谈话并检查他们的工作，观察他们怎样操作工具，以及怎样对待工作环境的，这将使采购人员可对他们在车间工作的能力有一个大体的了解。

（7）采取纠正措施的能力。采购人员可直接面对供应商，询问他们发现一些事情做错时如何处理的方法。他们如何能使这类事件不再发生？他们是否真正在意这类事件？

（8）以往绩效的记录能力。企业以前和他们做过生意吗？他们的经营状况如何？造成不良绩效的原因是什么？再回过头去，检查曾经引发问题的地方，看其是否已经采取了改正措施。

如果采购方按上面这8个步骤对一些备选供应商进行评估，将很快在头脑中形成对他们能力的评价。

考察供应商需要企业投入人力，因此，就会增加产品成本。下列三种情况的企业可不必对供应商进行多次考察，可以简化流程，直接录取。

（1）凡质量管理体系通过第三方认证的供应商，不必对其质量保证体系进行考察。

（2）凡经过国内、国际认证合格的产品，不必考察供应商。

（3）被同行业其他大户列入"合格供应商名单"中的供应商，可不考察。

三、真正了解供应商

1.研究供应商提供的资料

每一家供应商都想尽快把自己推销出去。作为企业宣传策略的一种，供应商会印制一些宣传资料，通常都是一些精美的图表画册。为了获得更多的订单，供应商会把介绍自己的资料提供给有采购意向的企业，这样采购方就会拥有大量的相关资料。采购方应指派相应人员仔细研究各个供应商提供的宣传材料，大致确定可以进一步接触的供应商。

2.向有意向的供应商发放调查问卷

调查问卷是一种应用范围很广又很有效的调查工具，只是应用起来比较烦琐，需要耗费大量的人力、物力和时间。采购方可根据本身所处行业物品供销情况，设计出详细的调查问卷，发放给有意向的供应商，并根据调查问卷的回复来确定被调查的供应商的实力如何。但是，如果只向供应商发放调查问卷，则所获得的信息不能确保其真实性。有些供应商为了凸现自己或是为了获得订单，并不如实回答问卷，从而使获得的信息失真。在这种情况下，就要将这种方法与其他方法结合起来使用，或者向与供应商有接触的其他合作企业发放问卷请求合作。

下面提供两份供应商调查表的范本，仅供参考。

【范本一】 ▸▸▸ --

供应商调查表

致：	发出：		调查编号：	表格编号：
公司名称：			调查人员及职位：	
地址：			邮编：	
电话：			传真：	
创立时间：			厂房面积：	
总人数：			管理人员数：	
技术人员数：			品管人员数：	
主要客户：				
生产能力：				
计量或仪器较正情况：				
新产品开发能力： □能自动设计开发　　　　□只能开发简单产品　　　　□没有自行开发能力				
品质系统已建立如下条件： □品质手册、程序书　　□指导书　　□检验标准　　□工程图纸				
采用并已认证的国际安全标准：				
采用的工艺标准：				
员工培训情况：　　□经常正规地进行　　□不经常开展培训				
交货品质出现异常时联系人：　　品质最高管理负责人：				

续表

公司其他优点：		
可以提供的文件：		
□ ISO 认证书 □ 安规证书 □ 品质手册 □ 程序书 □ 指导书 □ 检验标准 □ 组织架构图 □ 检验设备汇总 □ 检验指导书		
调查方式： □ 现场检验 □ 电话查询 □ 邮件查询回复		
公司负责人签名： 评估结果：□ 合格 □ 不合格 填写人签名：		
日期： PU 签名： 日期：		

【范本二】▶▶

供货商调查评估表

□初评 □复评 编号：

供货商名称：			评估日期：
电话		电邮	
地址			
负责人			

营业及生产项目					
调查项目	调查内容	劣 1～3分	可 4～6分	佳 7～10分	评分
设备	设备是否自动化、合理化				
	是否建立保养设备制度				
产能	能否配合公司需求的潜在能力				
	每日产量如何，生产管理是否适当				
交期	达标率是否符合要求				
	对公司急货要求的达标率是否符合				
协调性	对公司质量要求及品管程序指导是否接受				
	对公司质量异常反馈是否接受				
质量系统性	是否有进料、制程、成品检验				
	是否有仪器检校制度及文件管制（测量系统分析）				
总评：□合格 □ 不合格 □ 试行交货三个月及辅导改善三个月再复评					
评审小组： 资材： 品管： 品管审核： 工程核定： 工程：					

3.实地考察供应商

为了更好地了解供应商的情况，如果有可能的话，采购方应该实地考察一下供应商。这种做法的主要目的有两个，如图10-3所示。

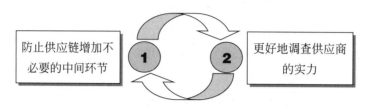

图10-3　实地考察供应商的目的

4.向其他相关人员了解

企业或可以充分利用拥有的人力资源向曾经供职于供应商但现在已经离开的员工进行了解，向他们了解供应商的实际情况。这种方法所获得的信息甚至比实地考察更有价值，但是该方法的使用要避免触犯法律，避免被人起诉进行不正当竞争。

四、分析供应商

对供应商分析是指选择供应商时对许多共同的因素，如价格、品质、供应商信誉、过去与该供应商的交往经验、售后服务等进行考察和评估的整个过程。

1.分析供应商应考虑的因素

采购人员对供应商进行分析时，考虑的主要因素如图10-4所示。

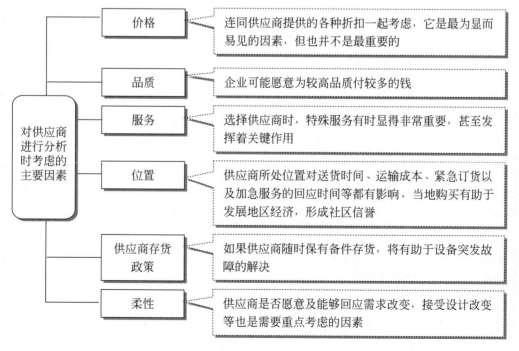

图10-4　对供应商进行分析时考虑的主要因素

2.对供应商进行比较

对纳入考察的供应商进行比较，比较的内容包括单价、交期、付款方式、工艺水平、品质保证能力、服务质量、财务状况、技术水平等，可以运用表10-2所示的格式。

表 10-2 供应商考察表

材料名称：_____ 规格：_____ 单位：_____ 日期：_____

项目＼供应商			
单价			
交期			
发货地点			
付款方式			
包装方式			
不良品处理			
品质保证能力			
工艺水平			
服务质量			
财务状况			
技术水平			
总评	□ 采用 □ 列入考虑 □ 不予采用	□ 采用 □ 列入考虑 □ 不予采用	□ 采用 □ 列入考虑 □ 不予采用
备注			

编制： 审核： 批准：

五、建立供应商资料库

对于供应商的资料，企业应建立一个相应的资料库，而且这些资料要随着情况的变化呈动态性的增删。建立供应商资料库通常会运用到供应商资料卡、合格供应商名册，如表10-3、表10-4所示。

表10-3 供应商资料卡

日期： 年 月 日

		公司	工厂
名称	中文		
	英文		
地址			
电话		传真		传真	
负责人			

公司概况			工厂概况		
设立时间			工厂规模	土地 平方米 厂房 平方米	
经营许可证			主要产品	品名	日（月）产量	比率/%
税务登记证						
所属协会或团体						
资本额						
组织方式	□独资 □合资 □民营					
往来银行			生产设备	名称	台数
主要客户	公司名称	采购产品	比率/%			
主要材料来源	材料名称	供应商	仪器设备		
公司及负责人印鉴		统一发票使用章	员工状况	管理者人数	人	员工人数	人
				部门	负责人	主办人
				技术		
				品管		
				营销		
经营方针			将来计划		

表10-4　合格供应商名册

项次	厂商简称	供应明细	联络人	电话	传真	核准人	符合原因	登录日期	备注

数据日期：　　　　　　　　　　制表：

六、评审供应商

企业需要组织相关人员对供应商进行评审。

1.成立评审小组

供应商的评审，第一步应该是成立评审小组，对合格供应商的各项资格或条件进行评审。小组的成员可包括采购部门、工程部门、生产部门、品质保证部门、财务部门及公共关系部门等。必要时还可以成立供应商评审委员会。

2.决定评审的项目

由于供应商之间的条件，可能互有雷同，因此，必须有客观的评分项目，作为选拔合格供应商的依据。评审项目如表10-5所示。

表10-5　采购评审项目

序号	评审项目	具体内容
1	一般经营状况	（1）企业成立的历史 （2）负责人的资历 （3）登记资本额 （4）员工人数 （5）完工记录及实绩 （6）主要客户 （7）财务状况 （8）营业证照
2	供应能力	（1）生产设备是否新颖 （2）生产能量是否已充分利用 （3）厂房空间是否足够 （4）工厂地点是否与买方邻近
3	技术能力	（1）技术是自行开发或依赖外界 （2）有无国际知名机构技术合作 （3）现有产品或试制样品的技术评估 （4）技术人员人数及受教育程度

续表

序号	评审项目	具体内容
4	管理制度的绩效	（1）生产作业是否顺畅合理，产出效率如何 （2）物料管制流程是否已电脑化，生产计划是否经常改变 （3）采购制度是否能确实掌握物料来源及进度 （4）会计制度是否对成本计算提供良好的基础
5	品质能力	（1）品质管制制度的推行是否落实，是否可靠 （2）有无品质管制手册 （3）是否订有品质保证的作业方案 （4）有无政府机构的评鉴等级

3.设定评审项目的权数

针对每个评审项目，权衡彼此的重要性，分别给予不同的权数。不过，无论评审项目多少，各项目权数的总和必定是100%。

每个评审项目的权数，在评选小组各组员之间，必须按其专业程度加以分配。比如以技术能力而言，生产人员所占的该项权数的分配比率，应该比其他组员为高。

评选小组决定了供应商的评审项目及权数后，可将供应商调查问卷送交相关供应商填写，然后进行访谈或实地调查，并定期召集评选会议，按照供应商资格评分表进行评定的工作。

4.合格供应商的分类分级

合格供应商分类是按各供应商的专业程度予以归类，分级是将各类的合格供应商按其能力划分等级。分类的目的是避免供应商包办各种采购物件，预防外行人做内行事；分级的目的是防止供应商大小通吃，便于配合采购的需求，选择适当的供应商。

通常，企业最不欢迎"什么都能交（物料），什么都做（工程及维修）"的供应商。因为他们通常都不是专业供应商，只是到处承揽业务的"掮客"，对物料的性质或施工技术并不十分熟悉，且多在拿到订单后，才寻找来源，一旦交货有问题或品质出错，经常缺乏能力解决，且极力逃避责任。也就是说，在高度分工专业化的时代，每一个供应商应有其"定位"——最专精的产品或服务，因此，供应商的分类及分级，可以避免"鱼目混珠"，以达到寻求最适当供应源的目的。

 相关链接

华为审核供应商的探析

1.供应商审核的步骤

考察供应商，首先要明确审核的目的：是为了引进新供应商还是为了督促某个环节的改善。

供应商审核主要包含以下8件事。

（1）明确所考核的产品是材料还是设备或者兼有，不同的产品有不同的考核方式，考核关键点也不一样。

（2）提前了解产品的制程（生产工艺），找出关键质控点。

（3）了解公司对于所考核产品的标准（采购、质量、体系等所有涉及考核的标准）。

（4）提前准备审核的相关表格。

（5）到现场之后，按照考核标准进行审核，比如生产能力、生产工艺、客户群体、资金周转情况、供应体系是怎么样的、出现问题的响应时间、影响产品交期的关键材料等。

（6）拍照记录，便于回公司整理汇报和存档。

（7）填写评估表单，确定对于供应商的进一步管理方法。

（8）供应商审核资料整理、归档。

2.供应商审核有哪些表单

表单各个公司名称不同，但主要内容相差不大，主要有《供应商基本信息调查表》《供应商审核表》和《供应商评估表》。

（1）《供应商基本信息调查表》所涵盖的信息主要包括：供应商的名称、地址、法人名称、法人联系方式、不同模块业务对接人（质量、销售、技术、物流）、业务对接人联系方式、生产能力简介、可供应产品简介、主要客户以及生产所使用的主要设备和产能。分清供应商不同部门决策人很重要，主要便于后续不同环节出现问题，可以掌握解决问题的主动权——直接找到决策人解决，当然前提是直接联系人解决不了的情况下。

（2）《供应商审核表》一般是以公司内部对供应商的评判标准为基础，汇集采购、质量、体系以及相关涉及考核标准的部门的考核要点而成。实地考察时，根据实际情况进行评分填写或者描述，并考核供应商对人、机、料、信息的管理办法。比如生产设备的操作手册、生产工艺流程卡、操作规程制度、岗位培训文件、产品或者公司获得的证书查看、物料供应渠道的了解和文件管理体系的抽查等。

（3）实地考察结束之后，对于供应商的考核需要做一个评估，确定供应商是否有资格进入供应体系。这时候需要用的表单是《供应商评估表》或《新供应商引进评估表》，此表单是需要由参与供应商审核的人员共同填写，并对供应商是否符合公司标准给出评估意见。供应商管理专职人员最终汇集多方意见确定是否可以引进此供应商。

3.供应商现场考察中需要评价的因素

需要评价的因素包括如下10项。

（1）设备。需要考察的项目包括设备的使用期、现状、整洁性和布局、在生产的原料数量、设备能力、当前的作业水平。

（2）设备管理能力。设备管理能力是企业管理能力的一种重要体现。比较设备管理能力的最好方法是观察两个供应商生产同一个产品时的情况，设备管理能力会影响质量和效率。有时候，非常好的企业也会由于业务的突然变化或者紧急订单而变得管理混乱。

（3）技术能力。供应商的研究和发展潜能如何？能对客户服务水平提供哪些有力的支持？工程能力如何？

（4）业务流程和物流。高效的业务流程和物流是保持供应商竞争力的必要元素。业务流程和物流效率低下时，通过及时改进可以帮助双方降低成本并且可以使供应商更具竞争力。

（5）员工士气。员工的工作感受是什么？他们对管理的理解是什么？因为员工士气最容易受到高层管理者的影响，在任何企业中总是存在"不满"的员工，不过在一个真正好的企业中，员工会感觉他们被公正地对待和组织对他们的关怀。员工的士气会对质量、及时交货和效率等作业产生很大的影响，士气还表现在员工是否愿意花费额外的精力来取悦客户。采购方必须知道供应商大的管理变动及其对员工的影响。

（6）流程控制。供应商的系统采用什么方式来计划和控制流程？系统是否能快速确定订单的位置和状态？用什么标准来确定订单的优先级？如何保障存货和订单的准确性？有多少能力可用于处理目前的订单？比如，目前的生产能力利用率是否能保证订单及时满足需求？

（7）质量控制。供应商是否有质量功能？如何进行质量报告？流程控制系统是否恰当？谁来维护该系统？在整个流程中，企业是否定期地使用统计流程控制工具？

（8）采购。供应商是如何组织采购过程的？人员数量是否足够？与当前的供应商的关系如何？供应商在采购方这里的信用排名是多少？

（9）供应商承诺。供应商对采购方的交易是否感兴趣？高层管理者关注的交易作业有哪些？高层管理者对质量和客户服务的投入是多少？

（10）技术。供应商的处理技术有多新？信息技术是如何使用的？供应商是否具有电子商务处理能力？用于产品、服务改进和设计的技术水平如何？供应商是否拥有技术研发计划？

一般实际现场审核时，都是由采购、质量、研发、供应链管理等相关部门的人一起参与。采购人员除了关注自己模块内的问题，还应倾听其他部门的提问和提问的理由，以及对应的答案。了解提问的理由，是最快的学习方法。

第二节　合适供应商的认证

正确考察评估、认证选择供应商是供应商管理的关键环节，供应商的优秀与否在很大程度上决定了采购的成功与否，选择合格供应商，不但可以很好地降低企业的成本，而且还会提高企业的业绩。

一、样品试制认证

样品试制认证是供应商认证中必不可少的一个步骤。其主要内容有签订试制合同、向初选供应商提供认证项目试制资料、供应商准备样品、对过程进行协调监控、调整技术方案、供应商提供样品、样品评估、确定项目样品供应商和落实样品供应商等步骤，如图10-5所示。

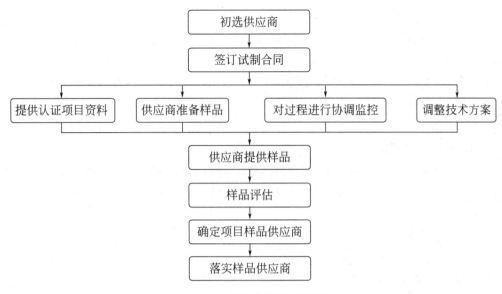

图 10-5 样品试制认证的步骤

1.签订试制合同

与初选供应商签订试制合同，目的是使初选供应商在规定的时间内提供符合要求的样品。合同中应包括保密内容，即供应商应该无条件地遵守企业的保密规定。试制认证的目的是验证系统设计方案的可行性，同时达成在企业与供应商之间的技术折中方案。

2.向初选供应商提供认证项目试制资料

签订试制合同后，企业将向供应商提供更为详尽的资料，并发出如表10-6所示的"样品试制通知书"。在此期间内，所提供的资料可能会包括企业的一些机密材料，其内容的泄露可能会给企业带来不可估量的损失，因此这一过程中保密条款的规定是非常重要的，绝对不能忽视。

表 10-6 主副材料及成品的样品试制通知书

编号：

名称		□主材 □副材 □成品		
供应商		料号		
希望完成日期		确认日期		
应用产品		试验负责人		
资料	（1）成分表：　　　　（3）评分： （2）型号目录：　　　（4）抽样：			
说明：				
本表流程	工程部		试验部门	□试验报告 □经理 □发行
	经办　　主管　　经理		经办　　主管	

注：本表一式四份，一份资材部存；一份工程部存；一份试验单位存；一份总经理室存。

3.供应商准备样品

供应商获得试制资料以后就开始着手进行样品试制的准备工作。样品试制的准备并不是一项简单的工作，对于那些要求较高或者根本就是全新产品的样品试制的准备往往需要几个月甚至一年的时间，而对于那些只是稍做改动的产品，其样品试制的准备则需要的时间较少。一般来说，同样情况下，电子元器件、机械零件的准备周期相对较短，而组合设备的准备周期相对较长。

4.对过程进行协调监控

这一要求一般是对于那些准备周期比较长的认证项目来说的。对于这些认证周期比较长的认证项目，采购方应该对其过程进行监控、协调，以便在遇到突发事件时能够及时提出解决对策。

5.调整技术方案

在有些情况下，企业与供应商之间可能会进行技术方案的调整，因为随着环境的变化或是知识的增加，设计人员的设计方案与加工过程出现要调整的地方，这也是很正常的现象。有时技术方案是由采购方提出的，有时则是由供应商提出的。当后一种情况发生时，不能因为技术方案进行调整而怀疑供应商的能力。技术方案的调整是不可避免的，只有经过多次调整后的技术方案才能更加完善。

6.供应商提供样品

供应商把样品试制出来之后，应把样品送交给认证部门进行认证。体积比较小的样品随身携带即可，体积巨大的样品则可通过其他方式进行查看。

供应商提供样品时，采购方可要求其提供一份送样保证书。

下面提供一份零组件送样保证书的范本，仅供参考。

【范本】▶▶ --

零组件送样保证书

零件名称_____ 零件料号_____

政府法规及（或）安全规定 □ 是 □ 否

工程图纸变更版次_____日期_____附加的工程变更_____日期_____

蓝图号码_____采购订单编号_____零件重量_____千克

辅助检具号码_____工程变更版次_____日期

供应商制造信息		送样信息	
供应商名称		□尺寸　□材料、功能　□外观	
供应商代码		客户名称、部门	
地址		买方、买方代码	
市、县邮政编码		应用	

续表

送样原因：

□ 首次送样 　　　　　　　　□ 变更替代材料或结构
□ 工程变更 　　　　　　　　□ 供应商或材料来源变更
□ 工、模具的新增、更替或重修 　□ 零件制程变更
□ 缺失的更正 　　　　　　　□ 新制造地点生产的零件
□ 其他（请描述）：

要求的送样层级（请选择一项）：
□ 第一级：保证书、外观核准报告（只限于设计外观项目）
□ 第二级：保证书、零件、图纸、检验结果、实验及性能测试结果、外观核准报告
□ 第三级：在客户地点，保证书、零件、图纸、检验结果、实验及性能测试结果、外观核准报告、制程能力结果、能力探讨、制程管制计划、量具探讨、FMEA
□ 第四级：如第三级所列项目，零件除外
□ 第五级：在供应商地点，保证书、零件、图纸、检验结果、实验及性能测试结果、外观核准报告、制程能力结果、能力探讨、制程管制计划、量具探讨、FMEA

送样结果：
□尺寸测量　□ 材料及功能测试　　　□ 外观准则　□ 统计制程数据
以上结果是否符合所有图纸及规格要求 □ 是　　　　□ 否 （如果"否"要求说明原因）

声明：
本人确定本保证所提出的样品是本厂承制零件的代表，并使用规定的材料，以正常的量产工具与制造程序，按客户的图纸及规范所完成的。我已注意到此声明的差异如下：
说明、建议：_____
姓名（打字）_____ 职称_____ 电话_____
供应商代表签字_____

客户专用栏：
□ 核准　　　□ 拒收　　　□ 其他
零件处理客户名称_____ 客户签名_____ 日期_____

7.样品评估

样品送到认证部门之后要进行的工作就是样品评估。一般需要参加评估的人员包括设计人员、工艺人员、品管人员、采购人员、计划人员等，其工作内容是对样品进行综合评估。评估内容包括样品的性能、质量、外观等，评估的基准是样品检验报告、原物料（样品）试验报告等。最后对样品是否确认要以书面的形式确定下来，在一些企业有样板确认书、样品承认书等叫法。

8.确定项目样品供应商

经过以上各项工作的流程，就可以由集体决策，确定样品供应商并报上级主管批准。

（1）对于那些技术要求简单，能够轻易完成样品的产品来说，为了保证供应商之间的竞争，同时也为了保证所采购产品的质量，一般要选择三家以上的样品供应商。

（2）对于那些复杂的采购项目，由于样品试制成本太高，因此一般只选择一家供应商。

二、中试认证

经过试制认证之后，接着进行的就是采购认证的下一个步骤，即中试认证。中试认证一般包括图10-6所示的8个方面的内容。

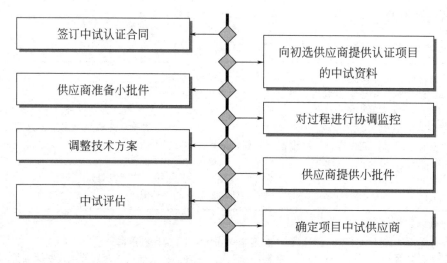

图10-6 中试认证包括的内容

1.签订中试认证合同

样品试制过程结束以后，采购方需要与供应商签订中试合同，让供应商在规定的时间内提供符合中试要求的小批件。中试认证的目的就是使得系统设计方案具有批量生产的可能性，同时寻求成本与质量的折中方案。

2.向初选供应商提供认证项目的中试资料

同前一过程一样，签订中试合同以后采购方就需要向供应商提供项目中试资料。项目中试资料是经过试制以后修改了的试制项目技术资料，如经过修改的机械图纸、电子元器件参数、软件方案等。

3.供应商准备小批件

准备小批件需要一个周期。一般来说，小批件的生产周期要比样品周期短，因为供应商经过试制过程之后，在技术、生产工艺、设备、原材料等方面都有一些积累和经验。但是在有些情况下（如目前技术条件还不具备批量生产），小批件的准备周期要比样品准备周期更长，企业所承担的风险也就更大。

4.对过程进行协调监控

在中试过程中，采购方对过程仍需进行跟踪和协调监控，可以和供应商一起研究如何提高质量并且降低成本的方法，使批量生产具有可行性并最大限度地带来收益。有时，采购企业的技术人员也要加入到跟踪协调的队伍中来。

5.调整技术方案

中试技术方案一般不会马上就达到最佳状况，需要经过多次的实验和对比才能确定性价比最优的方案，如元器件的性价比、加工装配调试的性价比等。

6.供应商提供小批件

供应商把试制的小批件送交到生产或者是认证部门。有时小批件需要送到生产组装现场，有时则需上门验证。

7.中试评估

对小批件进行综合评估，其评估的内容包括质量、成本、供应情况等。进行中试评估时，还应协调其他部门共同制定认证项目的中试评估标准。参加评估的人员包括设计人员、工艺人员、采购人员和计划人员等。

8.确定项目中试供应商

中试认证的最后一步是确定物品项目的中试供应商。中试认证的要求比样品试制认证要高，因此通过中试认证确定的供应商成为最后赢家的可能性比较大。

三、批量认证

批量认证主要包括图10-7所示的8个方面的内容。

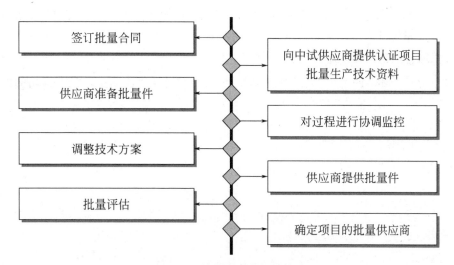

图10-7 批量认证包括的内容

1.签订批量合同

采购方与选定的中试供应商签订批量合同，使中试供应商能够在规定的时间内提供符合批量认证要求的批量件。批量认证的目的是使系统设计方案具有大规模生产的可能性，同时寻求产品质量稳定性和可靠性的解决方案。

2.向中试供应商提供认证项目批量生产技术资料

同中试项目资料一样，项目批量生产资料是经过中试期间修改的技术资料，如可以大规模投放生产的机械图纸、电子元器件参数、软件方案等。

3.供应商准备批量件

准备批量件需要一定的时间，供应商要想生产批量件就要提高自动化水平，配备相应的批量生产机械，如机械行业中的冲床、专业机械，电子行业的自动化设备，软件行业的大型拷贝机等。有些产品批量生产的技术要求很高，需要进行大量的技术攻关和试验才能成功。企业在开始这种项目的生产时，要做好充分的风险评估和必要的心理准备。

4.对过程进行协调监控

同上述过程一样，批量过程也需要进行跟踪，采购方应随时跟踪生产中可能出现的异常情况。

5.调整技术方案

大规模生产追求的目标是系统的稳定性和可靠性，否则便失去了批量认证的意义。认证机构不是官方部门，应该对产品的稳定性和可靠性负责。因此，采购方及时跟踪技术方案的实施情况，根据实际情况对技术方案进行适当的修改，是十分必要和正常的。

6.供应商提供批量件

供应商把生产的批量件送交到生产部门，有时批量件也需要运送到生产组装线。

7.批量评估

采购方组织协调相关部门的人员对批量件进行综合评估，并制定出批量评估标准。评估内容包括：质量、成本、供应、售后服务、稳定性。参加评估的人员应该包括：设计人员、工艺人员、质量管理人员、采购人员、计划人员等。

8.确定项目的批量供应商

经过以上几个环节的工作，采购方所得出的物品批量供应商，是批量物品合格的供应商。

11

第十一章
供应商交期管理

导言

交期是指从采购订货日开始至供应商送货日之间的时间。基于时间竞争的供应链管理已成为企业的主导战略，供应链的响应能力和反应速度取决于供应链各环节间的交货时间。压缩交期已成为供应链管理和企业运作关注的焦点。

第一节　供应商交期管理概述

在"快"作为时代主流的背景下，"交货期尽可能短"已成为企业从竞争中胜出的必要条件，对交货期的精细化管理也是必然趋势。

一、什么是适当的交期

适当的交期是指制订采购计划到货时间与生产材料的调配、制造、运送时间及采购人员选定适当的交易对象、购买以及议价所必要的时间。如果无视制造业的客观进度，一味强调交货日期很短的订货，必然无法期待以"适当的价格"取得"良好的货品"。因此，采购人员需要经常和请购部门接触，在友好而协调的气氛中根据双方的情况以设定适当的交货日期。

二、确保交期的重要性

具体来说，确保交期的重要性体现在以下两个方面。

1.交货延迟会增加成本

确保交期的目的，旨在将生产活动所需的物料，在必要的时候切切实实进货，从而以最低的成本来完成生产。

此处所称的"必要的时候"，是指为了以最低的成本完成生产任务，预先所计划好的物料进货时期。所以，迟于该时期不用说是不合宜的，早于该时期也非适宜，确保交期的重要性就在于此。

有可能延迟交货的物料，采购方应予早期发现，从而防止其发生，同时也应抑制无理由的提早交货。

交期的延迟，毫无疑问会妨碍生产活动的顺利进行，对生产现场与其有关部门将带来有形、无形的不良影响，具体如图11-1所示。

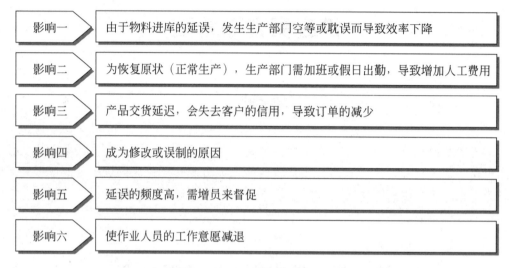

影响一	由于物料进库的延误，发生生产部门空等或耽误而导致效率下降
影响二	为恢复原状（正常生产），生产部门需加班或假日出勤，导致增加人工费用
影响三	产品交货延迟，会失去客户的信用，导致订单的减少
影响四	成为修改或误制的原因
影响五	延误的频度高，需增员来督促
影响六	使作业人员的工作意愿减退

图11-1　延迟交货的不良影响

2.提早交货也会增加成本

一般人总以为：提早交货的不良影响不如延迟交货。实际上，两者都会成为增加成本的原因。以下两点为其主要理由。

（1）允许提早交货则会发生交货的延迟（供应商为资金调度的方便会优先生产价格高的物料以提早交货，所以假如允许其提早交货，就会造成低价格物料的延迟交货）。

（2）不急于要用物料的交货必定增加存货，导致资金运用效率的恶化。

因而能否确保交货日期，对经营效果有很大影响。

第二节　适当交期控制

交期控制可从交货事前计划、交货事中管理、交货事后考核这3个方面来进行控制。

一、交货事前计划

要做好交货管理，企业应有"预防重于治疗"的观念，事前慎选有交货意愿及责任感的供应商，并安排合理的购运时间，使供应商从容履约。

1.确定合适的交期

对交期的控制和管理可从图11-2所示的交期组成公式中寻求空间。交期条款对产品总成本将产生直接或间接的影响。

$$交期 = 行政作业交期 + 原料采购交期 + 生产制造交期 + 运送交期 + 验收与检验交期 + 其他零星交期$$

图11-2　交期的构成

（1）行政作业交期。行政作业所包含的时间是采购方与供应商之间共同为完成采购行为所必需进行的文书及准备工作，具体如图11-3所示。

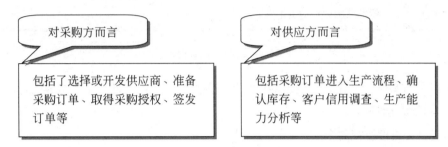

对采购方而言

包括了选择或开发供应商、准备采购订单、取得采购授权、签发订单等

对供应方而言

包括采购订单进入生产流程、确认库存、客户信用调查、生产能力分析等

图11-3　行政作业交期

（2）原料采购交期。供应商为了完成客户订单，也需要向他自己的下一级供应商采购必要的原材料，如塑料、金属原料、纸箱等，需要花费一定的时间。

① 在订单生产型模式中，产品的生产是等收到客户订单之后才开始的。依订单生产的形态，原料的采购占总交期时间相当大的比例。

② 在组合生产型模式中，产品的组合生产也是等收到客户订单后才开始的，所不同的是一些标准零件或组装已事先准备妥当，主要零配件、材料和次组装已在接到订单之前完成，并放入半成品区，一旦接到订单，即可按客户的要求从标准零配件或次组装中快速生产出所需产品。

③ 在存货生产型模式中，产品在收到客户订单前已经被制造并存入仓库。这种形态的生产对原料采购交期的考虑一般很少，通常下了订单后就可安排运送并知道到货时间。

（3）生产制造交期。生产制造交期是指供应商内部的生产线制造出订单上所订产品的生产时间，基本上包括生产线排队时间、准备时间、加工时间、不同工序等候时间以及物料的搬运时间，其中非连续性生产中，排队时间占总时间的一大半。

① 在订单生产型模式中，非加工所占时间较多，所需的交期较长。

② 在存货生产型模式中，因生产的产品是为未来订单作准备的，采购交期相对缩短。

③ 在组合生产型模式中，对少量多样的需求有快速反应的能力，交期较存货生产型模式长，较订单生产型模式短。

（4）运送交期。当订单完成后，将产品从供应商的生产地送到客户指定交货点所花费的时间为运送交期。运送时间的长短与供应商和客户之间的距离、交货频率以及运输方式有直接关系。

（5）验收与检验交期。验收与检验交期主要包括图11-4所示的内容。

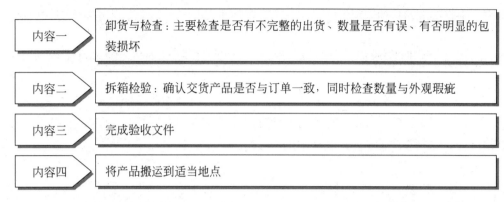

图 11-4　验收与检查时间

（6）其他零星交期。此外，还包括一些不可预见的外部或内部因素所造成的延误，以及供应商预留的缓冲时间。

2.确定供应进度监视的方法

采购方早在开立订单或签订合约时，便应决定如何监视进度。倘若采购产品并非重要项目，则仅作一般的监视便已足够，通常只需注意是否能在规定时间收到验收报表，有时可用电话查询。但若采购产品较为重要，可能影响企业的经营，则应考虑另作较周密的监视。

3.审核供应商供应计划进度

采购方应审核供应商的供应计划进度，并分别从各项资料获得供应商的实际进度。

比如，供应商的流程管理资料、生产汇报中所得资料、直接访问供应商工厂所见，或供应商按规定送交的定期进度报表。

4.规定供应商应编制预估进度表

如果认为有必要，采购方可在采购订单或合约中明确规定供应商应编制预估进度表。预估进度表应包括全部计划供应作业的进程，如企划作业、设计作业、采购作业、工厂能力扩充、工具准备、组件制造、次装配作业、总装配作业、完工试验及装箱交运等全部过程。此外，应明确规定供应商必须编制实际进度表，与预估进度表对照，并说明进度延误原因及改进措施。

5.准备替代来源

供应商不能如期交货的原因颇多，且有些是属于不可抗力，因此，采购方应未雨绸缪，多联系其他来源；工程人员也应多寻求替代品，以备不时之需。

6.加重违约罚则

在签订采购合约时，应加重违约罚款或解约责任，使得供应商不敢心存侥幸。不过，如果需求急迫时，应对如期交货的供应商给予奖励或较优厚的付款条件。

二、交期的事中管理

下面依照执行过程，说明交期事中管理的方法。

1.订购信息的处理

订购信息的范围应包括订单内容、替代品、供应商等级及生产能力等相关资料。基本上，资料的分类可以依照交易对象、能力、产品等加以区分，其目的都是为了得到正确的信息。因此，订购信息处理得恰当与否，将影响整个交期。

2.主动查核

（1）查核的时机。采购方在订购产品后，应主动监督供应商备料及生产，不可等到已逾交期才开始查询。

所有的产品几乎不可能在交货日期一次制造完成，因此，未能准时交货的情形通常都发生在此前的生产过程中，其计划进度与实际进度发生偏差所致。所以下订单后，采购方要积极地进行查核。查核的目的是在尚有余裕时间可以想办法时确实掌握生产状况，以便采取必要行动。

（2）查核的主要内容。查核的主要内容如图11-5所示。

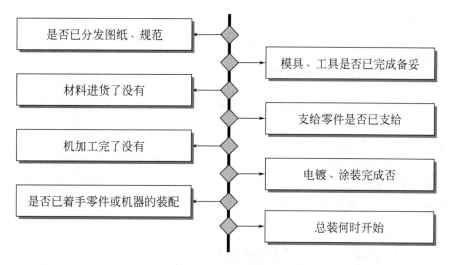

图 11-5　查核的主要内容

3.工厂实地查证

对于重要产品的采购，采购方除了要求供应商按期递送进度表外，还应实地前往供应商的工厂访问查证，但此项查证应在合约或订单内明确，必要时要求专人驻厂监视。

4.加强供需双方信息的沟通

关于供应商准时交货的管理，还有双方的"资源共享计划"。供需双方应有综合性沟通系统，使采购方的需要一有变动立即可通知供应商，供应商的供应一有变动也可随时通知采购方，交货适时问题即能顺利解决。

5.销售、生产及采购单位加强联系

由于市场状况变化莫测，因此生产计划若有调整的必要，必须征询本企业采购部门的意见，以便对停止或减少送货的数量、追加或新订的数量作出正确的判断，并尽快通知供应商以减少可能的损失，提高其配合的意愿。

6. 收货要严格控制

在收货的管理方面，应做好图11-6所示的两项工作。

抑制提早交货

提早交货不仅会使库存增多，而且扰乱遵守交期的做法，因此，必须规定明确的容许范围，严格加以限制，尤其要避免提前付款

提高验收速度

对于收到的货品必须迅速进行验收，验收的迟滞不仅会使供应商遵守交期的意识降低，而且占用验收场地，有时候还可能由于生锈或腐蚀等而引起货品品质劣化的情形，因此须明确规定验收作业的程序及时限

图11-6　收货管理应做好的两项工作

小提示

一旦某供应商发生交货迟延，若非短期内可以改善或解决，应立即寻求其他供应商的货品来源，避免更大的损失。

三、交期的事后考核

1. 建立绩效指标

企业可以设定指标据以考核交期管理的绩效。以下是3种常见的交期绩效指标：

交货迟延率（%）=（每月延迟总批数 ÷ 每月交货总批数）×100%

迟延件数率（%）=（每月交期延迟件数 ÷ 每月订单件数）×100%

迟延日数率（%）=（自订购日起至实际交货日止的日数 ÷ 自订购日起至合约交期止的日数）×100%

2. 日常交期资料的记录与统计

采购人员对供应商的交货状况平常要做好记录，这可以通过一些制式的表格来实现，如表11-1所示。

表11-1　交货达成管制表

订购日期	供应商	品名	规格	数量	应交日期	追踪管制				实交日期	备注

制表：　　　　　　审核：

3.定期对供应商交期进行考核

采购人员应按企业规定的期间对供应商进行考核。考核的指标、方法及处理措施可在合同中写明，考核的结果也要通知供应商，让其核实。

4.执行供应商奖惩办法

对交期履行不好的供应商，采购方要发出改善通知，积极寻求改善办法，如果实在改善不了，那就选择放弃；而对于交期管理好的优良供应商则可与其签订长期合约，并采取一些奖励措施。

第三节　交期延误的管控

如果供应商交期延误的事情常常发生，采购方则要积极检讨供应商交期延误的原因，并探讨解决延误的办法。

一、分析供应商交期延误的原因

至于供应商不能如期交货的原因，可从以下几个方面去分析。

1.供应商的原因

由于供应商而引起交期延误的原因有许多，具体说明如表11-2所示。

表11-2　供应商的原因

序号	原因	具体说明
1	超过生产能力或制造能力不足	超过生产能力或制造能力不足是指出于供应商的预防心理，其所接受的订单常会超过其生产设备的能力，以便部分订单取消时，尚能维持"全能生产"的目标，有时供应商对采购方的需求状况及验收标准未详加分析就接受订单，最后才发觉力不从心，根本无法制造出符合要求的产品
2	转包不成功	转包不成功是指供应商由于受设备、技术、人力、成本等因素限制，除承担产品的一部分制造过程外，有时另将部分制造工作转包他人，由于承包商未能尽职责，导致产品无法组装完成，就会延误交货的时间
3	制造过程或品质不良	制造过程或品质不良是指有些供应商因为制造过程设计不良，以致产出率偏低，必须花费许多时间对不合格制品加以改造；另外，也可能因为对产品质量的管理欠佳，以致最终产品的合格率偏低，无法满足交货的数量
4	材料欠缺	材料欠缺是指供应商也会因为物料管理不当或其他因素造成材料欠缺，以致耽搁了制造时间，延误了交货日期
5	报价错误	报价错误是指如果供应商因报价错误或承包的价格太低，以致尚未生产即已预知面临亏损或利润极其微薄，因此交货的意愿不强，或将其生产能力转移至其他获利较高的订单上，也会延迟交货时间
6	缺乏责任感	缺乏责任感是指有些供应商争取订单时态度相当积极，可是一旦得到订单后，似乎有恃无恐，往往在制造过程中显得漫不经心，对如期交货缺乏责任感，视延迟交货为家常便饭

2.采购方的原因

由于采购方而引起交期延误的原因有许多，具体说明如表11-3所示。

表11-3　采购方的原因

序号	原因	具体说明
1	紧急订购	紧急订购是指由于人为的因素（如库存数量计算错误或使库存材料毁于一旦）因此必须紧急订购，但是供应商没有多余的生产能力来满足临时追加的订单，导致停工断料一段时间
2	低价订购	低价订购是指由于订购价格偏低，供应商缺乏交货意愿，甚至借延迟交货来要挟采购方追加价格，以至取消订单
3	购运时间不足	购运时间不足是指由于请购单位提出请购需求的时间太晚，比如国外采购在需求日期前三天才提出请购单，让采购单位措手不及，或由于采购单位在询价、议价、订购的过程中花费太多时间，当供应商接到订单时，距离交货的日期已不足以让他有足够的购料、制造及装运的时间
4	规格临时变更	规格临时变更是指制造中的物品或施工中的工程，如突然接到采购方变更规格的通知，物品就可能需要拆解重做，工程也可能半途而废，若因规格变更需另行订制或更换新的材料，也会使得交期延迟情况更加严重
5	生产计划不正确	生产计划不正确是指由于采购方产品销售预测不正确，导致列入生产计划的产品已缺乏需求，未列入生产计划的产品市场需求反而相当急切，因此需要紧急变更生产计划，此举会让供应商一时之间无法充分配合，产生交货延迟情形
6	未能及时供应材料或模具	未能及时供应材料或模具是指有些物品是委托其他供应商加工，因此，采购方必须供应足够的装配材料或模具，采购方若采购不及，就会导致承包的供应商无法进行工作
7	技术指导不周	技术指导不周是指采购的物品或委托的工程有时需要由采购方提供制作的技术，采购方指导不周全，会影响到交货或完工的时间
8	催货不积极	催货不积极是指在市场出现供不应求时，采购方以为已经下了订单，到时候物料自然会滚滚而来，未料供应商"捉襟见肘"，因此"挖东墙补西墙"，谁催得紧、逼得凶，或是谁价格出得高，材料就往谁那里送，催货不积极的买主，到交货日期就可能收不到采购物品

3.其他因素

除了供应商与采购方的因素外，还有许多其他因素，具体说明如表11-4所示。

表11-4　其他因素

序号	原因	具体说明
1	供需双方缺乏协调配合	任何需求计划，不应只要求个别计划的正确性，更须重视各计划之间的配合性，各计划如未能有效配合，可能会造成整体计划的延误，因此交期延误的防范，必须先看本身计划是否健全，然后看供需双方计划或业务执行的联系

序号	原因	具体说明
2	采购方法欠妥	以招标方式采购虽较为公平及公正，但对供应商的承接能力及信用等均难以事先有彻底了解，中标之后，中标者也许无法进料生产，也许无法自行生产而予以转包，更为恶劣者，则以利润厚者或新近争取的客户优先，故意延误，因此，要避免供应商造成的交期延误，应重视供应来源的评选，即凡有不良记录的应提高警觉，特别在合约中详加规定交货办法、逾期交货的管制，如要求供应商提出生产计划进度、履约督导或监督办法，签约后，供应商必须依照承诺生产交货，否则除合约被取消外，还要承担因延误交货发生的损失
3	偶发因素	偶发因素多属不可抗力，主要包括战争、罢工、自然灾害、经济因素、政治或法律因素等

4.引起双方协调不畅的主要原因

追究交期延误的原因时，发现大多来自供应商与采购方之间的协调有差距或隔阂，其主要原因有许多，具体如表11-5所示。

表11-5　引起双方协调不畅的主要原因

序号	原因	具体说明
1	未能掌握产能的变动	未能掌握产能的变动是指供应商接受了超过产能以上的订单，却由于订货骤增，或作业员工生病，或有人退休而致人手不足不能完成任务等，但供应商却不坦白告知采购方这一原因
2	未充分掌握新订产品的规范、规格	未充分掌握新订产品的规范、规格是指供应商尽管想知道更加具体的内容，却担心会被采购方认为啰唆而不给订单，以至于在未充分掌握规范、规格的情况下进行生产
3	未充分掌握机器设备的问题点	未充分掌握机器设备的问题点是指设备为了定期点检而需停止操作，或由于故障而需要修护之类的事情，确实不是采购方所能了解的
4	未充分掌握经营状况	由于供应商资金短缺而导致无法批量购进材料之类的事情，就属此种情况
5	指示联络的不确切	指示联络的不确切是指关于图纸的修订、订货数量的增加、交期的提前等信息未能详细传达给能够处理这些问题的人，除了口头说明之外，事后的补送书面资料也极为重要
6	日程变更说明不足	日程变更说明不足是指无论交货日程的提前或延后，假如不将真实意图传达给对方，使其充分了解从而获得协助，也会造成差错
7	图纸、规范的接洽不充分	图纸、规范的接洽不充分是指有的人视对方的询问、接洽为麻烦，不认真对待，所以会出问题
8	单方面的交期指定	单方面的交期指定是指未了解供应商的现况，仅以采购方的方便指定交期的情形

二、解决货期延误的对策

一般来说，解决货期延误的对策如表11-6、表11-7及图11-7所示。

表11-6　解决货期延误的对策

序号	解决对策	具体说明
1	向适当的交易对象下订单	在充分了解采购产品或外包加工产品内容的前提下，将适当、适量的货品向适当的交易对象下订单
2	确立调度基准日程	关于调度所需要的期间，要与生产管理部门取得共识，要得到生产管理、设计、制造、技术部门等的帮助，以便对外包加工产品设定调度基准日程，据此确定适当的交期
3	建立交期的权威，以提高交期的诚信度	首先基于采购方与供应商双方的信赖来设定交期；其次，使交期的变更或紧急、特急、临时订货之类的事情减少，以建立交期的权威，提高诚信度，从而提高对交期的遵守
4	依订货批量适当生产或订购	使采购方及供应商双方都能接近的最经济的数量
5	确立支给品的支给日程并予以遵守	应该避免"支给慢了，但是交期要遵守"之类不合理的要求
6	管理供应商的产能、负荷、进度的余力	掌握供应商的产能、生产金额或保有员工数以行使其余力的管理
7	手续、指示、联络、说明、指导的便捷化	比如，交货地点变更、图纸改版的指示、不易懂的图纸的说明、品质管理的重点应放在哪里的指导等均属此类
8	发生交期变更或紧急订货时，正确掌握其影响度	采购的某一货品虽已确保，但要妥为处理，以避免因其他货品欠缺的原因而延迟，否则将引起恶性循环
9	加以适当的追查	当还有宽裕时间处置的时候，应确认其进行状况
10	分析现状并予以重点管理	先用表11-7所示的ABC分析法，进而绘制图11-7所示的柏拉图，这样可一目了然知道对目的影响最大的是哪个，因而容易掌握到重点管理对象

表11-7　ABC分析表

品种	件数比例/%	金额比例/%
A	6	80
B	24	15
C	70	5
合计	100	100

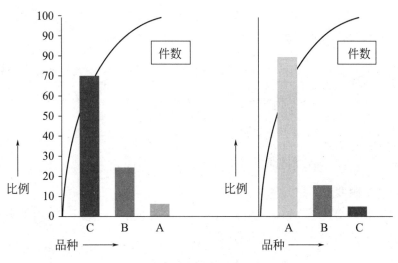

图 11-7　柏拉图

图示说明：

① A 品的件数占比例虽然少，但占比例金额很大。

② C 品的件数占比例虽然多，但占比例金额小。

所以对 A 品有必要好好管理。由此可见，分析现状的目的是为了改变管理方法，或为了重新检讨管理措施。

三、建立加强交期意识的制度

1.异常发生报告制度

异常发生报告制度是指对供应商提出异常发生报告的要求。

比如，当机器、设备、模具、治工具（夹具）的故障或不良、交期延迟原因的出现等及时提出报告，如图 11-8 所示。

通过这一报告采购方能预知交期的延迟，也可未雨绸缪早作安排。该项制度远比交期延迟发生后才来研讨对策更加有效。

2.延迟对策报告制度

延迟对策报告制度是指除了对供应商提出异常发生报告制度要求，使供应商延迟原因明确外，对其改善的对策也应提出报告要求。

3.交期遵守（延迟）率公告制度

企业要制定每月编制供应商交期遵守

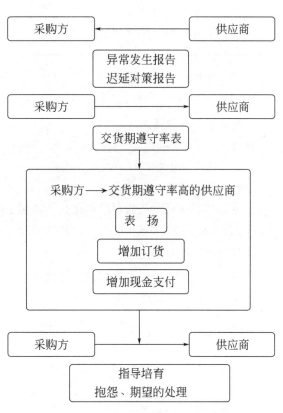

图 11-8　建立加强交期意识的制度

（延迟）率并公告的制度。交期遵守（延迟）率可以按照下列算式计算。另外，也可对每一品种掌握其延迟日数，以便掌握总延迟日数。其计算公式为：

$$交货期遵守率 = \frac{交货期遵守件数}{交货期延迟件数 + 交货期遵守件数} - \frac{交货期遵守件数}{交货期到货件数}$$

$$交货期延迟率 = \frac{交货期延迟件数}{交货期到货件数}$$

4. 表扬与激励制度

表扬制度是指对交期遵守情形良好的供应商，分为每年、上（下）半年、每季等给予表扬和激励，如表11-8所示。

表11-8　各公司的表扬和激励制度

方法 / 公司名	次数			表扬者（奖状具名人）		纪念品	奖金（一等）	对象公司	表扬的目的
	每年一次	每半年	每季	总经理	采购经理				
A									
B									
C									
D									

5. 与订货量联结的制度

与订货量联结的制度是指视交期遵守的程度而采取以下措施。

A级→增加订货量。

B级→订货量不变。

C级→减少订货量。

D级→停止订货。

但是，该供应商的品质与价格比其他供应商优异时，应另作考虑；还有，必须预先向供应商说明，以避免由于减少或停止订货所引起的纠纷。

6. 与支付条件联结的制度

与支付条件联结的制度是指视交期遵守的程度，以下列方式改变付款方式。

A级→全额付现。

B级→现金$\frac{2}{3}$，支票$\frac{1}{3}$。

C级→现金$\frac{1}{2}$，支票$\frac{1}{2}$。

D级→现金$\frac{1}{3}$，支票$\frac{2}{3}$。

另外，假如因资金调度困难而采取上述对策时，应注意是否会因此丧失双方长年所建立的信赖关系。

7.指导、培育的制度

指导、培育的制度是指比如开展经营者研讨会、供应商有关人员的集中教育、个别巡回指导等。

8.抱怨、期望处理的制度

抱怨、期望处理的制度是指要诚恳听取供应商的抱怨、期望，并迅速加以处理、回复。

比如，某企业在物控部门内设置"供应商会谈室"之类的场所，用于对供应商的指导、培育及期望的处理。

第十二章
供应商绩效考核

导言

供应商绩效考核是对正在与企业合作的供应商的表现所进行的监控和考核，评价结果一方面可以审核供应商执行合约的程度，如果出现偏差，企业可以及时进行调整，避免出现供货问题；另一方面也为企业后续供应商选拔或者淘汰供应商提供导向。

第一节　构建供应商绩效考核体系

供应商绩效考核是供应链管理的基础，也是供应链风险控制的重点。在现代企业中，对供应商的管理不仅仅是与物料、服务、采购有关的交易，还应包括对供应商考核体系的构建和及时的动态评价。

一、供应商评分总体架构

供应商的考核体系是指对供应商各种要求所达到的状况进行计量评估的评估体系，同时也是综合考核供应商的品质与能力的体系。不同类型、不同规模的企业对供应商的考核体系也不同，同时，企业对不同行业的供应商的要求也不尽相同。因此，企业应根据不同供应商行业制定不同的评分要求，以便更好地管理和正确地评估供应商。

不同行业的供应商，其评分体系也不完全相同，但通常都有交货品质评分、配合状况评分、供应商管理体系评分三个主项，再加上其他评分项目，组成供应商评分总体架构。如图12-1所示。

图 12-1　供应商评分总体架构

在实际运作过程中，可设置不同的项目，对其评分时间和次数也可根据情况来设计。

比如，交货品质可根据具体的交货状况分为每批评估一次和每月或每季评估一次；配合状况一般为每季评一次；管理体系评估一般是根据目前 ISO 9001 的要求，在初次成为合格供应商之前评估一次，以后每半年或每年评估一次，再就是在出现重大质量问题时评估一次；其他项目评分则视具体内容而定，若把价格因素纳入，且价格是每个季度重审一次时，则就需要每个季度评一次。

为了管理和运算的方便，在总体评分架构上，通常设定总分为100分，各主项的权重（或称为比重）用百分比来设定，如图12-2所示。

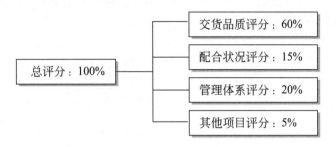

图12-2　各项评分的权重

总评分等于各项的得分状况乘以权重，其计算公式为：

$$总评分＝（交货品质评分×60\%）＋（配合状况评分×15\%）＋$$
$$（管理体系评分×20\%）＋（其他项目评分×5\%）$$

假如其交货品质评分为90分（总分100分），配合状况评分为85分（总分100分），管理体系为90分（总分100分），其他项目评分为80分（总分为100分），则该供应商总评分计算为：

$$总评分=90×60\%+85×15\%+90×20\%+80×5\%$$
$$=54+12.75+18+4$$
$$=88.75（分）$$

二、交货品质评分指标的设计

交货品质评分，是指对供应商交货时的品质状况进行评分，通常包括对单批交货品质、批次交货品质、追溯品质三个方面进行评分。为了管理和实际运作上的方便，通常将该项评分总分设为100分，然后将各个项目定义为100分，并设定它们各自的权重，如图12-3所示。

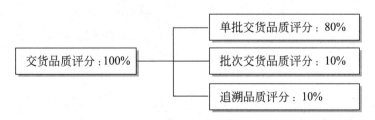

图12-3　交货品质评分的权重

其计算公式为：

交货品质评分=单批交货品质评分×80%+批次交货品质评分×10%+追溯品质评分×10%

1.单批交货品质评分

单批交货品质评分是每交一次货，对品质状况进行分析并评价。

（1）评分时机。单批交货品质评分在IQC完成检验时，就可以根据检验报告或检验结果评出来。

（2）评价指标。单批交货品质通常有四项评分指标：IQC指标、CPK指标、特检指标、交期指标。只要是供应商送货到采购方处并经过IQC人员检验，不管是允收还是拒收，都应参与评分。如图12-4所示。

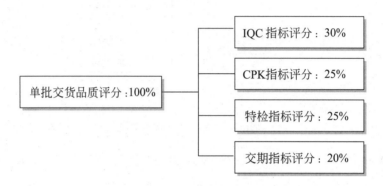

图12-4 单批交货品质评分权重

为配合整体总评分，单批交货品质评分的总分通常也设为100分，这四个子项也分别以百分比来表示相应权重。但为了管理和实际运作的方便，通常对IQC指标、CPK指标、特检指标、交期指标都是用几分制的等级来评分，所以在计算单批交货品质评分时，要注意百分比的转化。其计算公式为：

单批交货品质评分=IQC指标×30%+CPK指标×25%+特检指标×25%+交期指标×20%

比如，某供应商某物料单批交货的IQC指标评估得分为8分（总分10分），CPK评估得分为9分（总分10分），特检指标评估得分为4分（总分5分），交期指标评估得分为5分（总分5分），先将各项等级转化为百分比值：

$$IQC指标分=（8÷10）×100=80（分）$$
$$CPK指标分=（9÷10）×100=90（分）$$
$$特检指标分=（4÷5）×100=80（分）$$
$$交期指标分=（5÷5）×100=100（分）$$
$$单批交货品质总分=80×30\%+90×25\%+80×25\%+100×20\%$$
$$=24+22.5+20+20$$
$$=86.5（分）$$

在以上这四个评估指标中，交期指标是任何进料检验都必须有的，而IQC指标、CPK指标、特检指标这三项则并不是所有产品都有，甚至在同一类进料产品中也并不是全都有。

如：为了降低进料检验的成本，经核查对某供应商某项计量值的某项管制特性可以实行免检时，CPK指标评估就不必要了。

IQC指标、CPK指标、特检指标三项指标中，没有其中一项或两项没有时，计算总评分就应把该项的权重进行处理，假如特检指标未做，则其计算公式变为：

$$单批交货品质评分=IQC指标 \times \{30\%+[30\% \div（30\%+25\%+20\%）] \times 25\%\}+$$
$$CPK指标 \times \{25\%+[25\% \div（30\%+25\%+20\%）] \times 25\%\}+$$
$$交期指标 \times \{20\%+[20\% \div（30\%+25\%+20\%）] \times 25\%\}$$

式中30%+25%+20%是指IQC指标、CPK指标及交期指标在单批交货品质评分中的百分比之和。

比如，上例中现因某种原因没有做特检指标评估，IQC指标评分为8分（总分为10分），CPK指标评分为9分（总分为10分），交期指标为5分（总分为5分）。

先把各项指标分转化为百分比分值：

$$IQC指标分=（8 \div 10）\times 100=80（分）$$
$$CPK指标分=（9 \div 10）\times 100=90（分）$$
$$交期指标分=（5 \div 5）\times 100=100（分）$$

则：

$$单批交货品质总分=80 \times \{30\%+[30\% \div（30\%+25\%+20\%）] \times 25\%\}+90 \times$$
$$\{25\%+[25\% \div（30\%+25\%+20\%）] \times 25\%\}+100 \times$$
$$\{20\%+[20\% \div（30\%+25\%+20\%）] \times 25\%\}$$
$$=88.6（分）$$

① IQC指标。IQC指标是指对供应商交货后经IQC人员检验出的缺陷率或不良率作评估，在来料检验中属于计数值分析。在作此评估前，先要界定出评分标准。为了实际运作的方便，在该项评估中通常设立5个或10个等级。

IQC指标的计分方式目前有两种。

以不良率或合格率来计：IQC指标＝不良数 ÷ 检验数

不良率或合格率的计分标准，如表12-1所示。

表12-1 不良率或合格率计分标准

不良数范围	具体说明	分值
$0 \sim 200 \times 10^{-6}$	本批产品质量优，立即收下	10
$201 \times 10^{-6} \sim 1000 \times 10^{-6}$	本批产品质量优，立即收下	9
$1001 \times 10^{-6} \sim 5000 \times 10^{-6}$	本批产品质量好，立即收下	8
$5001 \times 10^{-6} \sim 10000 \times 10^{-6}$	本批产品合格，可收下	7
$1\% \sim 1.5\%$	本批产品不合格，请示主管是否收下	6
$1.51\% \sim 2.0\%$	本批产品不合格，可考虑一般性特采	5

续表

不良数范围	具体说明	分值
2.01%～2.5%	本批产品不合格，可考虑紧急性特采	4
2.51%～4.0%	本批产品不合格，可考虑挑选	3
4.01%～6.0%	本批产品不合格，坚决拒收	2
6.01%～8.0%	本批产品不合格，坚决拒收	1
8.01%以上	本批产品不合格，坚决拒收	0

使用缺点权重指标，以单位缺点数加权指标计算比较复杂，因为必须先对各缺点设定权重。

IQC指标=缺点1权重 × 个数+缺点2权重 × 个数+…缺点n权重 × 个数

缺点类别权重及个数如表12-2所示。

表12-2　缺点类别权重及个数

序号	缺点类别	说明	权重	现有缺点个数
1	次要缺点	缺点只在外包装，不影响产品的功能	1	6
2	一般缺点	影响收发料，但不影响产品的功能	2	4
3	主要缺点	影响生产，但可避免成品质量	3	3
4	严重缺点	影响产品的功能	5	2
5	致命缺点	相当严重，危害性很大	10	1

则IQC指标=6×1+4×2+3×3+2×5+1×10=6+8+9+10+10=43（个）。

应用这种算法，IQC指标也需制定出相应的等级标准，每万个产品IQC计分标准，一般分5～10个等级，如表12-3所示。

表12-3　IQC指标计分标准

不良数范围/个	说明	分值
0～1	本批产品质量优，可立即收下	10
2～3	本批产品质量优，可立即收下	9
4～6	本批产品质量好，可立即收下	8
7～10	本批产品合格，可收下	7
11～13	本批产品不合格，须请示主管是否收下	6
14～18	本批产品不合格，可考虑一般性特采	5
19～22	本批产品不合格，可考虑紧急性特采	4
23～26	本批产品不合格，可考虑挑选用	3
27～30	本批产品不合格，坚决拒收	2
36～40	本批产品不合格，坚决拒收	1
40以上	本批产品不合格，坚决拒收	0

② CPK指标。CPK指标是指来料检验的计量值分析指标，是将来料检验中某管制特性的所有测量数值按CPK的计算公式计算出来，并根据预先设定的标准将计算出来数值评分。CPK指标分为3～5个等级，如表12-4所示。

表12-4　CPK指标评分表

不良数范围	说明	分值
2.01以上	该项管制特性非常好，立即收下	5
1.51～2.0	该项管制特性很好，立即收下	4
1.33～1.5	该项管制特性较好，符合要求，可收下	3
1.01～1.32	该项管制特性一般，可考虑收下	2
0.71～1.0	该批物料品质较差，但可考虑特采	1
0.7以下	该批物料品质很差，坚决退货	0

③ 特检指标。特检是指对来料产品的特定检验，检验的项目可能有很多，如氧化程度、杂质含量，通常也会有多个判定标准与级别。其标准评分等级须根据具体不同的项目来设定。

如表12-5所示的是××公司采购材料表面氧化合格等级评分表。

表12-5　表面氧化合格等级评分表

氧化状况（目标值为3）	说明	分值
0	没有出现氧化状况，可立即收下	5
1	有出现氧化可能，可立即收下	4
2	有出现氧化痕迹，请示主管是否收下	3
3	已有氧化黑点，应退货	2
4	已有氧化黑斑，应拒收	1
5	完全不能用，坚决拒收	0

④ 交期指标。交期指标的评分，主要是为了考察供应商在交期上的状况，通常以订单上要求的日期为准，再按具体交货时间（必须是以检验的日期为准）的提前或延后来设定，一般设立3个或5个标准等级，如表12-6所示。

表12-6　交期指标评分标准

与订单目标交货日期比	具体说明	分值
提前3天以上	交期太早，增加仓库储存工作量及储存成本	3
提前1～3天	交期早了一点，仓库储存工作量及储存成本增加一点	4
按订单目标日期交	交期最好	5
延后1天	影响仓库的管理工作	4
延后2天	影响物控部门物料调配，可能影响生产	3
延后3天	交期时间太晚，可能严重影响生产	2
延后3天以上	交期太晚，严重影响生产运作	1

2.批次交货品质评分

批次交货品质评分是对一段时期内的各个批次综合起来评价，同时反应供应商交货品质的变化状况。这一段时期可以是一个月，也可以是几个月，通常根据交货批数来定，但至少需要三批以上才好作批次评分。

（1）批次交货品质评分的分类。批次交货品质评分，需要等到对应时期后才能评分，所以需要长期的供应商才好作此项评分。批次交货品质评分通常分为月度评分、季度评分、年度评分三种。

（2）批次交货品质评分的得分公式。为了管理和计算的方便，批次评分也通常采用百分制，由这三项评分计算总体的批次交货品质评分。其计算公式为：

$$批次交货品质总分=月度评分×权重+季度评分×权重+年度评分×权重$$

在这三项评分中，存在包含关系，即季度包含月度，年度又包含月度和季度，因此，三项评分时通常短期比重较大。一般月度评分权重占45% ～ 55%，季度评分权重占25% ～ 35%，年度评分权重占15% ～ 25%，如图12-5所示。

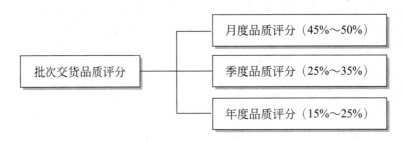

图12-5 批次交货品质评分权重

在实际运作月度评分时，对批次只可作月度中的交货品质评分，而不应把季度和年度放进去一起算；而作季度评分时，要把本季度所有交货品质放到一起计算，不应用月度评分来作平均计算；同样，作年度评分时，也不能用月度和季度平均计算。

（3）评价指标。在月度、季度、年度这三项评分中，每一批次评分都包括目标不良率、批退率、特采率三大项。

① 不良率评分。不良率（也可用缺点率或缺点权重指标）评分是指对整个期间在允收批中的不良或缺点状况进行评分，可设立5 ～ 10个等级，分别如表12-7 ～表12-9所示。

表12-7 批次交货不良率评分等级表

不良率	具体说明	月评分值	季评分值	年评分值
≥5%	立即取消该供应商资格	0	0	0
4.01% ～ 5%	应考虑取消该供应商资格	1	0	0
3.01% ～ 4%	应立即将该供应商降级	2	1	1
2.01% ～ 3%	交货品质特差，应申请将该供应商降级	3	2	2
1% ～ 2%	交货品质很差，可以考虑将该供应商降级	4	3	3

不良率	具体说明	月评分值	季评分值	年评分值
$5001 \times 10^{-6} \sim 10000 \times 10^{-6}$	交货品质较差，暂时保持该供应商级别不变	5	4	4
$3001 \times 10^{-6} \sim 5000 \times 10^{-6}$	交货品质差，保持该供应商级别不变	6	5	5
$1001 \times 10^{-6} \sim 3000 \times 10^{-6}$	交货品质合格，视以后状况再考虑是否将该供应商升级	7	6	6
$501 \times 10^{-6} \sim 1000 \times 10^{-6}$	交货品质较好，可以考虑将该供应商升级	8	7	7
$201 \times 10^{-6} \sim 500 \times 10^{-6}$	交货品质好，在品质部分可以考虑将该供应商升级	9	8	8
$101 \times 10^{-6} \sim 200 \times 10^{-6}$	交货品质很好，价格若合适立即将该供应商升级	10	9	9
100×10^{-6} 以下	品质最佳，价格若合适立即将该供应商升级	10	10	10

表 12-8　批次交货缺点率评分等级表

不良率	具体说明	月评分值	季评分值	年评分值
$\geqslant 5\%$	立即取消该供应商资格	0	0	0
$4.01\% \sim 5\%$	应考虑取消该供应商资格	1	0	0
$3.01\% \sim 4\%$	应立即将该供应商降级	2	1	1
$2.01\% \sim 3\%$	交货品质特差，应申请将该供应商降级	3	2	2
$1\% \sim 2\%$	交货品质很差，可以考虑将该供应商降级	4	3	3
$5001 \times 10^{-6} \sim 10000 \times 10^{-6}$	交货品质较差，暂时保持该供应商级别不变	5	4	4
$3001 \times 10^{-6} \sim 5000 \times 10^{-6}$	交货品质差，保持该供应商级别不变	6	5	5
$2001 \times 10^{-6} \sim 3000 \times 10^{-6}$	交货品质合格，视以后状况再考虑是否将该供应商升级	7	6	6
$1001 \times 10^{-6} \sim 2000 \times 10^{-6}$	交货品质较好，可以考虑将该供应商升级	8	7	7
$501 \times 10^{-6} \sim 1000 \times 10^{-6}$	交货品质好，在品质部分可以考虑将该供应商升级	9	8	8
$201 \times 10^{-6} \sim 500 \times 10^{-6}$	交货品质很好，价格若合适立即将该供应商升级	10	9	9
200×10^{-6} 以下	品质最佳，价格若合适立即将该供应商升级	10	10	10

表 12-9　缺点权重指标率评分等级表

不良率	具体说明	月评分值	季评分值	年评分值
$\geqslant 5\%$	立即取消该供应商资格	0	0	0
$10.01\% \sim 15\%$	应考虑取消该供应商资格	1	0	0
$7.01\% \sim 10\%$	应立即将该供应商降级	2	1	1
$5.01\% \sim 7\%$	交货品质特差，应申请将该供应商降级	3	2	2
$4.01\% \sim 5\%$	交货品质很差，可以考虑将该供应商降级	4	3	3

不良率	具体说明	月评分值	季评分值	年评分值
3.01%～4%	交货品质较差，暂时保持该供应商级别不变	5	4	4
2.01%～3%	交货品质差，保持该供应级别不变	6	5	5
1.01%～2%	交货品质合格，视以后状况再考虑是否将该供应商升级	7	6	6
$5001\times10^{-6}\sim10000\times10^{-6}$	交货品质较好，可以考虑将该供应商升级	8	7	7
$1001\times10^{-6}\sim5000\times10^{-6}$	交货品质好，在品质部分可以考虑将该供应商升级	9	8	8
$501\times10^{-6}\sim1000\times10^{-6}$	交货品质很好，价格若合适应立即将该供应商升级	10	9	9
500×10^{-6}以下	品质最佳，价格若合适应立即将该供应商升级	10	10	10

这三项评分内容的分数计算方式说明如表12-10所示。

表12-10　三项评分内容的分数计算方式

评分内容	计算公式	具体说明
不良率	$P=\dfrac{d_1+d_2+\cdots+d_n}{N_1+N_2+\cdots+N_n}\times100\%$	P表示期间的整体不良率；d表示每一交货允收批中的不良数；N表示每一交货允收批中的检验数
缺点率	$D_\mathrm{p}=\dfrac{a_1+a_2+\cdots+a_n}{N_1+N_2+\cdots+N_n}\times100\%$	D_p表示期间的整体不良率；a表示每一交货允收批中的缺点数；N表示每一交货允收批中的检验数
缺点指标	$D_\mathrm{c}=\dfrac{b_1\times s_1+b_2\times s_2+\cdots+b_n\times s_n}{N_1+N_2+\cdots+N_n}\times100\%$	D_c表示期间的整体缺点指标；b表示全体交货允收批中出现的各缺点项目；s表示全体交货允收批中的出现缺点项目对应的权重；N表示每一交货允收批中的检验数

② 批退率评分。批退率评分指对在评估期内具体有多少批次退货现象，包括退后再送的退货现象、退后再送再退现象等进行评分。由于批退现象对于供需双方影响都很大，所以批退率评分在设定中较为严格，分3～5个评分等级，如表12-11所示。

表12-11　批退率评分等级表

批退率范围	评分值	具体说明
0～1%	5	几乎没有批次退货现象
1%～3%	3	偶尔出现批次退货现象
3%～6%	2	出现批次退货现象概率较高
6%以上	0	经常退货

批退率的计算公式是：

$$批退率 = \frac{退货批数}{所有检验批数} \times 100\%$$

（4）特采率评分。特采是在特殊状态下，品质在较为宽松的要求下可以达标，且在后面作业中可以避免发生问题时采用的措施。由于特采对采购方企业产品质量增加了风险，所以在评分等级设定时要求较为严格，同时还要注意根据不同来料特性而设立不同的评分等级，如表12-12所示。

表12-12　特采率评分等级表

特采率范围	评分值	具体说明
0～0.5%	5	来料几乎没有特采
0.5%～2%	3	来料偶尔出现特采
2%～5%	2	来料特采发生概率较高
5%以上	0	来料经常特采

特采率的计算公式为：

$$特采率 = \frac{特采批数}{所有检验批数} \times 100\%$$

3.追溯品质评分

追溯品质评分是指当供应商的产品已经送到采购方企业生产线上或客户手里时，才发现该产品有质量问题，此时已经失去对质量问题实时处理的作用，尤其是一些隐性质量问题，只能用该项评分来进一步考察供应商交货的品质。追溯品质评分通常包括两个项目：生产线上反馈不良率；企业反馈原材料不良件数。因此线上不良反馈评分为30%～40%，企业反馈原料不良评分为60%～70%，如图12-6所示。

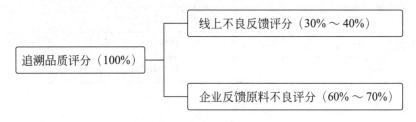

图12-6　追溯品质评分权重

比如，若某企业对供应商进行月考核评分时，有线上不良反馈评分85分，企业反馈原料不良评分为100分，并且设定这两者的权重为40%和60%，则追溯品质评分结果为：

追溯品质评分=85×40%+100×60%=34+60=94（分）

（1）线上不良反馈评分。线上不良反馈是指来料已经在生产线上，发生了因原材料问题导致本企业产品质量的问题。这时应把不良件数（或其他单位数）记录下来，并用该数据除以评分期间所有的交货数（指允收数）得出线上不良率。线上不良反馈因为经过供应商的质量控制和本企业IQC的来料检验已不多，所以评分等级不宜多，分3～5个等级就可以了。线上不良反馈通常采用不良率计算，一般用百万分之几表示，如表12-13所示。

表12-13　线上不良反馈评分等级表

不良率范围	具体说明	评分值
$\geqslant 3000 \times 10^{-6}$	可以考虑降级，甚至取消该供应商资格	1
$1001 \times 10^{-6} \sim 3000 \times 10^{-6}$	品质较差	2
$501 \times 10^{-6} \sim 1000 \times 10^{-6}$	品质尚可以接受	3
$201 \times 10^{-6} \sim 500 \times 10^{-6}$	品质较好	4
$\leqslant 200 \times 10^{-6}$	品质很好	5

线上不良率的计算公式为：

$$P = \frac{\text{线上发现所有不良件数之和}}{\text{评分期所有已收货数量之和}} \times 100\%$$

（2）企业反馈原料不良评分。企业反馈原料不良是指本企业的产品已经送到客户处，经客户检验或使用时发现产品质量问题，再经本企业核查发现是因原材料不良。

企业反馈原料不良评分应极其严格，同时应根据产品的特性来制定相应等级，一般分3个或5个等级，如表12-14所示。

表12-14　企业反馈原料不良评分等级表

不良率范围	具体说明	评分值
$\geqslant 1000 \times 10^{-6}$	可以考虑降级，甚至取消该供应商资格	1
$501 \times 10^{-6} \sim 1000 \times 10^{-6}$	品质较差	2
$101 \times 10^{-6} \sim 500 \times 10^{-6}$	品质尚可以接受	3
$51 \times 10^{-6} \sim 100 \times 10^{-6}$	品质较好	4
$\leqslant 50 \times 10^{-6}$	品质很好	5

企业反馈原料不良率的计算公式为：

$$P = \frac{\text{企业反馈原料不良件数之和}}{\text{评分期所有已收货数量之和}} \times 100\%$$

三、配合状况评分指标的设计

配合状况评分是指对供应商响应企业的各种要求所做的配合事项进行评分，通常包括沟通状况和品质投诉处理两项。

当然，不同的企业应根据企业现状、供应商现状、供需关系状况设立不同的比重，如企业本身规模较小或新成立不久，则沟通状况和抱怨处理应占较大比重；如企业规模较大且成立很久，则改善状况所占比重应相对较高。

在整个配合状况评分的架构下面，企业最好一个月评一次。

1.沟通状况评分指标

沟通状况评分是指对企业与供应商之间联系沟通事项处理状况，如联系效率、约定事宜处理率等的评分。

该项目评分通常由与供应商有直接联系的人员来评，一般是采购人员及IQC人员，而且应一个月评一次或一个季度评一次，至少半年评一次，但不能一年评一次。因为企业对供应商通常每年或每半年会作一次管理体系的评分，配合状况应在多次评分的状态下做较好。

（1）联系效率。联系效率是指企业要联系供应商时的方便性与快捷性。评分的方式有3种。

① 按单位时间内联系不到位的次数来评分，一般一个月为一个周期。按单位时间联系不到位次数评分，可分为10个等级，如表12-15所示。

表12-15　按单位时间内联系不到位评分表

次数	≥20	19～20	15～18	11～14	9～10	6～8	4～5	2～3	1	0
得分	0	2	3	4	5	6	7	8	9	10

② 按联系不到位的百分率来评分。按不到位百分率评分，可分为10个等级，如表12-16所示。

表12-16　按联系不到位的百分率评分表

%	≥20	19～20	15～18	11～14	8.1～10	6.1～8	4.1～6	2.1～4	0.1～2	0
得分	0	2	3	4	5	6	7	8	9	10

③ 按平均单一事件的联系次数来评分。这种评分在实际运作中人为因素太多，可操作性也不强，所以有些企业不会把联系效率纳入评分体系。按平均单一事件联系次数评分，可分为6个等级，如表12-17所示。

表12-17　按平均单一事件的联系次数评分表

次数	＞3	2.3～3	1.9～2.2	1.4～1.8	1～1.3	1
得分	0	1	2	3	4	5

（2）约定事宜处理率。约定事宜处理率是指供需双方协商好的事宜在约定时期内处理的效果与速度。评分项目通常包括处事时效性与有效性两项，而时效性又包括急件和普通件。权重通常为有效性占60%～70%，时效性占30%～40%。

① 有效性评分。通常以企业就供应商的联系人员对事件处理的满意程度来评分，如表12-18所示。

表 12-18　约定事宜有效性评分表

有效性	≤0.5	0.6	0.65	0.7	0.75	0.8	0.85	0.9	0.95	1
得分	0	2	3	4	5	6	7	8	9	10

② 时效性评分。通常是按紧急程度分急件和普通件的天数来评分，也可按约定目标时间的提前与推后比率来评分，如表 12-19 所示。

表 12-19　时效性评分表

A.急件	天数	12天以上	10	9	8	7	≤6
	得分	0	1	2	3	4	5
B.普通件	天数	20天以上	20	18	16	14	≤12
	得分	0	1	2	3	4	5

2. 投诉处理评分

投诉处理通常是指发生品质问题或其他客户反映的问题时，企业对供应商作出问题描述并要求改善。对供应商的投诉处理评分，可以用来评价供应商的负责态度。

该项评分很重要，如果评分低于60分（卖方市场因素或价格较高因素除外），可以考虑降级处理。投诉处理评分通常又包括处理的补救措施、时效性、月投诉次数三项。

（1）补救措施。补救措施是指企业发出投诉单后，供应商采取的处理方案及效果状况能否令企业满意。该项评分由发出投诉的人员来做（通常为IQC人员、IQC主管、品管部主管）。该项评分以满意度为准则，一般设立5个或10个等级，如表12-20所示。

表 12-20　投诉处理补救措施满意评分表

满意度	≤0.5	0.55	0.6	0.65	0.7	0.75	0.8	0.85	0.9	0.95	1
得分	0	1	2	3	4	5	6	7	8	9	10

（2）时效性。时效性是指企业发出投诉单后，供应商在多长时间内给企业一个处理答复，同样也是由发出投诉的人员来评分。一般设立5个等级，如表12-21所示。

表 12-21　投诉处理时效评分表

天数	12天以上	10	9	8	≤7
得分	1	2	3	4	5

（3）月投诉次数。月投诉次数是指企业对某个供应商在一个月时间内发出投诉的次数评分。一般设立3个或5个等级。该项评分也能大体反应供应商的品质与管理现状，如表12-22所示。

表 12-22　月投诉次数评分表

次数	3次以上	2	1	0
得分	0	1	2	3

四、管理体系评估指标

管理体系评估是指对供应商的管理运作体系进行评估，主要评估其管理体系是否完整、有效，是否具备合理性、健全性、高效性等运作机制，通常包括相关认证评估、内部管理评估两部分。

相关认证评估计分占15%～30%，管理体系评估计分占70%～85%。

1.相关认证评估

相关认证评估需要根据不同行业的供应商来具体进行。目前流行的主要认证体系包括：ISO 9001、ISO 14001、ISO 45001、ISO 22000、IATF 16949、ISO/IEC 20000、ISO 27001、QC 080000、ISO 22301等体系认证和各种安规认证。

（1）ISO 9001质量管理体系是质量管理和质量保证体系国际标准系列的代号，适用于各行各业，是能普遍应用于全部工商业实践的全球一致的规则。

（2）ISO 14001环境管理体系是环境管理体系国际标准系列的代号，已成为目前世界上最全面和最系统的环境管理国际化标准，适用于任何类型与规模的组织。

（3）ISO 45001职业健康安全管理体系是由OHSAS 18001职业健康和安全管理体系演变而来，这一新标准用于帮助全世界的组织确保其工作者健康和安全。

（4）ISO 22000食品安全管理体系是描述食品安全管理体系要求的使用指导标准，又是可供食品生产、操作和供应的组织认证和注册的依据。

（5）IATF 16949质量管理体系——汽车行业生产件与相关服务件的组织实施ISO 9001的特殊要求，更重于缺陷防范，减少在汽车零部件供应链中容易产生的质量波动和浪费。

（6）ISO/IEC 20000信息技术服务管理体系规定了IT组织在向其内外部客户提供IT服务和支持过程中所需完成的工作，可以为客户提供高质量的IT服务。

（7）ISO 27001信息安全管理体系，可有效保护客户信息资源，保护信息化进程健康、有序、可持续发展，作为增强信息安全性的依据，信任、信用及信心。

（8）QC 080000有害物质过程管理体系可以帮助电子电气产品生产以及零部件商实施一个有害物质过程管理（HSPM）体系，该标准更可以完美地与现有质量管理体系结合。

（9）ISO 22301业务连续性管理体系能够帮助企业制订一套一体化的管理流程计划，使企业对潜在的灾难加以辨别分析，帮助其确定可能发生的冲击对企业运作造成的威胁，并提供一个有效的管理机制来阻止或抵消这些威胁，减少灾难事件给企业带来损失。

> **小提示**
>
> 企业对供应商具体要求哪些认证，需要根据企业产品的特点、原材料特点、产品销售特点等因素来确定，其中ISO 9000是目前及今后商务运作中最基本的认证体系之一。

2.内部管理评估

内部管理评估是指采购方企业定期在供应商现场审核管理体系的完善性和有效性之后，回到企业后作出的评估。对供应商内部管理体系评估通常每半年或一年进行一次，也可以是数个月分单项评核一次，还可能是发生了多次品质抱怨无改善或发生重大品质问题后，对供应商作一次完整及全面的评估。

在对供应商内部管理体系评估时，因受时间及采购方企业内部管理成本的影响，每次评估都很难将所有问题核查到，只能凭评核者的经验与能力，用找人询问、查阅程序书、分析统计报表、查看原始表单等方式，随机或根据某一数据的线索逐一查下去。每次评估还应采用不同的方式，以尽量避免供应商的"弄虚作假"。

对供应商内部管理体系评估，通常由采购方企业的品管部门主持，组织各相关部门的工程师或以上级别的人员组成小组，再分别到各供应商现场评核。品管部通常由品管主管或来料检验主管和品管工程师、专门的SQA（供应商品质保证）等人员参加。一个小组成员一般为3～4人，其中品管部门2人，其他部门人员1～2人。如果供应商很多一个小组忙不过来，还可成立多个小组，按供应商行业类别进行评估。

3. 按ISO 9000或QS 9000条款评估

具体的操作可按ISO 9000或QS 9000体系去评估供应商内部管理体系，这也是目前最流行和应用最广泛的方式。因为它是目前国内、国际上统一的标准系统，具有广泛的基础，供应商也较乐意接受和沟通。

第二节　供应商绩效考核的实施

对供应商进行绩效考核的目的在于站在提高企业竞争力的角度，动态地、适时地依据考核体系确定的指标和分配分值对供应商进行考、分级、奖惩等，确定其是否实现预期绩效；通过考核形成相应的文件，为管理者提供必要的对供应商决策的依据。

一、供应商绩效考核的组织

供应商绩效考核是一个非常复杂的过程，涉及品质数据、交货数据和成本数据等各种数据的采集，数据采集之后还要进行大量的计算。此外，考核项目中还涉及主观项目的评分，需要跨部门不同的人员共同打分，所以一定要明确供应商绩效考核的部门和责任人员。

一般来说，供应商绩效考核由采购部主持，组织品管部、仓储部及相关专业技术人员进行评价和选择，并对重要采购产品实施现场评定。各个部门的评价内容不一样，具体说明如表12-23所示。

表12-23　各个部门的评价内容

序号	部门	评价内容
1	采购部	（1）文件控制：管理制度、办法，文件的保管及发放，文件更改的控制，现场使用的文件情况 （2）包装、储存及交货：在库品的管理，仓库条件，包装及防护，交货的及时性及服务质量 （3）供应商信誉及产品信誉：质量历史及产品信誉，企业对重大问题（如质量事故）的分析、控制

续表

序号	部门	评价内容
2	品管部	（1）质量保证体系：体系结构的完善性，体系文件、记录的完整性和可靠性，全员质量意识和质量教育开展情况，体系运作的有效性 （2）产品设计开发能力、管理 （3）过程控制：工序控制办法，工艺文件，关键工序和特殊工序的控制，产品批次控制，生产人员素质，生产环境，不合格品的控制，生产设备的维护和保养 （4）检验：检验机构、人员，检验依据文件，检验设备，检验过程控制，检验环境，检验设备的校准，检验记录，成品检验
3	仓储部	主要负责协助对交货的及时性和服务质量的评价

二、供应商绩效考核的步骤

供应商绩效考核是供应链管理的基础，也是供应链风险控制的重点。企业在对供应商绩效考核时，可参考图12-7所示的步骤来实施。

1.确定考核策略和划分考核层次

对供应商绩效考核的一般做法，是划分出月度考核、季度考核和年度考核（或半年考核）的标准和所涉及的供应商。

（1）月度考核一般针对核心供应商及重要供应商，考核的要素以质量和交期为主。

（2）季度考核针对大部分供应商，考核的要素主要是质量、交期和成本。

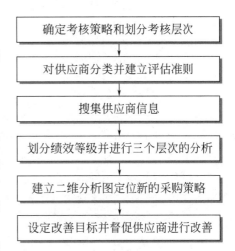

图12-7 供应商绩效考核的步骤

（3）年度考核（或半年考核）一般针对所有供应商，考核的要素包括质量、交期、成本、服务和技术合作等。

进行分层次考核的目的在于抓住重点，对核心供应商进行关键指标的高频次评估，以保证能够尽早发现合作过程中的问题。对于大部分供应商，则主要通过季度考核和年度考核来不断检讨，通过扩充考核要素进行全面的评估。

下面提供一份供应商考核类别及要求的范本，仅供参考。

【范本】▶▶▶ --

供应商考核类别及要求

1 月度绩效考核

1.1 考核时间：每个财政月度月结后的第一周。

1.2 考核表格："供应商月度绩效考核表""供应商绩效记分卡"。

1.3 考核项目及评估部门。

（1）供货品质：由IQC负责。

（2）按时交货：由PMC负责（考核按时交货时要考虑"附加运费情况"）。

（3）成本因素：由采购负责。

（4）抱怨处理：由SQE负责。

1.4　考核结果与等级划分。

（1）91～100分：A等级。

（2）85～90分：AB等级。

（3）75～84分：B等级。

（4）低于74分：低等级。

1.5　考核及通知供应商步骤。

编制"供应商月度绩效考核表"→评估供应商绩效（IQC→SQE→PMC→采购）→总经理签字→编制月度"供应商绩效记分卡"→打印→盖章→将"供应商绩效记分卡"通知供应商。

注：此过程必须在10个工作日内完成。

步骤说明：每个财政月度月结后的第一个工作日，由IQC指定人员根据当月供应商来料情况，针对来料大于（或等于）5批的供应商整理出"供应商月度绩效考核表"，按照IQC→SQE→PMC→采购顺序分别对供应商的各个考核项目进行评分，经品管部和物流部以及采购部各部门经理共同审核后，呈总经理签字认可。采购部安排指定人员根据认可的"供应商月度绩效考核表"编制各个供应商的月度"供应商绩效记分卡"，打印后须加盖企业印章再通过传真或发邮件、快递的方式通知供应商。

2　年度绩效考核

2.1　考核时间：新财政年度的第三周。

2.2　考核表格："供应商年度绩效考核表""供应商绩效记分卡"。

2.3　考核项目及评估部门。

（1）供货品质：由IQC负责。

（2）按时交货：由PMC负责（考核按时交货时要考虑"附加运费情况"）。

（3）成本因素：由采购负责。

（4）抱怨处理：由SQE负责。

2.4　考核结果与等级划分。

（1）91～100分：A等级。

（2）85～90分：AB等级。

（3）75～84分：B等级。

（4）低于74分：低等级。

2.5　考核及通知供应商步骤。

编制"供应商年度绩效考核表"→品管部审核→物流部审核→采购部审核→总经理签字→编制"供应商绩效记分卡"→打印→盖章→将"供应商绩效记分卡"通知供应商。

注：此过程必须在10个工作日内完成。

步骤说明：新财政年度第三周的第一个工作日，由IQC指定人员根据上一财政年度的"供应商月度绩效考核表"，针对供货大于（或等于）6个月的供应商整理出"供应商年度绩效考核表"，经品管部和物流部以及采购部各部门经理共同审核后，呈总经理签字认可。采购部安排指定人员根据认可的"供应商年度绩效考核表"和认可的年度"供应商审核计划"编制供应商的年度"供应商绩效记分卡"，打印后须加盖企业印章再通过传真、发邮件、快递的方式通知供应商。

3　定期绩效考核

3.1　考核时间：依据"供应商审核计划"安排时间。

3.2　考核表格："供应商（分包方）评估报告"。

3.3　考核项目。

（1）定期评估（必选项）：供货品质、按时交货、成本因素、抱怨处理。（考核按时交货时要考虑"附加运费情况"）

（2）现场评估（可选项）。

3.4　定期评估考核准则与结论，见下表。

定期评估考核准则与结论

评估部门	评估项目	A等级（21～25分）	AB等级（16～20）分	B等级（11～15分）	低等级（0～10分）
IQC	供货质量	产品年度不良率为0	产品年度不良率≤100×10^{-6}	产品年度不良率控制在100×10^{-6}～250×10^{-6}	产品年度不良率≥250×10^{-6}
SQE	质量改进	能对提供的产品主动进行质量改进	通知后能对产品质量问题及时进行改进，并主动跟踪改进效果	对产品质量问题在反复催促下才进行改进	对产品质量问题不进行改进或无力改进
PMC	交付能力	生产能力强，交付及时，供货进度始终能满足生产所需；没有产生附加运费	生产能力较强，供货进度基本能满足生产所需；产生了附加运费（1～5笔之间）	成批生产能力差，供货不够及时，因供货进度问题偶尔影响生产进度；产生了附加运费（6～10笔之间）	成批生产能力差，供货不及时，因其供货进度问题经常影响生产进度；产生了附加运费（11笔以上）
PUR	成本	价格合理，随着批量增大，能主动提出降价≥5%	价格合理，随着批量增大，在要求下能合理降价3%～5%	产品价位偏高，随着批量增大，在要求下也能合理降价≤3%	产品价位高，有暴利嫌疑，且不同意降价
结论	定期评估各项考核结果均≥11分，则定期考核结论为"符合"，反之为"不符合"				

3.5　现场评估考核结果与结论。

（1）＞74分：符合。

（2）≤74分：不符合。

3.6　定期绩效考核成绩。

（1）定期评估结论和现场评估结论均为"符合"或"合格"，最终评估结果为"合格"。

（2）定期评估结论和现场评估结论任一项出现"不符合"或"不合格"，最终评估结果为"不合格"。

3.7 考核及通知供应商步骤。

制定"供应商审核计划"→审核（品管部→采购部）→总经理签字→副本提供给采购部→编制"供应商绩效记分卡"→打印→盖章→将"供应商绩效记分卡"通知供应商→实施定期绩效考核→审批"供应商（分包方）评估报告"→考核结果通知供应商→"供应商（分包方）评估报告"存档。

注：供应商审核小组必须按"供应商审核计划"实施；若有变更，"供应商审核计划"必须修改和得到批准。

步骤说明：SQE根据认可的年度"供应商年度绩效考核表"编制下一年度的"供应商审核计划"，经品管部和采购部部门经理审核后，呈总经理签字认可。若供应商属于每月交易额很小或专业性强的行业及海外供应商和代理商等，在"供应商审核计划"里可以不安排进行现场审核。采购部安排指定人员根据认可的年度"供应商年度绩效考核表"和认可的年度"供应商审核计划"副本编制供应商的年度"供应商绩效记分卡"，打印后须加盖企业印章再通过传真、发邮件、快递的方式通知供应商。供应商审核小组根据认可的年度"供应商审核计划"实施定期绩效考核，结果汇总到"供应商（分包方）评估报告"上，经供应商审核小组审核后，呈总经理签字认可。采购部将供应商定期绩效考核结果通知供应商后，"供应商（分包方）评估报告"由采购部存档。

2.对供应商分类并建立评估准则

确定考核策略和考核层次之后，采购方接下来要对供应商进行分类，进一步建立评估细分准则。这一阶段的重点是对供应商供应的产品分类，对不同类别的供应商建立不同的评估细项，包括不同的评估指标和每个指标所对应的权重。

比如，某电子制造企业在供应商月度评估时，对IC类供应商和结构件供应商进行考核。对于IC类供应商，供货周期和交货准确性是关键的评估指标；而对于结构件来说，供货弹性、交货准确性和质量是关键的评估指标。

进行供应商考核一般采取平衡计分卡工具。

比如，某制造企业于2020年第二季度针对某结构类供应商进行季度考核，考核表设定了成本、质量、交期和服务四个主要评估要素，然后对每个要素设定了相应的权重；针对每个主要评估要素，又分别设定了具体的评估指标，以及相应的权重。

> **小提示**
>
> 考核策略需要根据不同层次、不同供应商类别，结合企业具体的管理策略进行定义。

3.搜集供应商信息

供应商信息的搜集，主要是收集供应商为企业提供物品供应过程中所产生的各种信息，包括质量、价格、交货的及时性、包装的符合性、服务与工作配合等。

4.划分绩效等级并进行三个层次的分析

采用平衡计分卡工具对供应商的每一项指标进行具体考核后，接下来要对供应商的绩效表现划分等级，比如将供应商绩效分成五个等级。依据等级划分，可以清楚地衡量每家供应商的表现。

图12-8 供应商绩效分析

掌握了每家供应商的表现之后，要对考核结果有针对性地分类，采取不同的处理策略。首先进行供应商的绩效分析。具体来说，可从图12-8所示的三个层次进行。

通过这些不同维度的分析，采购方可以看出每家供应商在单次考核期的绩效状况、该供应商在该类供应商中所处的水平、该供应商的稳定性和绩效改善状况等，从而对供应商的表现有一个清晰全面的了解。

5.建立二维分析图定位新的采购策略

采购方根据供应商的绩效表现对供应商进行重新分类后，可以有针对性地调整采购战略。以供应商绩效和考核期所采购金额为轴，绘制二维分析图，X轴表示供应商绩效，Y轴表示本期采购金额。图中的每一个圆代表一家供应商，圆的半径则表示企业同该供应商的采购数量，如图12-9所示。

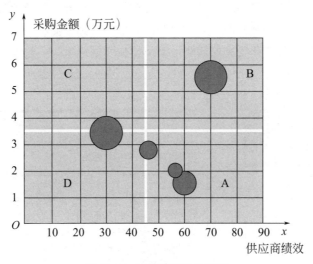

图12-9 供应商绩效分析图

图示说明：

把上图分成A、B、C、D四个象限。比如说，在A、B两个象限中，供应商绩效表现相对良好，因此，无论向该供应商购买多少金额，都可以暂时不用太多关注。

处于C象限表示向该供应商购买的金额很大，而该供应商的绩效表现并不好，这是最需要研究的部分。针对这一部分，要根据实际情况尽快作出决定，是寻找替代供应商还是采取措施要求供应商进行改善。

处于D象限的供应商，绩效表现不好但采购金额不大。通常处于这一部分的供应商都不是一些关键供应商或不可替代的供应商，完全可以采用更换供应商的策略以作调整。

6.设定改善目标并督促供应商进行改善

把供应商分类之后，对于希望继续合作但表现不够好的供应商要尽快设定供应商改善目标。改善的目标一定要明确，要让供应商将精力聚焦在需要改善的主要方面。

比如，绩效考核之后，可能该供应商有五项指标做得不好，但企业希望供应商对其中的两项指标能尽快改善，那么就将这两项指标及企业所希望达到的水平反馈给供应商，让他们在下个周期里重点改善这两项指标，而不是其他三项指标，从而让供应商的努力同企业的期望达成一致。

第三节　供应商绩效考核后的处理

对供应商进行绩效考核，就是在供应商之间进行比较，以便继续同优秀的供应商进行合作，而淘汰绩效差的供应商。同时，也了解供应商存在的不足之处，将不足之处反馈给供应商，可以促进供应商改善其业绩，为日后更好地完成供应活动打下良好的基础。

一、供应商分层管理

采购方应根据供应商的综合考核得分对供应商进行级别划分，可将供应商划分为"优选供应商、合格供应商和问题供应商"三个级别，并根据所划分的级别及时改进采购方与供应商的合作策略，解决市场变化带来的问题，避免损失及规避风险。具体如图12-10所示。

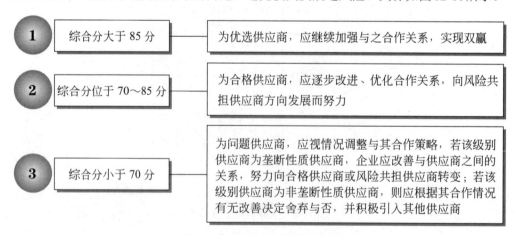

图12-10　供应商分层管理说明

二、有效激励供应商

对供应商实施有效的激励，有利于增强供应商之间的适度竞争，保持对供应商的动态管理，提高供应商的服务水平，可降低企业采购的风险。

1. 供应商激励标准

激励标准是对供应商实施激励的依据，采购方在制定对供应商的激励标准时需要考虑图12-11所示的因素。

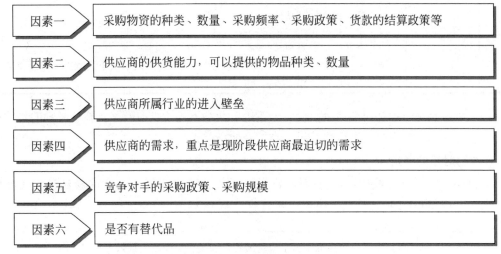

图12-11　制定对供应商的激励标准需要考虑的因素

考虑上述因素的主要目的，是针对不同的供应商为其提供量身定做的激励方案，以达到良好的激励效果。

2. 激励的方式

按照实施激励的手段不同，可以把激励分为两大类：正激励和负激励。正激励就是根据供应商的绩效考核结果，向供应商提供的奖励性激励，目的是使供应商受到这样的激励后，能够"百尺竿头，更进一步"。负激励则是对绩效考核较差的供应商提供的惩罚性激励，目的是使其"痛定思痛"，或者将该供应商清除出去，其不同激励方式的表现如表12-24所示。

表12-24　不同激励方式的表现

序号	激励方式	表现形式
1	正激励	（1）延长合作期限，把企业与供应商的合作期限延长，可以增强供应商业务的稳定性，降低其经营风险 （2）增加合作份额，增加采购物品的数量，可以提高供应商的营业额，提高其获利能力 （3）增加物品类别，增加合作的物品种类，可以使供应商一次性送货的成本降低 （4）供应商级别提升，能够增强供应商的美誉度和市场影响力，增加其市场竞争力 （5）书面表扬，能够增强供应商的美誉度和市场影响力 （6）颁发证书或锦旗，为供应商颁发优秀合作证书或者锦旗，有助于提升其美誉度 （7）现金或实物奖励

续表

序号	激励方式	表现形式
2	负激励	（1）缩短合作期限即单方面强行缩短合作期限 （2）减少合作份额 （3）减少采购的物品种类 （4）业务扣款 （5）降低供应商级别 （6）依照法定程序对供应商提起诉讼，用法律手段解决争议或提出赔偿要求 （7）淘汰，即终止与供应商的合作

由于负激励是一种惩罚性激励手段，一般用于业绩不佳的供应商。实施负激励的目的在于提高供应商的积极性，改进合作效果，维护企业利益不受损失。

3.激励时机的确定

对供应商的激励一般在对供应商绩效进行一次或多次考核之后，以考核结论为实施依据。当然，有图12-12所示的情况也可实施激励。

情况一　市场上同类供应商的竞争较为激烈，而现有供应商的绩效不见提升时

情况二　供应商之间缺乏竞争，物品供应相对稳定时

情况三　供应商缺乏危机感时

情况四　供应商对采购方利益缺乏高度关注时

情况五　供应商业绩有明显提高，对采购方效益增长贡献显著时

情况六　供应商的行为对采购方利益有损害时

情况七　按照合同规定，采购方利益将受到影响时

情况八　出现经济纠纷时

情况九　需要提升供应商级别时

情况十　其他需要对供应商实施激励的情况

图12-12　可对供应商实施激励的情况

需要特别注意的是，采购方在对供应商实施负激励之前，要查看该供应商是否有款项尚未结清，是否存在法律上的风险，是否会对采购方的生产经营造成重大影响，以避免因激励

而给企业带来麻烦。

4.激励的确定与实施

激励由企业的供应商管理部门根据供应商绩效考核结果提出，由部门经理审核，报分管副总经理批准（涉及法律程序和现金及实物奖罚、证书和锦旗的激励报企业总经理审批）后实施。

实施对供应商的激励之后，要高度关注供应商的行为，尤其是受到负激励的供应商，观察他们实施激励前后的变化，作为评价和改进供应商激励方案的依据，以防出现各种对企业不利的问题。

下面提供一份供应商激励及惩处办法的范本，仅供参考。

【范本】▸▸▸ --

××贸易有限公司关于供应商激励及惩处办法

1　目的

为调动本公司的供应商的积极性，也为规范供应商激励和惩处流程，使之有章可循，特制定本办法。

2　适用范围

凡与本公司合作的供应商均适用。

3　激励作业程序

3.1　获得激励的前提条件。经供应商绩效考核和供应商评估后，对供应商进行评分评级（从高至低分别为A类、B类、C类、D类、E类），对A类的供应商进行适当的奖励（激励）。

3.2　被激励的对象。可以是企业（即供应商），可以是部门（即供应商的某个部门），也可以是个人（供应商企业中的管理人员或员工）。

3.3　激励目标。主要是通过某些激励手段调动供应商的积极性，兼顾供需双方的共同利益，消除由于信息不对称和其他行为带来的风险，使供应链的运作更加顺畅，实现供应链企业共赢的目标。

3.4　激励方式。

3.4.1　价格激励。获此奖励的供应商，享有比同类供应商更优惠合理的订单报价。

3.4.2　订单激励。获此奖励的供应商，本公司可适当增加订单量。

3.4.3　商誉激励。获此奖励的供应商，本公司可颁发优秀供应商证书，并通过不同渠道予以表扬。

3.4.4　信息激励。获此奖励的供应商，可以与本公司共享新产品开发、新技术交流以及双方的运行状况等信息。

3.4.5　战略合作。获此奖励的供应商，可以与本公司进行长期供应合作，建立战略同盟，享有以上（3.4.1～3.4.4）所有奖励。

3.5　激励举措。

3.5.1 A类供应商，可优先取得交易机会。

3.5.2 A类供应商，可优先支付货款或缩短票期。

3.5.3 A类供应商，可获得品质免检或放宽检验。

3.5.4 对价格合理化及提案改善，或品质管理、生技改善推行成果显著的，另行奖励。

3.5.5 A、B、C类供应商，可参加本公司举办的各项训练与研习活动。

3.5.6 A类供应商年终可获本公司"优秀供应商"奖励。

4 惩处作业程序

4.1 惩处的前提条件。经供应商绩效考核和供应商评估后，对供应商进行打分评级（从高至低分别为A类、B类、C类、D类、E类），对B类、C类、D类的供应商进行处罚，对E类的供应商实行淘汰。

4.2 被惩处的对象。

4.2.1 对B类、C类、D类的供应商进行适当处罚。

4.2.2 对E类的供应商实行淘汰。

4.3 惩处目标。主要是通过某些惩处手段唤起供应商的积极性，同时通过考核淘汰机制的建立，逐步确定一支相对稳定且诚实守信、质优价廉、服务优良的供应商队伍。

4.4 惩处方式。

4.4.1 凡因供应商品质不良或交货期延误而造成的损失，由供应商负责赔偿。

4.4.2 C类、D类的供应商，应接受订单减量、各项稽查及改善辅导措施。

4.4.3 E类供应商即予停止交易，予以淘汰，三年内不列入潜在供应商名单。

4.4.4 D类供应商三个月内未能达到C类以上供应商的标准，视同E类供应商停止交易，予以淘汰，三年内不列入潜在供应商名单。

4.4.5 因上述原因停止交易的供应商，如欲恢复交易需接受重新调查考核，并采用逐步加量的方式交易。

4.4.6 信誉不佳的供应商酌情作延期付款的惩处。

以上规定，自核准之日起生效。

三、协助供应商改善绩效

对于一些绩效考核不好却又基于价格或其他原因不能放弃的供应商，有必要采取措施协助供应商改善绩效，协助供应商建立一个有效的品质控制系统，具体如图12-13所示。

1.协助供应商了解检验产品的要求

当供应商接受采购订单时，如果对产品的要求都了解不清楚，则可以想象其产品质量会如何，而解释对产品的要求是采购方的责任。产品的要求可能是清晰的，也可能是暗含的，或是两者都有。清晰的要求很容易在采购方提供的图纸、规格、检验程序、技术说明及报价要求中找到，而暗含的要求则由于未定义很难查找出来。所以，供应商在这方面常出错，采购方有必要指导他们了解检验产品的要求。

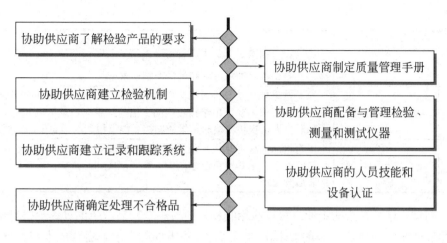

图 12-13 协助供应商改善绩效

2.协助供应商制定质量管理手册

如果供应商没有建立质量管理手册，采购方可协助其建立。

质量管理手册应阐述供应商的政策声明、规程、工作指示和可应用的过程规格。在规模大、架构设置复杂的公司中，可能有必要将质量管理的内容分解到不同文件或手册中，以利于有效使用。

3.协助供应商建立检验机制

检验是供应商控制其产品质量的一个重要手段。对于制造企业来说，检验按功能通常分为进料检验、制程检验和最终检验。

（1）进料检验。关于进料检验机制，应协助供应商确定或优化以下事项，如表12-25所示。

表 12-25 应协助供应商确定或优化的事项

序号	优化事项	具体说明
1	进料检验的要求	进料检验的要求由功能上的考虑、操作成本和应用规格几个方面来确定，这些要求是相互关联的，并受库存、周转时间、卖家担保等因素的影响；对于功能方面的考虑，包括在装配前对选定的测量和测试进行验证的需要；操作成本的考虑是通过进料检验来验证采购产品的合格，还是在下一次装配时测量，比如，当库存流动时间很少时，初始的进料检验可能只是对计数、运输破损、编号而言，而对产品是否合格的检验则与部件检验相结合，必须权衡在装配时进行进料检验与处理产品的成本，以及保质时间
2	进料检验的程度	进料检验的程度是指在递交报价之前，要求检测所有的原材料和加工过的材料，将大大地影响周转时间和运营成本
3	进料检验系统	进料检验系统是指进料部门应有一个检查接收到产品的系统，它应包括检查运输破损、认可数量、检查证明或检测数据、运输文件编号、批次管理等信息

序号	优化事项	具体说明
4	检验指示	检验指示的编写和发布应严格按照采购合同要求，应包括可实施的规格、检验设备、抽样方案和材料控制要求
5	检验结果处理	检验结果处理是指进料检验必须能够在证实所要求的证明、规格和参数都达到要求之前，拒绝接收产品；检验结果应记录下来并向采购、工程和质量人员提供，检验结果应归档到能够检索的档案中加以更新
6	不合格品的处理	不合格品的处理是指必须对不合格的材料和产品进行鉴别、隔离、保存等待处理；采购人员应通知供应商并落实纠正措施，质量保证部门应采取后续措施

（2）制程检验。在一些企业，可以应用制程检验对不合格品产生的过程提供早期诊断。与进料检验相似，对制程检验的要求由内部功能关系方面的考虑、运营成本和客户规模确定。功能方面的考虑主要与参数有关，必须保证这些参数在产品被封装或被后续工艺掩盖之前符合规格；必须比较失误成本（工厂内和客户的）与制程检验的成本；必须考虑可靠性、客户可接受性、真实性及由于潜在缺陷可能引起的责任纠纷诉讼等。

过程检验经常包括生产前的第一批试制品检验，它验证操作人员、机器和相关的设置能够生产出可接受的产品；与其他具体的检验相同，执行时应有记录。

（3）最终检验。关于最终检验机制，采购方应协助供应商确定或优化以下事项，如表12-26所示。

表12-26　应协助供应商确定或优化的事项

序号	优化事项	具体说明
1	检验范围	最终检验是在运输前保证产品符合企业要求的最后机会，检验范围应根据进料检验和制程检验的产品复杂程度、车间缺陷率水平、企业使用信息及可能的责任诉讼等确定
2	检验和测试程度	一些企业指定检验和测试的程度，产品从抽样到100%检验，也指定了结果和记录的维护，检验记录应包括接收总量、批次编号、接收数量、缺陷数量、缺陷实质、日期、检验员编号等，检验记录的形式应能够保证在需要时很容易进行查询和阅览，这些反映质量控制方法的记录，在产品失败引起事故的情况下可能是非常重要的，否则可能会涉及巨额赔偿
3	辨别和隔离不合格品	辨别并隔离不合格的材料和产品是一个好方法，不合格的、需要修理或返工的产品必须再次接受检验，批准运送不合格产品必须详细记录、管理，可能时，在最终检验被接收的产品上应有图章（或印记）表明接收并注明检验人员姓名

4.协助供应商配备与管理检验、测量和测试仪器

准确的检验测试依赖于对所有设备的校正和管理，以及对所有测试仪器、工具、夹具、量尺以及标准的正确维护。

5.协助供应商建立记录和跟踪系统

供应商应对发送给采购方和最终用户的产品质量负责，因此也需要对从其他供应商或分销商采购的制造产品的材料和零件的质量负责。

6.协助供应商的人员技能和设备认证

在供应商制定生产和销售产品的经营计划时，采购方管理层应确定所需的设备和设施类

型，还应确定员工所必需的技能。这些技能涵盖从工程、制造、检验，到运输的包装各方面，制造技能包括稀有材料的连接方法或黏结加工、有害物品的搬运、化学处理、焊接、进行非破坏性测试和检验等。

7.协助供应商确定处理不合格品

（1）处理不合格品的措施。处理不合格品的措施如图12-14所示。

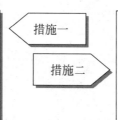

找到防止缺陷的方法：由于多数生产工艺过程不可避免地会生产出一些有缺陷的产品，每个工厂都必须找到方法防止进一步生产、完成或发送有缺陷的产品

措施一

措施二

一旦发现有不合格品，应立即将它隔离，以保证采取适当的措施加以控制或找出有缺陷的产品，必须在有缺陷的产品上清晰地标上记号，并将它们清除出正常的工作流程，放到一个特殊的存放地

图12-14　处理不合格品的措施

（2）设立检查小组，找出不合格品的原因。许多因素能导致不合格品的产生。由于不合格品的废弃、修理、返工都意味着附加操作，所以不合格品会增加成本。生产厂应在经济上可行的范围内，找出并纠正那些造成不合格的原因。

供应商应运用自己的经验，并通过非正式的咨询或在允许的情况下，通过高级管理层任命的正式检查小组来处理。小组的职责应包括：检查产品编号、检查产品的生产阶段、不合格产品的内容和范围、技术鉴定和决定、生产者采取的处理措施、对相关各方的改进建议。

不论是正式的还是非正式的，检查小组都必须检查经常生产不合格品的工艺过程的各个方面，应不断进行调研，直到进行正确的处理为止。检查小组必须找到产生不合格的个体的或集体的根源，并保证采取正确的措施。

（3）处理不合格品的方法。处理不合格品的方法包括报废、返工、修理和审批后的妥协使用。所有正在进行或已经修理过、返工过的产品都必须与其他产品分开放置，直到检验或测试证明适合用于生产为止。应保存对不合格品、改正措施和处理过程的记录，以便将来作比较。

（4）发现有不合格品应通知采购方。当零件不符合采购方要求时，供应商有责任通知采购方，在知情的情况下发送不合格品是不道德的。

相关链接

苹果对供应链的全流程管理

苹果的全球采购供应经理（GSM）对供应商的管理是对整个供应链的全流程管理，包括需求计划、物料追踪、生产制造、品质控制、仓储、物流、信息安全、社会责任等，且涵盖整个产品周期，从新产品导入到量产再到项目收尾结束。

在供应商管理的合作组织内，有如下一些角色。

SDM：管生产需求计划。

MPM：管物料齐套。

GSM/OEM：管采购和供应。

TPM：管技术。

OPM：管生产运营。

SQE/PQM：管品质。

EPM/PD/MD：管工程技术。

SR/EHS/Security：管社会责任、环境、安全。

在产品生命周期的每个阶段，采购供应经理都需要进行跨部门的沟通和协作，与团队成员共同达成交付目标。管理过程中，苹果内部协作非常依赖采购供应经理的个人经验和沟通协调能力。对于外部供应商管理，管理的要素无非是"人、机、料、法、环"，通常用统一的管理工具和模板对供应商进行业务跟踪、管理和控制。

举例如下。

对计划的管理，有统一的MPS和Forecast模板。

对物料的管理，有统一的CTB模板。

对每天的生产管理，有统一的IOS模板。

对人力的跟踪管理，有统一的Labor tracker模板。

对于产能，有统一的Capacity plan模板进行梳理和跟踪。

对于每天的品质报告，有统一的图表分析格式。

模板的数据逻辑很重要，每天的跟踪更重要，通过随时刷新精确数据来进行追溯和管理。

（1）苹果对多级供应商管理需求预测的流程范例，如下图所示。

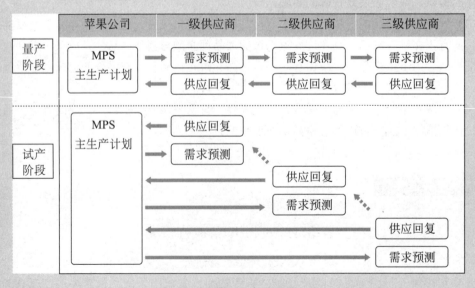

多级供应商管理需求预测的流程

流程说明：

MPS（Master Production Plan），即主生产计划。

苹果对供应商的管理不止于一级，常常会管理到次级供应商，或二级、三级供应商以上，而管控是从需求的发放开始的，为避免牛鞭效应的放大，在NPI阶段，苹果自己管控需求并根据供应商的反馈动态调整需求。

（2）苹果对需求进行管理MPS的模板范例，见下表。

MPS模板范例

FY18Q3

机型名称			Wk 1 Ending 4/8/17	Wk 2 Ending 4/15/17	Wk 3 Ending 4/22/17	Wk 4 Ending 4/29/17	Wk 5 Ending 5/6/17	Wk 6 Ending 5/13/17	Wk 7 Ending 5/20/17	Wk 8 Ending 5/27/17	Wk 9 Ending 6/3/17	Wk 10 Ending 6/10/17	Wk 11 Ending 6/17/17	Wk 12 Ending 6/24/17	Wk 13 Ending 7/1/17
ABC	本周	每周需求	5,603	36,293	21,749	19,517	18,655	17,106	13,301	4,503	2,147	0	0	0	0
		累计需求	5,603	41,896	63,644	83,162	101,816	118,922	132,224	136,726	138,873	138,873	138,873	138,873	138,873
	上周	每周需求	20,357	20,357	20,807	19,697	18,102	17,085	15,993	3,683	2,792	0	0	0	0
		累计需求	20,357	40,714	61,521	81,218	99,320	116,405	132,398	136,081	138,873	138,873	138,873	138,873	138,873
	差异	每周需求	-14754	15936	942	-180	552	21	-2691	820	-645	0	0	0	0
		累计需求	-14754	1182	2123	1944	2496	2517	-174	646	0	0	0	0	0

流程说明：

对每周的生产需求，包括周需求和累计需求做未来连续13周的差异对比，如果出现负值，则要警惕注意。

（3）苹果对物料进行管理的CTB模板范例

CTB模板范例

X项目		Mar WK1	Mar WK2	Mar WK3	Mar WK4	Mar WK5	Apr WK1	Apr WK2	Apr WK3	Apr WK4	May WK1	May WK2	May WK3	May WK4
X项目 MPS														
X项目 CTB														
X项目缺料第一名														
X项目缺料数 to MPS														

WW MPS 2018-3-1 X项目Weekly CTB		Mar WK1	Mar WK2	Mar WK3	Mar WK4	Mar WK5	Apr WK1	Apr WK2	Apr WK3	Apr WK4	May WK1	May WK2	May WK3	May WK4
X项目需求数MPS														
X项目总产能														
供应	供应商 LT	Mar WK1	Mar WK2	Mar WK3	Mar WK4	Mar WK5	Apr WK1	Apr WK2	Apr WK3	Apr WK4	May WK1	May WK2	May WK3	May WK4
A料														
B料														
C料														
X项目CTB														
X项目CTB缺产能数														
X项目CTB缺料第一名														
缺料差异		Mar WK1	Mar WK2	Mar WK3	Mar WK4	Mar WK5	Apr WK1	Apr WK2	Apr WK3	Apr WK4	May WK1	May WK2	May WK3	May WK4
A料														
B料														
C料														

流程说明：

CTB（Clean to Build），即对可以生产的齐套物料的简称。

将所有物料列在一个总表中，对物料进行连续13周的预测，通过需求和供应的比对，预测未来齐套料的状态，找出瓶颈物料并在缺料前解决缺料问题。

（4）苹果对产能进行管理的Capacity Plan模板范例，见下表。

Capacity Plan模板范例

X项目产能数据

每条线的平均生产循环时间	
每小时产出UPH	
每周工作天数	
每天工作班次	
每班次工作小时数	
效率目标	
良率目标	
每班次的日投入产能	
每条线的日投入产能	
每周的投入产能	
工人数	
每个工人的单位产出数	
生产线体数	
日最大产出产能	
周最大产出产能	
月最大产出产能	
季最大产出产能	
年最大产出产能	

产能良率和效率计划爬坡表

周数	wk1	wk2	wk3	wk4	wk5	wk6	wk7	wk8
良率								
效率								

X项目名称	3-1 Mon	3-2 Tue	3-3 Wed	3-4 Thu	3-5 Fri	3-6 Sat	3-7 Sun	3-8 Mon	3-9 Tue	3-10 Wed	3-11 Thu	3-12 Fri
规划的UPH（白班）												
效率												
工作小时数												
投入的UPH												
每天的投入数												
良率												
产出的UPH												
每天的产出数												
规划的UPH（晚班）												
效率												
工作小时数												
投入的UPH												
每天的投入数												
良率												
产出的UPH												
每天的产出数												
每天的总投入数												
每天的总产出数												

流程说明：

Capacity Plan，即产能规划，在新项目导入前必须要做的工作。

通过对产品生产时间的科学和逻辑的计算，推导出日产能、周产能和月产能。

在新产品导入期间，对导入期8周内的良率和效率做出计划。

根据推导和计算出的产能计划、良率计划、效率计划，对新项目每天的投入产出做出计划。

（5）苹果对每天生产投入产出进行管理的IOS模板范例，见下表。

IOS模板范例

X项目名称	3-1 Mon	3-2 Tue	3-3 Wed	3-4 Thu	3-5 Fri	3-6 Sat	3-7 Sun	3-8 Mon	3-9 Tue	3-10 Wed	3-11 Thu	3-12 Fri
日产能												
总产线数												
已稽核线体数												
计划投入												
累计计划投入												
实际投入												
累计实际投入												
实际与计划差异												
计划产出												
累计计划产出												
实际产出												
累计实际产出												
实际与计划差异												
计划良率												
实际良率												
计划出货												
累计计划出货												
实际出货												
累计实际出货												
实际与计划差异												

流程说明：

IOS（Input-output-shipment），即投入产出和出货数。

驻厂人员需要每天跟踪的数据报表。

通过投入、产出、出货这三个指标在计划与实际的差异比对中，发现问题并迅速解决问题。

（6）苹果对人力进行管理的Labor Tracker模板范例，见下表。

Labor Tracker模板范例

X项目名称	3-1 Mon	3-2 Tue	3-3 Wed	3-4 Thu	3-5 Fri	3-6 Sat	3-7 Sun	3-8 Mon	3-9 Tue	3-10 Wed	3-11 Thu	3-12 Fri
苹果人力需求												
其他客户人力需求												
总人力需求												
总招聘计划												
内部HR招聘												
内部推荐												
政府提供												
中介招聘												
第三方派遣												
实习生												
部门调转												
其他渠道												
上年度的离职率												
上年度的离职人数												
预计的总劳工数												
预计的劳工差异												
实际招聘结果												
内部HR招聘												
内部推荐												
政府提供												
中介招聘												
第三方派遣												
实习生												
部门调转												
其他渠道												
实际离职率												
实际的离职人数												
实际的总劳工数												
实际的劳工差异												

流程说明：

Labor Tracker，对劳工人力进行跟踪管理的报表。

通过每天劳工实际到位情况，分析计划与实际执行间的差异，进行人力管理和跟踪，可以预测13周以上的人力情况。

第十三章
供应商关系管理

导言

供应商关系管理（SRM）是一种致力于实现与供应商建立和维持长久、紧密伙伴关系的管理思想和软件技术的解决方案，是旨在改善企业与供应商之间关系的新型管理机制，实施于围绕企业采购业务相关的领域。

第一节　建立长期合作关系

采购方应与供应商建立长期、紧密的业务关系，并通过对双方资源和竞争优势的整合来共同开拓市场，扩大市场需求和份额，降低产品前期的高额成本，实现双赢。

一、建立供应商准入制度

采购方在采购过程中必须对众多的供应商进行选择，设立供应商准入制度，目的是从一开始就淘汰和筛选掉不合格的供应商，节约谈判时间。

供应商准入制度的核心是对供应商资格的要求，包括供应商的产品质量、产品价格、资金实力、服务水平、技术条件、资信状况、生产能力等。这些条件是供应商供货能力的基础，也是将来履行供货合同的前提保证。这些基本的背景资料通常要求供应商提供，并可通过银行、咨询公司等中介机构加以核实。

在通过对供应商的考核并认定供应商资格达到基本要求后，采购部门应将本企业对具体供货要求的要点向供应商提出，初步询问供应商是否能够接受。若对方能够接受，方可准入，并且将这些要点作为双方进一步谈判的基础。这些要点主要包括：质量和包装要求；送货、配货和退货要求；付款要求等。

二、合理使用供应商

供应商经过评审成为采购方的正式供应商之后，就要开始进入日常的物资供应运作程序。

1. 签订正式合同

与入选的供应商要做的第一件工作，就是签订一份采购方与供应商的正式合同。这份合同既是宣告双方合作关系的开始，也是一份双方承担责任与义务的责任状，还是将来双方合作关系的规范文件。所以双方应当认真把这份合同书的条款协商好，然后签字盖章。协议生效后，它就成为直接约束双方的法律性文件，双方都必须遵守。

2. 建立合作框架

在供应商使用的初期，采购部门应当与供应商协调，建立起供应商运作的机制，相互在业务衔接、作业规范等方面建立起一个合作框架。在这个框架的基础上，各自按时、按质、按量完成自己应当承担的工作，在日后供应商使用的整个期间，供应商当然尽职尽责，完成企业规定的物资供应工作。采购方应当按合同的规定，严格考核检查供应商执行合同、完成物资供应任务的情况。

3. 建立双赢机制

采购方在供应商使用管理上，应当摒弃"唯我"主义，建立"共赢"思想。供应商也是一家企业，也要生存与发展，因此也要适当盈利，所以不能只顾自己降低成本、获取利润，而把供应商"耗"得太惨，因为害惨了供应商，会导致采购方自身物资供应的困难，不符合企业长远的利益。因此，合作宗旨应当是尽量使双方都能获得好处、共存共荣。从这个宗旨出发，采购方应处理好合作期间的各种事务，与供应商建立起一种相互信任、相互支持、友好合作的关系，并且把这个宗旨、这种思想落实到供应商使用、激励和控制的各个环节中去。

三、建立供应商会见制

在与供应商建立合作关系以后，为了规范采购环节和提高采购质量，采购方应在同供应商接洽中建立严格的供应商接待制度。供应商接待制度包括以下3个方面的要求。

1. 接待时间

为了保证采购人员有足够的时间去进行市场调查并制订采购计划，而不是将绝大多数时间、精力花在接待供应商上，采购方可确定供应商接待日，最好在采购小组召开例会的前一天，以便新物资采购的审核工作能及时进行，尽快给供应商一个是否进一步谈判的答复。

2. 接待地点

为了规范采购人员和供应商的行为，接待地点一般定在企业采购部供应商接待室，不要在供应商提供的会议室，更不要在供应商的招待宴席上或娱乐场所中洽谈业务。

3. 洽谈内容

采购方要按采购的物资类别设置专职洽谈人员，负责接洽相关类别供应商；洽谈内容要紧紧围绕采购计划、促销计划和供应商文件进行，不能随意超越权限增加商品谈判的内容。

四、建立双赢的供应关系

双赢关系已经成为供应链企业之间合作的典范，因此，采购方要在采购管理中体现供应链的思想，对供应商的管理就应集中在如何和供应商建立双赢关系以及维护和保持双赢关系上。

1.双赢关系的意义

建立双赢的供应关系，具有图13-1所示的意义。

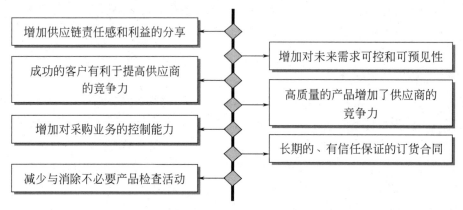

图13-1　双赢关系的意义

2.双赢模式

（1）采购方对供应商给予协助，帮助供应商降低成本、改进质量、加快产品开发进度。

（2）通过建立相互信任的关系，提高效率，降低交易、管理成本。

（3）长期的信任合作取代短期的合同。

（4）比较多的信息交流。

五、建立供应商激励机制

要保持长期的双赢关系，对供应商的激励是非常重要的，没有有效的激励机制，就不可能维持良好的供应关系。在激励机制的设计上，要体现公平、一致的原则。

为了保证供应商使用期间日常物资供应工作的正常进行，需采取一系列的措施对供应商进行激励和控制。对供应商的激励与控制应当注意图13-2所示的工作。

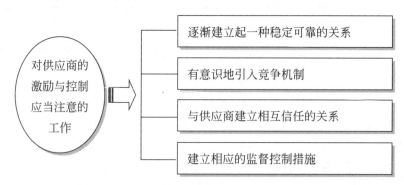

图13-2　对供应商的激励与控制应当注意的工作

1.逐渐建立起一种稳定可靠的关系

采购方应当与供应商签订较长时间的业务合同，如1～3年，时间不宜太短，太短了让供应商不完全放心，不可能全心全意为搞好采购方的物资供应工作而倾注全力，特别是当业务量大时，供应商会把采购方看作是他自己生存和发展的依靠和希望，这就会更加激励他努力与企业合作。随着企业的发展，他自己也得到发展，采购方倒闭他自己也跟着关门，形成一种休戚与共的关系。

2.有意识地引入竞争机制

有意识地在供应商之间引入竞争机制，促使供应商之间在产品质量、服务质量和价格水平方面不断优化而努力。

比如，在几个供应量比较大的品种中，每个品种的供应可以实行AB角制或ABC角制。AB角制就是一个品种设两个供应商，一个A角作为主供应商，承担50%～80%的供应量；一个B角作为副供应商，承担20%～50%的供应量。在运行过程中，对供应商的运作过程进行结构评分，一个季度或半年一次评比。如果主供应商的月平均分数比副供应商的月平均分数低10%以上，就可以把主供应商降级成副供应商，同时把副供应商升级成主供应商。ABC角制则实行三个角色的制度，原理与AB角制一样，同样也是一种激励和控制的方式。

3.与供应商建立相互信任的关系

建立信任关系包括在很多方面，比如对信誉好的供应商的产品进行有针对性的免检，显示出采购方对供应商的高度信任；或不定期召开供需双方高层的碰头会，交换意见，研究问题，协调工作，甚至开展一些互助合作。特别对涉及企业之间的一些共同的业务、利益等有关问题，一定要开诚布公，把问题谈透、谈清楚。

小提示

供需双方彼此之间需要树立起"共赢"的指导思想，一定要兼顾供应商的利益，尽可能让供应商有利可图，只有这样，双方才能真正建立起比较协调可靠的信任关系。

4.建立相应的监督控制措施

采购方在建立起双方信任关系的基础上，也要建立起比较得力的、相应的监督控制措施，尤其是一旦供应商出现了一些问题，或者出现一些可能发生问题的苗头之后，采购方一定要建立起相应的监督控制措施。根据情况的不同，采购方可以分别采用如图13-3所示的一些措施。

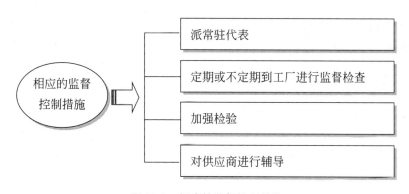

图13-3　相应的监督控制措施

（1）派常驻代表。对一些非常重要的供应商，或是当问题比较严重时，可以向供应商单位派常驻代表。常驻代表的作用，就是沟通信息、指导技术、监督检查等。常驻代表应当深入到生产线各个工序、各个管理环节，帮助发现问题，提出改进措施，确实保证把有关问题彻底解决。

（2）定期或不定期到工厂进行监督检查。对于那些不太重要的供应商或者问题不那么严重的单位，则视情况分别采用定期或不定期到工厂进行监督检查，或者设监督点对关键工序或特殊工序进行监督检查，或者要求供应商自己报告生产条件情况，提供产品的检验记录，用让大家进行分析评议等办法实行监督控制。

（3）加强检验。加强成品检验和进货检验，做好检验记录，退还不合格品，甚至追究赔款或罚款，督促供应商改进。

（4）对供应商进行辅导。组织企业管理技术人员对供应商进行辅导，提出产品技术规范要求，促使其提高产品质量水平和服务水平。

六、建立供应商扶持机制

1.对供应商扶持的意义

对供应商的扶持，是指因供应商品质不够好，为使企业本身能够在较长时期内降低成本和提升品质，对品质和价格相对较低的中小型供应商采取一定的扶持，同时也为供应商管理和品质带来提升，是一举两得的措施。要做好这项工作，采购方在短期内需要投入一定的人力和财力。做供应商扶持的企业，通常是大中型企业，能在较长时间内降低材料成本。

在现代企业关系中，不管是下游的客户还是上游的供应商，都是企业合作伙伴，都与企业有直接或间接的关系。供应商的品质状况会直接影响到企业产品质量、成本、效率、形象等，所以每一个企业都希望供应商提供高品质的原材料。但在实际营运中，企业为了降低成本而经常采用品质一般或品质较差的原材料，导致成本与品质的矛盾，因此实行供应商扶持计划是有必要的。

2.对供应商扶持的流程

供应商扶持计划一个流程下来，通常需要3～6个月时间。若时间太短，则难以取得成效；若时间太长，则企业本身成本也相对较大，且因时间太长，供应商人员配合起来也较为困难。

3.对供应商扶持的启动时机

对供应商扶持的启动，需根据企业本身特点来决定。一般较完善的大型企业，如大型国际企业需要设立专门具体扶持供应商的部门，如通用汽车、福特汽车，他们会让供应商扶持计划持续不断地制订和执行，所以不存在启动的时机。而如果是一般的大中型企业，且高层管理者不愿为此计划花成本与资源，所以需要条件相对成熟时才会启动。对于一般的大中型企业，通常在以下4种状况时启动较佳。

（1）为使本企业产品走向更高端位置，计划在品质上要有较大的提升时。

（2）企业因战略转移地点，希望使成本下降时。

（3）企业本身已有一批低价低品质的供应商，并且这些供应商都有长期合作的强烈愿望和基本条件时。

（4）一批长期合作且合作较好的供应商，在近段时期内品质有大幅下降时。因为此时大部分原因是供应商管理体系出了问题，用通常的抱怨不能解决根本问题，如果通过扶持供应商去改善管理体系，会有积极的作用。

4.扶持计划中的供应商入选条件

纳入扶持计划中的供应商，必须同时满足图13-4所示的条件。

条件一	该供应商的来料供应是长期大量或是潜在大量的
条件二	该供应商本身产品品质不够好，在目前同类供应商中的交货品质为中下档次
条件三	该供应商的价格水准等级较低，通常选用中下等级较为合适（如若要选最低等级的供应商，最好派出具有对该供应商供应的产品知识了解的专业人员作一个初步的诊断，因为最低等级的供应商，有可能有"作弊"现象），如将价格水准分为5个等级，则通常选择的价格水准为第三或第四等级
条件四	该供应商与企业历史上合作意愿程度很高
条件五	该供应商不能为家庭作坊形式，也不能是贸易商
条件六	今后提供的产品价格水准可以维持在一个相对较低的水准上

图13-4　扶持计划中的供应商入选条件

第二节　共同创新社会责任

在经济全球化的趋势下，世界市场日益形成相互依存、彼此互补的完整的产业链、供应链、价值链和市场需求链，企业社会责任不再是一个企业的单独行为，而是全球供应链包括制造商、供应商、采购商和品牌商共同的责任，企业社会责任也不再是一个国家的单独行为，而是一种世界潮流和趋势。

一、供应商社会责任的起源

源自20世纪90年代的"血汗工厂运动"，由此激发了西方社会各界对供应商社会责任的重视，西方消费者声势浩大的抵制运动对相关企业的品牌声誉和财务绩效都造成严重损失，进而快速推动了企业对供应商社会责任的重视。

目前，西方多数龙头企业已经初步建立起供应链责任的意识，他们在选取供应商之前会订立严格的社会责任要求，并对供应商的生产环境、用工情况会做详细的调查和不断的检查，一旦出现任何问题则及时采取有效行动，避免相关风险。

经过近二十年的发展，西方品牌大企业大多建立了一套完备的供应商责任管理制度。

小提示

从西方供应商责任的理念及制度的发展看，也是社会和消费者的文明进步要求促进了品牌企业意识和行为的进步。

二、供应商社会责任管理的意义

产品质量是企业社会责任建设之本。企业想获得长足发展，必须建立严格的产品与服务质量控制体系。在生产中加强责任心，严把产品质量关，只有产品质量达标，没有安全隐患，才能取信于顾客，才能立足于行业。企业的供应商往往共同参与企业产品的开发，供应商产品质量的改进对企业提高产品质量也有显著影响。为了确保产品的安全与质量，需要企业与供应商共同履行社会责任。企业为了增强对供应商的控制力，也要对供应商的社会责任提出一定要求。

当前，一些跨国公司（如耐克、阿迪达斯、沃尔玛等）为了避免品牌形象受到影响，不仅自己制定了社会责任守则，同时也为供应商提供了清晰的行为准则，要求他们遵守高水准的职业标准和劳动法规，而且要求产品配套企业和合作企业均要遵守这些守则。有些企业甚至还设立了独立的监督体系，要对公司供应链中的供应商和分包商实施以劳工标准检查为内容的社会责任检查和审核。

三、供应商社会责任管理的范围

在供应链和供应商社会责任监管的范围包括，但不限于以下内容。

（1）没有被强迫的劳工。

（2）没有童工。

（3）没有犯罪现象。

（4）没有非人性的对待员工。

（5）工作环境和工作是健康且安全的。

（6）工资及时支付。

（7）无过度加班，仅在法律允许的范围内安排加班。

（8）生产过程可追溯。

（9）产品是健康的、安全的。

（10）企业遵守对环境保护的承诺。

（11）信息安全。

（12）企业和上游供应商都能遵守商业道德。

四、供应商社会责任管理的措施

随着社会的进步，社会和公众对企业的要求越来越高，消费者和投资者要求企业承担起相应社会责任的压力也日渐增强，追求良好品牌形象的驱动力也迫使大型企业必须开始补上这一课。具体来说，对供应商进行社会责任管理的措施如图13-5所示。

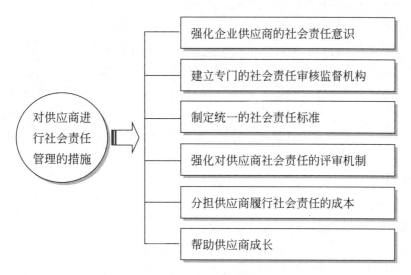

图13-5　对供应商进行社会责任管理的措施

1.强化企业供应商的社会责任意识

对供应商企业进行社会责任管理，首先就要增强其社会责任意识，使其认识到推行社会责任是有利于企业健康发展和长期利益的行为，从而能够积极实施企业社会责任管理，完善企业运营理念。在追求利润的同时承担保护环境、保护劳动者权益的责任，为员工提供安全、健康的工作环境，给予员工合理的经济待遇，对员工的劳动技术进行培训。通过承担企业社会责任，成为有责任感和影响力的企业，树立良好的企业形象。

2.建立专门的社会责任审核监督机构

企业应建立专门的社会责任审核监督部门，负责监督企业社会责任的管理及实施，并负责监督供应商的社会责任实施情况。企业通过该机构加强与供应商的信用沟通，共同组建供应链管理中的社会责任制度的战略联盟体，增加对供应商社会责任管理的公正性、透明度，力争企业社会责任行为在供应链中有效、舒畅地传递。

3.制定统一的社会责任标准

企业对供应商进行社会责任管理，要有基于社会责任基础上的行为守则（COC）。COC是企业内部制定的，大多企业是比照SA 8000标准（社会责任国际标准）对供应商实施的一些检测项目，而此标准与我国的国情不太匹配。企业应参考国际标准、遵照国家标准，联合供应商共同制定高度统一的企业社会责任标准、管理方式和行为准则，使该标准能够反映企业自身的社会责任特色，提高对供应商企业社会责任管理的有效性。

4. 强化对供应商社会责任的评审机制

对供应商企业社会责任管理在中国的实施方式，主要为公司检验和第三方认证两种方式，公司检验是最主要的实施方式。欧美企业都对其全球供应商和承包商实施社会责任评估和审核，只有通过审核与评估，才能建立合作伙伴关系。因此，企业应建立供应商管理的企业社会责任审计体系和档案库，做到公正、透明的审查，并将数据库评审档案用于向社会公示或便于各利益相关者了解执行情况的工具。

5. 分担供应商履行社会责任的成本

在"三鹿奶粉"事件中，正是由于上游原材料供应商社会责任的缺失，才引起整个供应链的坍塌，而问题的本质是在于在激烈的竞争环境下，企业将较多不合理的成本压力转移给上游供应链，而作为供应链的末端——奶农则在利益的驱动下，采取了非法的措施来增加自己的收入。所以，企业不能不负责任地将履行社会责任的成本都压到供应商头上。若企业能够与供应商分担企业社会责任成本，则会在一定程度上增强供应商履行社会责任的积极性，更为双方的长期合作和稳定发展奠定基础。

6. 帮助供应商成长

很多公司为了避免社会责任风险，通常在发现供应商不能达到行为守则的时候解除订单。此种方法可能导致供应商破产和工人失业，其造成的社会影响也是恶劣的。因此，一个真正履行社会责任的公司，应该给予存在问题的供应商进行改进的空间和余地，并给予必要的资源及技术支持，帮助其供应商履行社会责任，达到其社会责任审核标准。

任何行业龙头企业，都需要给供应链末梢的企业留下空间，帮助其改善劳工、环境等状况，让供应商有能力和意愿来改变现有生产方式，形成社会责任信念。

比如，接受苹果评估的供应链合作伙伴数量逐年增长。2017年，苹果评估了分布在30个国家和地区的756家供应商。每个审核对象的表现都按照业内极为严格的标准被评定为表现欠佳、表现中等或表现优异。苹果会与表现欠佳的供应商密切合作，帮助他们加快能力建设。如果供应商不愿或无法达到苹果的标准，苹果只能将他们从供应链中移除。在苹果与合作伙伴的共同努力下，表现欠佳的供应商数量减少了71%，表现优异的供应商则增加了35%之多。

 **相关链接**

华为供应商社会责任行为准则

《华为供应商社会责任行为准则》（下称"本准则"）根据客户要求，参照《责任商业联盟行为准则》（Responsible Business Alliance Code of Conduct）、《电信行业供应链可持续指南》（JAC Supply Chain Sustainability Guideline），结合华为供应商CSR审核及认证标准拟制。华为公司要求供应商必须遵守其经营所在国家、地区的所有适用的法律法规，并以此作为与华为合作的前提条件。华为公司鼓励供应商采用国际认可的行业标准和行业最佳实践，持续提升CSR管理水平。

在合理通知的情况下，华为有权对供应商的现场进行审核，以评估供应商对本准则遵守的情况。华为将CSR纳入采购业务全流程，包括物料认证、供应商的认证、选择、日常管理、绩效评估、退出的全生命周期管理，将CSR纳入供应商的绩效考核。对于CSR表现好的供应商，华为公司在同等条件下提高采购份额，优先提供业务合作机会；对于CSR表现差，尤其是违反CSR红线要求的供应商，华为公司要求限期整改，同时降低采购份额或限制业务合作机会，直到取消合作关系。

本准则适用于向华为投资控股有限公司及（或）其全球范围内的子公司、关联公司（统称"华为"）提供产品及（或）服务的供应商。此准则适用于所有员工，包括临时工、外籍劳工、学徒工、学生工、合同工、直接雇员和其他类型的工作人员。

本准则包含五个部分：劳工权益、健康和安全、环境保护、商业道德以及管理体系。

1　劳工权益

1.1　自由择业

供应商必须确保所有员工纯属自愿被雇佣。供应商不得雇用任何形式的奴隶（包括现代奴役劳工）、强迫劳工、抵债劳工、被贩卖人口或监狱劳工。供应商不得限制人身自由，不得扣留身份证明文件，不得贩卖人口，包括不得通过威胁、强迫、强制、诱拐或欺骗方式运送、窝藏、招聘、转移或接收此类劳工或服务。员工不得被要求向雇主或代理支付押金、招聘费或其他费用。

1.2　童工和未成年工

（1）供应商应遵守所有适用的当地和国家的有关最低工作年龄的法律法规，不得使用童工。"童工"按以下顺序定义。

① 低于国家、地区的最低就业年龄的人；

② 或在无相关法律规定的情况下低于完成义务教育年龄的人；

③ 或在无相关法律规定的情况下未满15周岁的人。

（2）年龄低于18周岁的未成年工不得从事可能危及其健康或安全的工作。

（3）供应商应按照适用的法律法规要求保护学生工或学徒工，尤其是可能出现的童工和未成年工。

1.3　工作时间

供应商应遵守所有适用的与工作时间及休息相关的法律法规，所有加班必须自愿。标准工作周（不含加班时间）应当根据法律确定但不可以超过48小时，并且每周的总工作时间不得超过60小时。员工每连续工作六天应至少有一天休息时间。

1.4　薪资福利

供应商向员工支付的薪酬应符合所有适用的工资法律，包括有关最低工资、加班工资和法定福利在内的各项法律。供应商应足额、按时向员工本人支付工资并提供清晰易懂的工资单。

1.5　人道待遇

供应商不得使用暴力，包括但不限于言语侮辱、威胁、体罚、性骚扰或肉体胁迫员工，不得非法搜身或异性搜身，亦不得威胁实施此类行为。

1.6 非歧视

供应商不得因人种、肤色、年龄、性别、性取向、性别认同和性别表现、种族或民族、残疾、怀孕、宗教信仰、政治派别、社团成员身份、受保护的基因信息或婚姻状况等在聘用、薪酬、升迁、奖励、培训机会、解雇等用工行为中歧视员工。不得要求员工或准员工接受可能带有歧视性目的的医疗测试或体检。

1.7 自由结社

供应商应根据当地法律，尊重所有员工自愿组建和加入工会、进行集体谈判与和平集会以及拒绝参加此等活动的权利。供应商应建立有效的劳资沟通机制，定期与员工或员工代表沟通。员工和（或）其代表应能与管理层就工作条件和管理实践公开交流沟通并表达看法和疑虑，而无需担心会受到歧视、报复、威胁或骚扰。

2 健康和安全

供应商应提供安全和健康的工作环境，杜绝任何严重危及生命安全或健康的工作条件，防范任何重大火灾或爆炸事故发生，防范作业现场发生致命事故。

2.1 工作条件

（1）供应商应取得、维护并更新所有必要的健康和安全许可，并遵守这些许可的相关规定。

（2）供应商应识别、评估可能存在的职业健康安全风险（包括消防、工业卫生、强体力型工作、机器防护等），通过消除危害、替代、工程控制、预防性维护和安全工作流程（包括上锁、挂牌），来消除或降低风险，必要时，提供适当的个人防护用品。此外，还应采取适当的措施保护女工，尤其是孕妇和哺乳期女工的安全健康。

（3）供应商应制定必要的程序和体系以预防、管理、跟踪和报告工伤和疾病，并实施纠正措施以消除影响，帮助员工重返工作。

（4）供应商应采用当地语言向员工提供适当的健康与安全培训，在工作场所张贴健康与安全相关信息。

2.2 生活条件

供应商应为员工提供干净的卫生间设施和饮用水，必要时提供干净卫生的食物、储藏与用餐设施。员工宿舍应保持洁净安全，以及合理的生活空间。

2.3 应急准备

供应商应识别并评估可能发生的紧急情况和紧急事件，包括但不限于火灾、爆炸、致命事故、集体中毒等，并通过实施应急方案及应对程序，包括紧急报告、现场急救、通知和撤离程序、定期训练与演习和复原计划等，最大程度降低对人身、环境和财产的影响。

2.4 绝对规则

供应商应遵从以下安全规则，确保所有员工全面了解并遵从，同时监督其执行。

（1）高空作业。

① 除非经过适当的培训并取得相应资质，绝不从事任何高空作业。

② 高空作业时始终穿戴适当的个人防护装备。

③ 绝不在吊装物下行走或站立。

④ 高空作业时绝不抛掷工具或其他物品。

（2）驾驶作业。

① 驾驶或乘坐车辆时始终佩戴安全带。

② 驾驶过程中绝不使用手提电话。

③ 绝不超速行驶。

④ 绝不疲劳驾驶。

（3）带电作业。除非经过适当的培训并取得相应资质，绝不从事带电作业。

（4）酒精或药物。绝不在酒精或药物影响期间工作。

3　环境保护

3.1　环境许可与报告

供应商应获取、维护并更新所有必需的环境许可证（如排放监测）、批准文书及登记证，并遵守其关于运营和报告的要求。

3.2　产品环保要求

供应商应遵守所有适用的有关禁止或限制性物质的法律法规和客户要求，如RoHS、REACH等，采取有效措施禁止或限制在产品中或（和）制造过程中使用特定的物质。

3.3　预防环境污染

供应商应遵守所有适用的有关污染物（包括废水、废气、固体废物）的法律法规，包括相关的制造、运输、存储、处理和排放等方面的要求，从源头上降低或消除污染的产生和排放，禁止违法排放有毒有害污染物，预防噪声污染。

3.4　节能减排

供应商应采取节约和替代措施，降低对能源、水、自然资源的消耗，以减少温室气体排放。

4　商业道德

4.1　诚信廉洁

禁止供应商发生腐败和不诚信事件，做到"不关联、不行贿、不以次充好、不偷工减料、不弄虚作假、不商业欺诈、信守承诺"，即"六不一守"。详见《诚信廉洁承诺书》《诚信廉洁协议》。

4.2　知识产权

供应商应尊重知识产权，应以保护知识产权的方式进行技术、经验、知识或信息的转让，且应保护客户信息。

4.3　公平交易、广告和竞争

应秉持公平交易、广告和竞争的标准。必须以适当的方式保护客户信息。

4.4　身份保护和无报复政策

除非法律明令禁止，应制定程序以保护上游供应商和员工举报者并确保其身份的机密性和匿名性。供应商应制定沟通程序，让员工能够提出疑虑而无需担心遭到报复。

举报者：是指揭发某公司的某位员工或官员，或者某公务人员或官方机构的不当行为的任何人。

4.5 负责任的矿物采购

供应商应承诺并采取合理的行动，防止其产品中所含的钽、锡、钨、金和钴等金属的开采和贸易以直接或间接的方式助长非法武装冲突，或支持侵犯人权、危害环境、存在健康安全隐患的行为。供应商应对这些矿物的来源和产销监管链进行尽职调查，并按照法规或客户要求提供所采取的尽职调查措施。

4.6 隐私

供应商应承诺保护所有业务相关人员，包括供应商、客户、消费者和员工的个人信息的合理隐私期望。供应商在收集、存储、处理、传输和共享个人信息时应遵守隐私和信息安全法律及法规要求。

5 管理体系要求

5.1 公司承诺和管理责任

供应商高层管理应用当地语言发布企业社会责任政策声明，应承诺遵守适用的法律法规，承诺满足客户要求，承诺遵守本准则的要求，并承诺持续改进。

供应商应明确指定一名高层管理者负责企业社会责任，识别和控制风险，定期进行内审和管理评审，建立内部考核问责机制，推动持续改进。

5.2 风险评估与风险管理

供应商根据适用的法律法规及客户要求（包括本准则的要求），识别与供应商运营相关的企业社会责任风险和可能的影响，根据风险的相对重要程度，实施适当的程序和实质控制措施，以控制和最大程度降低风险、消除影响。

5.3 对上游供应商管理

供应商应建立采购CSR管理体系，将本准则要求作为采购要求纳入上游供应商管理，包括要求上游供应商签署书面承诺，作为上游供应商选择认证标准，定期审核，确保持续合规、推动持续改进。

5.4 内部审核和管理评审

供应商应定期审核自身工厂及其上游供应商，以确保符合法律和本准则的要求。供应商高层管理者应定期评审自身及上游供应商的社会责任管理体系，以确保其持续的适宜性、充分性和有效性。

华为保留对本准则的解释权。

第三节　科学评估供应风险

随着现代社会的发展，供应商与采购方的关系已由最初的纯粹买卖关系发展成为合作伙伴关系。在整个供应链体系中，供应商与其受众承担着供应链中环环相扣的责任，链条的断裂将严重制约企业的发展。因此，采购方对供应商风险进行科学的评估，通过管理将风险降低或消除，是维持企业正常运营的必要条件。

一、供应商风险的概念

供应商风险是指由于供应商自身的原因造成的需求方的风险。影响供应商风险的因素包括外部环境因素，如自然灾害、经济危机等，也包括供应商自身的一些因素。

二、供应商风险的识别

供应商风险可以从供应商自身和采购方所处的环境两方面分析识别，供应商自身的技术、财务、生产、管理、信誉等和采购方面临的自然、社会环境等都是识别供应商风险的主要因素。

一般来说，供应商的风险主要来源于供应商本身和其所处的外部市场，但采购方与供应商之间关联程度也是风险来源之一。采购方对供应商风险识别可从表13-1所示的12个方面来进行，并在此基础上形成供应商选择的指标体系。

表13-1　供应商风险识别指标

序号	指标项目	具体说明
1	财务状况	净资产收益率、利润增长率、资产负债率
2	管理与组织能力	生产组织能力、管理人员能力、管理组织制度
3	技术能力	技术开发人员占比、技术研发费用比重、人均技术装备水平
4	交货能力	交货准确率、交货达标率、订货满足率
5	设备设施水平	设备生产能力、设备先进程度、设施设备使用率、基础设施完整性
6	企业发展前景	生产占有率、销售收入增长率、市场竞争程度
7	企业信誉	订单完成率、服务性、合作忠诚度和开放度
8	价格水平	产品价格、价格趋势
9	企业文化	企业战略一致性、企业文化兼容性
10	产品质量	产品合格率、质量控制水平、产品增值性
11	自然地理环境	地理位置、通达性、自然灾害
12	社会环境	政治环境、经济环境、社会环境

（1）财务状况。虽然反映供应商财务情况的指标比较多，但应重点考虑的是供应商用于生产的资金的充足率，且从长期合作的角度来看，还需要评价供应商是否有足够的盈利能力和经营安全度。

（2）管理与组织能力。对供应商的组织和管理水平的指标，主要包括生产组织能力、管理人员能力和管理组织制度。

（3）技术能力。供应商技术水平主要用技术开发人员占比、技术研发费用占比、人均技术装备水平等指标来衡量。

（4）交货能力。供货服务水平是采购企业重点关注指标，因为它可直接影响到采购企业的生产销售等各个领域。交货能力主要由交货准确率、货物达标率、订货满足率等几个指标来衡量。

（5）设备设施水平。供应商的设施水平主要由设备先进程度、设施设备的使用率、设备的产能、企业基础设施的完整性等方面来衡量。

（6）企业发展前景。企业发展前景也是供应商评价中不可或缺的一个指标，对于供应商发展前景指标主要包含的指标有：市场占有率、销售收入增长率和资产投入增长率。

（7）企业信誉。这一指标对供应商风险识别，也是十分重要的，企业信誉包含的指标主要有订单完成率、服务性、合作忠诚度和开放度。

（8）价格水平。供应商能否降低零部件成本，关系到采购企业产品的定价和产品的竞争力。如果供应商不能有效地减少成本，对采购方未来的发展势必会有一定的影响。主要指标有产品当期价格和产品价格未来的变化趋势。

（9）企业文化。供应商的企业文化和采购方企业的文化是否可以兼容，和采购方企业的企业目标和战略在根本上是否一致，这对企业之间的合作至关重要。

（10）产品质量。零部件的质量就是最后产品质量，因此供应商产品质量的好坏直接影响到下游企业产品质量。质量因素是供应商不可或缺的，是一种强制性的。主要指标有产品合格率、质量控制水平和产品增值性。

（11）自然地理环境。供应商所处地理位置、交通便利性、自然灾害等是不容忽视的自然环境因素。

（12）社会环境。现在的供应商是遍布全球的，采购方所在国的政治环境、人文环境、市场成熟度等对供应企业有着重要的影响。

 相关链接

××企业供应商风险管理办法

1 目的

为了提高供应链的稳定性，减少供应商在质量、成本、交付期、技术、服务方面的风险，提高本企业在行业内的竞争力，特制定供应商管理的风险预警机制。

2 范围

本程序适用于潜在供应商及与公司签约和（或）直接、间接提供与最终产品所需要的各种原材料、辅助材料、外购件及外协件等供应商。

3 术语和定义

高风险供应商：已经或很有可能在业绩评价时下滑，影响公司的生产运营，但又不够删除其供应商资格的，称为高风险供应商。

低风险供应商：供应商提供的产品和服务，虽然有潜在不符合的可能，但这种可能被证实为实施了有效的控制措施或方案，这类供应商称为低风险供应商。

风险评估：考虑各种风险因素产生的条件（包括内部和外部环境之中的各种条件），判断风险发生的时间区间、范围以及以何种方式体现，并针对每个风险因素发生的概率和可能造成的损失进行正确评估，使损失达到最小。

4　职责

品质保证部：负责考核供应商在质量方面的业绩。

研究院：负责供应商在技术方面的业绩。

采购部：负责收集风险因素信息，并组织对风险因素进行分析，制定风险规避的措施以及后续的跟踪。

5　风险识别的因素

（略）。

6　评估小组

6.1　每年12月对供应商的业绩考核结果进行评估，识别风险因素，同时要求供应商进行内部风险评估，并提交风险项目及减少风险的措施。

6.2　确定风险项，对减少风险措施进行跟踪验证。

6.3　评价风险控制效果。

6.4　遇特殊风险时即时到达现场进行风险评估及改善。

7　工作流程和内容

工作流程和内容见下表。

工作流程和内容

工作流程	工作内容	责任部门	使用表单
建立风险预警机制	7.1　建立供应商风险预警机制		
	7.1.1　建立原因 （1）建立起对零部件的事前控制而非事后控制，达到预防和警示 （2）不同的制造工艺和不同的部门对零部件的要求不同，风险预警也会不同	采购部	
	7.1.2　构成 （1）风险管理小组 （2）信息收集和传递 （3）风险分析 （4）风险处理 （5）风险控制	采购部 品保部 研究院	
风险识别	7.2　风险识别		
	7.2.1　技术因素 （1）是否具有顾客要求的匹配的技术设计能力 （2）是否具有及时有效的处理技术问题的能力，保证在试装过程中出现的意想不到的问题得到及时处理 （3）技术团队是否具有经验 （4）是否具备与工艺匹配的技术装备（设计开发与样品生产为同一工厂） （5）是否建立技术资料及经验数据库 （6）是否进行先期质量策划 （7）是否进行了产品可行性分析	研究院	《潜在供应商评审》《业绩考核》

续表

工作流程	工作内容	责任部门	使用表单
	7.2.2　质量因素识别 （1）对供应商的质量保证能力进行动态评价 （2）质量因素的识别按照《供应商管理手册》执行	采购部 品保部 研究院	
	7.2.3　成本因素识别 （1）从生命周期的角度理解成本，既包括产品的制造成本，同时又包括采购成本，还有后续的使用和维护保养以及废弃，及因设计变更造成的不可使用因素 （2）质量成本是否在控制 （3）安全库存量的成本控制 （4）运输成本的控制	采购部	《成本分析》《质量成本分析》《供应商审核标准》
	7.2.4　信用因素的识别 （1）是否按照《质量协议》和《供货协议》执行，如不能及时供货违反供货协议 （2）信用影响因素 ① 资金能力保证供货 ② 供应商的运营情况和失信记录调查及建立信息库 ③ 失信情况的及时处理	品保部 采购部	《质量协议》《供货协议》《供应商调查表》
	7.2.5　交付因素 （1）是否进行了生产能力分析 （2）是否进行生产能力规划 （3）是否进行了安全库存的规划 （4）是否考虑了紧急订单的应对 （5）企业是否考虑了进行二元化开发减少独家供应商所带来的风险	采购部	《生产能力分析》
	7.2.6　服务因素 （1）包装的合理性：是否根据产品的特性及运输方式及路途的不同进行包装设计 （2）包装的环保性：考虑到可回收和可降解的材料 （3）包装运输的效率性：适应大批量生产的生产加工需要 （4）物流的保证：时间、质量是否能够保证 （5）服务人员的保证：是否具备及时处理问题的素质，是否能够在发生问题时进行快速的反应，是否能够保证与顾客的顺利沟通	采购部 供应商	《包装设计方案》
	7.2.7　外部因素 （1）是否进行了××行业分析 （2）是否进行了竞争对手分析	采购部	《供应商调查表》
	7.2.8　供应商股东结构及财务状况 （1）是否为股权集中度过高（高风险） （2）股东结构变化频繁（高风险） （3）财务状况评估	供应商	
	7.2.9　员工的稳定性 （1）包括从产品开发到操作工 （2）是否建立了激励措施 （3）员工的知识和技能的潜能发挥，是否有办法诱导发挥	采购部	《员工激励措施》

续表

工作流程	工作内容	责任部门	使用表单
	7.2.10　变更因素 同于设计变更和4M变更（包括内部和外部）可能会造成产品的产品质量的不稳定、可靠性变差或意外事故等 （1）在量产后与产品相关的4M不得随意变更，尤其是特殊工序和关键零部件的生产，涉及的变更必须通知顾客，批准后方可变更 （2）定期现场评审，评估变更的影响	采购部	《变更管理》
风险分析	**7.3　风险分析** 对识别出来的风险利用图表方式进行分析，确定出风险项目，并向风险供应商发出风险预警	采购部	《风险分析项目》
风险处理	**7.4　风险处理** 根据得到的风险预警信号，针对风险采取应对的措施，将可能出现的损失减小到最低水平，避免造成影响企业正常运营的情况，包括临时措施、永久措施	供应商	《风险处理方案》
风险控制	**7.5　风险控制** （1）对风险控制的措施进行跟踪，将风险损失减少到最低 （2）建立风险案例数据库	采购部 供应商	《风险案例数据库》
存档	**7.6　资料存档** 将所有风险管理的相关资料保存，以备追溯	采购部	

三、预防风险的对策

企业需要采取有效的对策，及早预防风险，确保供应商管理的安全及高效运行。具体对策可参考图13-6所示。

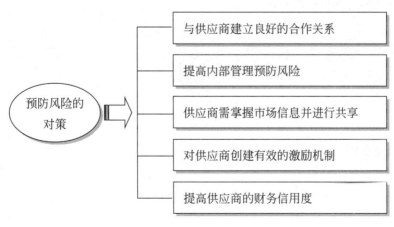

与供应商建立良好的合作关系

提高内部管理预防风险

预防风险的对策　供应商需掌握市场信息并进行共享

对供应商创建有效的激励机制

提高供应商的财务信用度

图13-6　预防风险的对策

1. 与供应商建立良好的合作关系

采购方与供应商之间可以通过建立有效的合作机制，提高对风险的抵御能力，当面临风险时，采购方与供应商可以进行协商，便于提出有效的解决对策。此外，当供应商的售后服务出现质量问题之时，采购方可与供应商共同寻求解决的方法，以便更好地降低风险带来的影响，还可确保与供应商之间的良好关系。

此外，应该注重与后备供应商的联系，不能仅仅依靠单一的供应商，以便更合理地安排货物的供应量，当其中的一个供应商出现供应困难时，采购方还可从后备的供应商中获得产品，确保供应正常，减少出现缺货或者断货的现象，有效提高供应的管理效率与能力，减少因风险造成的经济损失。

2. 提高内部管理预防风险

采购方应慎重选择供应商，加强过程跟踪控制。等风险发生之后再来解决问题，还不如从一开始就杜绝其发生，所以对供应商的风险防范要从选择供应商时就开始注意。

首先，采购方在考察新供应商时，就要对其生产能力与技术水平以及财务状况等作出客观的分析与评估。所以"门当户对"是许多企业选择供应商的标准，这在战略供应商的选择合作方面尤为重要。

其次，采购人员也应及时跟进，发现风险，及时报告，使企业能在第一时间采取措施，防止事态恶化。

再次，在对供应商的绩效评估中，也要注重其风险的评估。

3. 供应商需掌握市场信息并进行共享

当今社会市场的竞争越演越烈，快速掌握市场信息与市场动态至关重要。供应商想要取得成功，不只要全面掌控与了解本企业，更要能预见市场的信息。通常这些信息对供应商的供货具有很大的影响，因此供应商应及时了解市场的动态，并能准确预见市场的发展，降低供应商在供货方面面临的风险。采购方也应与供应商对市场方面进行信息的交流，这样可防止投机行为的发生。

此外，采购方应与供应商进行沟通、交流，共同制定关于作业计划、成本及质量控制方面的信息，保证双方的信息准确有效。

> **小提示**
>
> 企业与供应商之间可相互访问或运用因特网技术、电子数据交换技术实现高速数据的传输，较好地实现信息的共享，减少信息不顺畅导致的风险。

4. 对供应商创建有效的激励机制

创建有效的激励机制对于供应商而言，能够有效减小风险的影响，可见，激励供应商是至关重要的，但若缺少合理的激励体制，各供应商之间便不能保持良好的合作现状。设计激励机制，应要公平一致，创建对供应商合理评价的方式与对策，帮助供应商持续改进不足；建立互相受利的机制，互相受利的合同机制可以巩固双方供需的合作关系。所以采购方应对供应商予以帮助，协助供应商改进质量、降低成本及加快产品的研发进度；提高供应商的生产效率，降低企业的交易及管理成本，由此可减小风险造成的损失。

5.提高供应商的财务信用度

大多数采购企业都会采取预付或者是只交部分定金的措施，因为制造业的成本相对偏高，预付金额与定金的数额偏大，由此财务信用对供应商便至关重要，对此供应商要有诚信，按时交货，并要保质保量。

 相关链接

防止被供应商控制的几种方法

1.全球采购

当采购方得到许多商家的竞价时，不管实际能供货的有几家，采购方准有把握找到最佳供应商。全球采购往往可以打破供应商的垄断行为。

2.另找一家供应商

独家供应有两种情况，一种为供货商不超过一家，但仅向其中一家采购；另一种为仅此一家别无分号。前一种情况多半是采购方造成的，将原来许多家供货商削减到只剩下最佳的一家；后一种情况则是供应商造成的，如独占性产品的供应商或独家代理商等。

3.注意业务经营的总成本

供应商知道采购方没有其他货源，可能会咬定一个价，但采购方可以说服供应商在其他非价格条件上做出让步。

（1）送货：洽谈适合采购方的送货数量和次数，可以降低仓储和货运成本。

（2）延长保修期：保修期不要从发货日期开始计算，而从首次使用产品的时间算起。采购方始终可以坚持既然产品质量不错，从真正使用产品的时间起计算保修期又有何不可的观点。

（3）付款条件：只要放宽正常的付款条件，都会带来节约。立即付款则给予折扣也是一种可行的方式。

4.一次性采购

如果采购方预计采购产品的价格可能要上涨时，这种做法是可行的。根据相关的支出和库存成本，权衡一下将来价格上涨的幅度，与营销部门紧密合作，获得准确的需求数量，进行一次性采购。

5.增强相互依赖性

多给供应商一点业务，比如在原材料需求量增加时，优先考虑原来的供应商，这样就提高了供应商对采购方的依赖性。在相互依赖性增强时，对方的控制能力必将会减弱。

6.更好地掌握信息

要清楚地了解供应商对采购方的依赖程度。供应商离不开采购方，采购方可以利用采购量最大的优势要求降价，此时供应商会做出相当大的让步。

7.协商长期合同

长期需要某种产品时，可以考虑订立长期合同。一定要保证持续供应和价格的控制，采取措施预先确定产品的需求量以及需求增加的时机。

8.与其他用户联手

与其他具有同样产品需求的公司联合采购，由一方代表所有用户采购会惠及各方。

9.让最终客户参与

如果采购方能与最终用户合作并给予他们信息，摆脱垄断供应商的机会也会随之而来。

比如，工程师往往只认准一个品牌，因为他们不了解其他选择，向他们解释只有一家货源的难处，他们往往就可以让采购方采购截然不同的元件。

第四部分
供应链协同管理

14

第十四章
供应链协同管理概述

导言

　　市场需求的不稳定导致供应链很容易产生"牛鞭效应"，需求的微小变化，将会影响到供应链整个链条上下游，且波动逐级放大。同时，需求的变化又是难以准确预测的，随着波动的逐级增大，库存水平也将急剧增加。供应链协同是解决"牛鞭效应"的有效方式。

第一节　供应链协同的认知

　　协同管理是一种开源、创新、敏捷、融合的管理体系，就是对系统工程中各个分、子系统进行空间、时间、功能、结构、流程等重组重构，实现"同步—关联—合作—竞争—协同"的溢价增值作用。

一、供应链协同的概念

　　供应链协同是指供应链上分散在不同层次和价值增值环节，具有特定核心竞争优势的企业，通过公司协议或联合组织等方式结成一种网络式联合体。在这种联合体中，供应商、制造商、分销商、客户均以信息技术为基础，以文化价值观为纽带，从供应链的全局出发，企业之间相互协调、相互支持、共同发展，为实现同一目标而努力，实现"共赢"的局面。

　　一般来说，企业实现供应链协同可分为图14-1所示的4个步骤。其中，企业的内、外部供应链协同是其精髓所在。

图14-1　供应链协同的步骤

二、供应链协同的本质

供应链协同的本质就是针对供应链整体战略及各环节的业务流程、关键信息、物流配送、资本资金、相关商流等要素所进行的重构优化管理，是为提高核心竞争价值而进行的相互交互和彼此协调的组织行为。供应链协同是供应链管理中的重要组成、重要工具和重要手段，目的是为了应对竞争加剧和环境动态性强化，在于有效地利用和管理供应链资源。

三、供应链协同的价值

供应链协同的主要价值是创新供应链商业模式，调整供应链结构，优化供应链流程，共享供应链信息，规范供应链物流，最终实现供应链价值传递并增值，构造竞争优势群和保持核心竞争力。

比如，自从华为实施供应链协同管理以来，其库存和订单的准确率从96%提高到了99.5%。过去，华为使用的人工系统在信息流动上会出现滞后两天的问题，而现在，华为通过使用无线数据交互系统，只需1天即可完成使用。在供应链协同管理的模式下，华为不仅实现了高效率、低成本的运营目标，同时，还能为世界各地通信运营商及专业的网络拥有者提供更加先进的软硬件设备，以及一流的服务和有效的解决方案，从而大幅提升了品牌的全球影响力。

四、供应链协同管理的优势

如果把整个供应链当作一个完整的工件来做的话，那么每个链条上下游的企业就是流水线上的一个岗位。做工件我们都知道，如果某个岗位衔接不好，就会出现流程不顺的情况。

比如，前一个工序的焊接已经完成了，下一个工序的组装还没有跟上，那就出现了断档，只能等待，造成时间上的浪费。

供应链协同也是一样，各个企业或部门之间相互协作会有诸多好处。具体如图14-2所示。

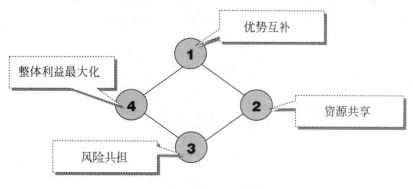

图14-2　供应链协同管理的优势

1. 优势互补

在供应链领域，如果协作得当的话，可以彼此扬长避短。

比如，上游供应商的生产能力强，但下游企业的仓配能力强，那么在协作过程中，下游企业就可以充分利用供应商的生产力，保证自己的采购成本最低，而供应商可以利用批发商的仓配能力，更快地为下游客户服务，提升自身的服务质量。

2. 资源共享

通过供应链协同，可以使上下游企业或者企业内部不同部门之间信息互通、资源共享，减少不必要的浪费。

比如，一般情况下，上游生产企业很难获知C端市场的数据变化，以便及时对自身产品策略做出调整，若需要获取，则需要耗费很多人力财力。而这部分数据在终端市场是很容易获取到的，提取某个季度的C端市场销量即可。如果协作到位，终端零售商可以将C端市场的数据共享给生产厂商，使其提前做生产计划，反向也可以更好地为零售商服务。

3. 风险共担

协同的过程一方面是创造更多的价值互惠互赢，另一方面也可以降低风险。

比如，某供应商与下游零售企业合作VMI（供应商管理库存），供应商就能及时看到电商终端市场的需求变化，及时对自身产品做补货调配，而不必想当然地生产备货了。同时，因为有了协同，零售企业再也不用担心采购不及时而影响客户履约时效了。如果因为零售企业的错误预判导致供应商生产了过多的产品，也可以由双方共同来承担库存滞压的风险，这样，通过协同，将双方风险都降低了。

4. 整体利益最大化

协同的目标和利益一定是基于长期考虑的，局部环节的取舍不以影响整体利益的最大化为代价。

（1）上下游企业如果协同处理得好，彼此沟通合作越来越顺畅，信息越来越通畅，这样也增强了彼此更加长远稳定的合作的信心。

（2）企业内部各部门之间如果协同处理得好，整个供应链流程也会越来越顺畅，可以减少诸多不必要的浪费。

比如，销售要大促，可以提前告知采购备货，同时通知仓储加派人手，这样各部门都会提前做好准备，而不至于临近大促前发生补货不到位、仓储爆仓等情况了。

相关链接

传统供应链管理的弊端

传统的供应链管理仅仅是一个横向的集成，供应链的各个节点（如供应商、制造商、分销商、零售商和客户）通过通信介质依次联系起来。这种供应链注重于内部联系，灵活性差，它仅限于点到点的集成，如果其中一个节点的作用出现无序或延迟对接，都会影响其他节点企业的价值创造活动，从而影响整个供应链的价值增值。

具体而言，其弊端表现在以下3个方面。

1.市场变化能力迟钝

由于大多数企业内部信息化程度还很低，其内部的业务流程和信息传递方式远远不能适应信息化时代的要求，使得整个供应链无法对瞬息万变的市场需求作出快速响应。需求的不确定性增加和预测的准确度降低，不仅造成库存积压，增加库存成本，而且会因供货不及时而降低客户的满意度。

2.各成员企业之间缺乏信赖

由于供应链的各参与成员是具有不同经济利益的实体，相互间有着利益上的冲突，这种利益冲突常常会导致各成员间对抗行为的产生。而且，他们习惯于以自己的文化、组织、战略目标来理解和看待彼此间的合作关系，从而容易对对方企业的行为不理解或者不信任。供应链各成员在参与合作中，担心将企业机密暴露给对方，往往会采取一系列保护和防范措施，有保留地进行合作，导致供应链各方信任与亲密程度降低，使供应链的效率受到极大的抑制。

3.供应链失调

在传统的供应链管理中，如果供应链的每一个阶段只追求各自目标的最优化，而未考虑对整条供应链的影响，就会导致供应链失调。供应链失调的情况下，由于各成员企业的信息不能共享，企业只能依据各自独立的预测和需求信息确定其运营策略，从而导致供应链"牛鞭效应"的产生，对供应链的整体效益将产生负面影响。

五、供应链协同管理的意义

供应链协同管理有效地突破传统企业管理的组织界限，建立了跨组织双赢的业务流程结构，实现供应链整体价值的最大化。具体来说，构建供应链协同管理的意义如图14-3所示。

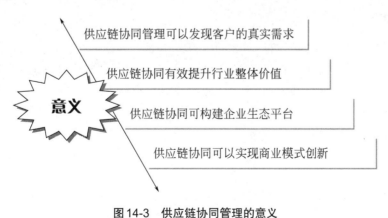

图14-3　供应链协同管理的意义

1.供应链协同管理可以发现客户的真实需求

供应链协同就是以客户需求为中心，供应链企业协同合作可以明确地发现客户的真实需求，而客户需求是供应链驱动的首要要素，更是供应链协同的主要目标和主要方向，确保了供应链协作的方向性。

2.供应链协同有效提升行业整体价值

供应链协同可以有效实现企业资源优势互补，通过协同各参与企业的信息流、资金流、物流及其他相关资源的整体性，增加行业客户的融合性和参与性，创造行业价值最大化。

3.供应链协同可构建企业生态平台

供应链成员在业务交互中，与上下游企业进行良好的业务关联。供应链协同所创造的平台价值，是个体企业无法体现的，需要借助供应链整体协同才能实现。

4.供应链协同可以实现商业模式创新

供应链协同管理是一个不断持续改进的过程，在供应链企业不断的协同过程中，供应链的结构、流程及盈利模式等发生了巨大的变化，从而带来了商业模式的改变和创新。

第二节　采购与供应链协同管理

采购与供应链的协同管理是对供应链上各节点企业的合作进行管理，是提高供应链的整体竞争力而进行的彼此协调和相互努力。

一、建立采购与供应链管理系统

建立企业采购与供应链管理系统，首先需要将涉及企业采购的各个环节纳入到整个供应链管理的系统中，保证采购过程中各个环节之间的信息畅通，提高工作效率。同时，通过信息共享，合理地利用和分配资源，为企业带来最大的效益。

二、采购与供应链协同管理的原理

采购与供应链协同，是通过将供应链上分散在各地的、处于不同价值增值环节（如资源提供、研究开发、生产加工、物流服务和市场营销等）、具有特定优势的独立企业联合起来，以协同机制为前提，以协同技术为支撑，以信息共享为基础，从系统的全局观出发，促进供应链企业内部和外部协调发展，在提高供应链整体竞争力的同时，实现供应链节点企业效益的最大化目标，开创"多赢"的局面。

三、采购与供应链协同管理的措施

通过协同化的管理策略使供应链各节点企业减少冲突和内耗，更好地进行分工与合作。要实现供应链的协同运作，供应链各节点企业需采取图14-4所示的措施。

措施一	必须树立"共赢"的思想，为实现共同的目标而努力
措施二	必须建立公平公正的利益共享与风险分担的机制
措施三	必须在信任、承诺和弹性协议的基础上进行广泛深入的合作
措施四	必须搭建基于IT技术的信息与数据共享平台，实现及时相互沟通和快速决策
措施五	必须进行面向客户和协同运作的业务流程再造

图14-4　采购与供应链协同管理的措施

 **相关链接**

采购和供应链协同管理带来的好处

做采购和供应链协同管理会带来什么好处呢？简而言之，可以降低成本、提高效率、增加可视、实现共享。

- 快速响应：可以小批量多频次。
- 透明管理：可视化协同计划。
- 开放共享：优势互补，资源开放，信息和数据可以通过站点、网站、云等媒介进行共享。

具体如下。

（1）对采购全流程包括Sourcing（寻源）合同认证审核、供应商现场、自助采购、下单、付款等进行采购分析，从而协同协商，实现可实施的合同，实现采购到付款的简便流程，并使供应商认证管理可视高效。

（2）对订单执行过程，如补足订单、产品配置、定价、订单承诺、出货、库存、协调订单履行、发票收货等数据信息进行分析，最大化提高客服水平，最短化订单交期，最小化物流成本和最小化供应风险。

（3）对供应链计划、安全库存、市场计划、元器件和物料计划、产能计划、供应计划进行统筹安排和计划，产生最佳的匹配结果。

（4）对制造流程、生产计划、供求平衡、工单、标准成本、工单成本等采集到的数据进行分析，评估绩效、协同供应链管理。

（5）降低库存成本，甚至实现零库存：从收料、物料转移、拣货出库、成本转移，对库存和成本全流程进行管理和分析，减少货损、损耗、呆滞，通过即时补货提高现货率，提高库存周转率，减少仓库收货压力，最终降低物流和库存成本，提高仓库效率，实现仓库成本的可视化和准确度，精减物料物理流和财务流程。

（6）发展供应链金融：利用大数据技术对供应链不同节点的实时数据进行收集分析和处理，依靠风险控制变量，帮助企业盘活其流动资产从而解决其融资问题。

（7）对全球贸易进行合规管理：从产品分类、是否为受限组织、是否贸易控制、是否需要发放牌照许可、海关报关填单文件、审核分析绩效等方面开展全球贸易管理、贸易遵从、关务管理、全球贸易情报管理，增强进出口遵从管理，改善供应链可靠性，缩短订单处理时间，降低落地成本。

（8）降低运输成本，从找运输商、安排运输计划、订仓，及监控产品转移过程、稽核和付款等进行全流程数据分析，降低运输成本，改善供应链可视性，增强准时交付，提高物流效率。

（9）订单到现金的协同（Order to Cash Orchestration）：实现订单渠道可视化，包括从Web、Call Center、Store、Partners、EDI/B2B、Mobile等渠道迅速收到订单货款的过程。

以上就是对采购和供应链进行协同管理看得见、摸得着的好处。

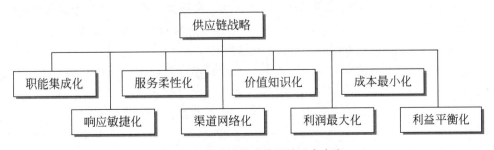

第十五章
供应链协同管理实践

导言

在科学技术飞速发展、市场全球化和客户需求多样化的趋势下，企业的竞争方式发生了根本性转变，协同的内在动力推动着企业加入供应链联盟，协同合作已贯穿供应链管理的全过程。

第一节　供应链协同体系建设

供应链协同体系的建设是生态型圈层建设，从企业战略层面、执行层面到企业的组织层面、技术层面等需要全面的协同才能实现有效合作，通过在跨职能、跨维度、去结构、去中心上实现了供应链协同，整条供应链才能实现高效率、高可视、低成本、低风险地提供相关产品和相关服务。

一、供应链战略目标协同体系

供应链战略目标协同体系是指供应链协同体系运营的战略目标应具有一致性，既有整体战略的统一目标，也有个体企业的协同目标。供应链战略目标协同体系建设，本质上是界定整个供应链的战略方向、业务聚焦和各参与企业的利益平衡关系。协同的重点内容包括图15-1所示的内容。

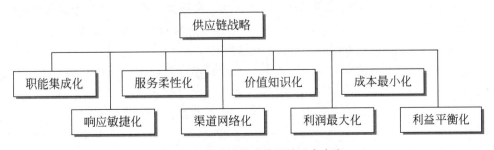

图15-1　供应链战略协同的重点内容

确立供应链战略协同目标后，企业还应建立战略的沟通协商、平衡制约、合理退出、管控监督、综合评价等机制，让参与企业能够充分发挥自身权责利，确保供应链协同战略目标的实现。

一般而言，战略协同是对供应链管理中事关全局的重大核心问题的合作与协调，是实现供应链协同管理的重要基础。依据战略的选择过程，供应链战略协同主要体现在图15-2所示的3个层次。

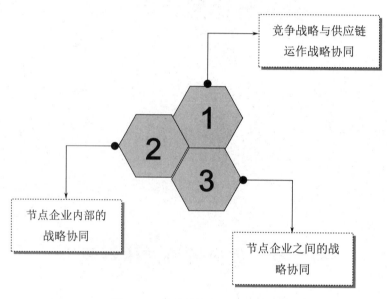

图15-2　供应链战略协同的层次

1.竞争战略与供应链运作战略协同

在这个层次上，战略协同是指企业的竞争战略与供应链运作战略所要体现的目标相同，也就是说，竞争战略所要实现的目标与供应链运作战略用来建立供应链能力目标之间的协调一致。

2.节点企业内部的战略协同

在企业内部整个供应链上，新产品研发、生产营运、市场营销、分销物流、客户服务等各个业务部门，还有很多的支持部门如财务、信息技术、人力资源等，彼此的战略具有适配性，能够协同一致。

3.节点企业之间的战略协同

供应链的战略协同不仅仅局限于企业内部，而应突破企业边界，延伸到供应商和客户，甚至供应商的供应商和客户的客户，使得各个节点企业的职能性战略（如人力资源战略、营销战略、财务管理战略、运营战略等）与供应链战略保持一致。

比如，华为在内部供应链协同管理方面，从1994年就开始使用MRP物料需求计划系统进行资源调配，到了2000年又开始着手建设ISC集成供应链体系，可以说，供应链内部运作结构的不断升级，是支撑华为公司高速发展的重要基石；而在外部供应链协同管理方面，华为与供应链和承运商之间建立了良好的战略合作伙伴关系，对供应商实行分层分级的管理，并通过SCC供应链协作系统与供应商的供需状况做到实时交互，极大地保证了供应的稳定性和及时性。

二、供应链组织结构协同体系

供应链组织结构协同体系主要通过组织结构优化由传统"竞争—博弈"竞争模式转变为"合作—整合"模式。供应链组织结构是供应链组织在职、责、权、利方面的动态结构构成，其本质是供应链成员为实现供应链的整体目标在业务范围、个体责任、相对权利方面所形成的分工协作结构体系。

供应链组织结构必须随着供应链战略调整而进行相关协同，供应链组织结构协同主要包括图15-3所示的内容。

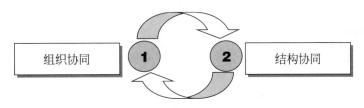

图15-3 供应链组织结构协同

供应链组织结构协同强调建立科学的供应链结构，通过结构优化实现结构层次清晰、科学分层管理，明确供应链结构协同的要求、责任、权力、利益，因此组织结构协同体系可以提升参与企业的软实力，促进供应链管理的溢价增值和竞争优势。

三、供应链业务流程协同体系

供应链业务流程协同体系是从供应链企业内部到供应链各参与企业的一系列管理活动，由于各种供应链生产要素的需求变化导致供应链业务流程需要进行调整和迭代，因此，业务流程协同成为供应链协同的重要组成。供应链业务流程协同重构成为供应链价值增值的重要手段和方法。供应链企业应在图15-4所示的各方面重构业务流程，对协同流程进行全面优化，突破供应链流程管理的瓶颈，采取符合供应链实际情况的最佳做法，把整个供应链建成一个动态、规范、平滑、高效的流程管理体系，并通过对供应链现有流程进行重新整合实现供应链的高效运作，以流程带动信息、物流和资金在供应链内无障碍地流转，使协同业务流程管理发挥真正的效果。

四、供应链信息共享协同体系

供应链信息协同体系是指通过信息数据驱动传递为基础实现数据信息的有效传递、实时共享同步的协同体系。数据驱动的信息共享协同是供应链管理成功与否的重要支撑条件，供应链各环

图15-4 供应链业务流程协同应包含的方面

节的正常运营是基于供应链各节点企业的信息传递和共享，没有信息传递和共享的供应链，各个企业会成为彼此孤立的信息孤岛。只有高精确度的信息传递和共享，保证需求信息在传递过程中不失真、不离散，才能够有效解决供应链中的"牛鞭效应"、信任问题和迭代问题。

小提示

供应链参与企业通过以信息共享为工具，以优化供应链绩效为目标，进行协同决策，不仅摆脱了各节点企业单一目标分散决策所造成的供应链整体效益协调问题，也解决了传统集成式供应链管理中核心企业制定主导决策所带来的诸多问题。

相关链接

什么是"牛鞭效应"

"牛鞭效应"（Bullwhip Effect）是经济学上的一个术语，指供应链上的一种需求变异放大现象，是信息流从最终客户端向原始供应商端传递时，无法有效地实现信息共享，使得信息扭曲而逐级放大，导致了需求信息出现越来越大的波动，此信息扭曲的放大作用在图形上很像一个甩起的牛鞭，因此被形象地称为牛鞭效应。

"牛鞭效应"其实是在下游企业向上游企业传导信息的过程中发生信息失真，而这种失真被逐级放大的结果，从而波及企业的营销、物流、生产等领域。牛鞭效应成因于系统原因和管理原因，它们的共同作用提高了企业经营成本，对产品供应链造成消极影响，导致对市场变化的过激反应。当市场需求增加时，整个供应链的产能增加幅度超过市场需求增加幅度，超出部分则以库存形式积压在供应链的不同节点。一旦需求放缓或负增长，大量资金和产品将以库存形式积压，整个供应链可能资金周转不良，从而严重影响供应链的良好运作，甚至导致企业倒闭，尤其是处于供应链末端的小企业。

鉴于牛鞭效应的重大影响，多年来学术界和工业界都在积极研究其成因。根据斯坦福大学李效良教授及其同事的研究，牛鞭效应有以下四大成因。

1.多重需求预测

当处于不同供应链位置的企业预测需求时，都会包括一定的安全库存，以对付变化莫测的市场需求和供应商可能的供货中断。当供货周期长时，这种安全库存的数量将会非常显著。比如一美国计算机制造商预测到某型计算机的市场需求是10万台，但可能向中国的供应商下11万台的零件订单；同理，中国计算机零件供应商可能向其供应商定购12万台的原材料。以此类推，供应链各节点库存将逐级放大。

此外，有些预测方法也会系统地扭曲需求。拿移动平均法为例，前三个月的趋势是每月递增10%，那第四个月的预测也将在前三月的平均值上递增10%。但市场增长不是无限的，总有一天实际需求会降低，其间的差额就成了多余库存。如果供应链上各个企业采用同样的预测方法，并且根据上级客户的预测需求来更新预测，这种系统性的放大将会非常明显。

2.批量生产、订购

为了达到生产、运输上的规模效应，厂家往往批量生产或购货，以积压一定库存的代价换取较高的生产效率和较低成本。在市场需求减缓或产品升级换代时，代价往往巨大，导致库存积压，库存品过期，或两者兼具。某加工设备机箱的小供应商，直到宣布关门停业数月后还没有用掉生产积压下的数种机箱，主要是因为大批量生产。

3.价格浮动和促销

厂家为促销往往会推出各种促销措施，其结果是买方大批量买进而导致部分积压，这在零售业尤为显著，使市场需求更加不规则，人为加剧需求变化幅度，严重影响整个供应链的正常运作。研究表明，价格浮动和促销只能把未来的需求提前实现，到头来整个供应链中谁也无法从中获利。

4.非理性预期

如果某种产品的需求大于供给，且这种情况可能持续一段时间，厂家给供应商的订单可能大于其实际需求，以期供应商能多分配一些产品给它，但同时也传递虚假需求信息，导致供应商错误地解读市场需求，从而过量生产。随着市场供需渐趋平衡，有些订单会消失或被取消，导致供应商多余库存，也使供应商更难判断需求趋势，等到供应商搞清实际需求已经为时过晚，成为又一个"计划跟不上变化"。

基于上述种种成因，除了批量生产与生产模式有关外，别的都可以通过整个供应链范围的信息共享和组织协调来解决。比如企业之间共享市场需求信息，避免多重预测，减少信息的人为扭曲；在价格政策上，制造商应该固定产品价格，放弃价格促销，并与零售商共同实行"天天低价"；在理性预期上，供应商在产品短缺时应以历史需求为基础分配产品，从而避免用户单位虚报需求；在生产方式上，供应商应采用精益生产，使达到最佳经济生产批量的数量减少，从而减少供应链库存，提高对市场需求变化的响应速度。

无论如何，因为供应链本身就有缺陷，只要有需求的变化和订货周期的存在，必然会引起需求预测的失效。供应链的层次越多，这种矛盾就越明显，但我们可以在管理上避免一些非理性的行为，比如为避免短缺而发出数量过大的订单从而误导上游供货商，由此给供应链带来蝴蝶效应一样的灾难性后果。诸如此类一时兴起的举动只要尽量控制，就可以减轻"牛鞭效应"所带来的恶果。

五、供应链信任机制协同体系

供应链信任机制协同是指为了供应链能协同运作而制定信用准则、规范及契约交易的基本制度，是供应链有效协同的前提和制度保证。供应链各企业间的合作前提是以商业信任和企业精神为基础的，要实现供应链协同管理就必须加强征信体系和信任机制建设，这样供应链的运作安全才能得到保证和提高。信任机制的建立有效降低了企业交易时间和交易成本耗费，并减少摩擦与矛盾、谈判与协商，从而大大提高了效益，降低了成本。供应链信任机制协同规则主要包含图15-5所示的内容，因此，各企业应积极参与供应链信任机制协同修改的制定、选择、执行和奖惩机制，确保供应链信任机制协同体系的有效监督和执行落实。

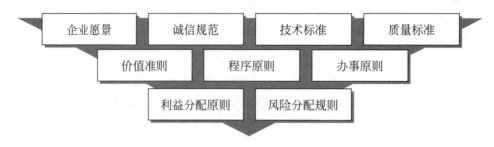

图15-5　供应链信任机制协同规则包含的内容

六、供应链财务结算协同体系

供应链财务资金结算协同体系就是要以现金流精益化协同管控为核心，密切衔接供应链相关业务流程，把有限的资金资源在供应链各个环节进行最优配置的过程。资金管理作为供应链管理的重要组成，正逐步成为贯通供应链各业务领域的重要管理手段，供应链资金管理能力的高低也成为影响企业价值创造的关键因素之一，根据资金结算和现金流的动态状况统筹安排资金，形成引导供应链业务流程提升的倒逼机制。在财务结算资金协同化管理总框架下，以供应链资金预算管理协同为核心，以现金流量动态管控为重点，以财务、业务流程融合为支撑，以资金筹集和账期管理交互为基础，掌控供应链企业的融资、营运资金管理、资金结算等关键性环节，实现财务结算的安全性、流动性、盈利性的协调统一和财务资金结算全过程的可视性、可控性。如图15-6所示。

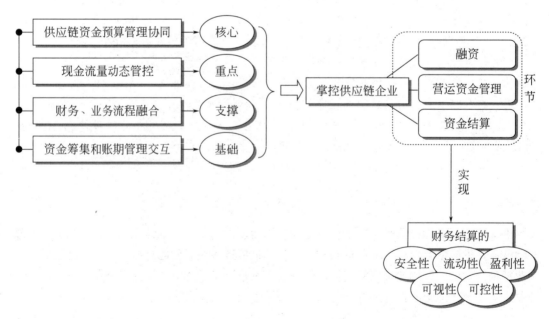

图15-6　供应链协同资金管理

随着供应链体系的建设，应用资金管理协同平台，利用资金池，对全供应链的资金协同统筹管理，资金统一筹集调配，统一运营管理，统一风险控制，信息共享对称，利益高度协配，构建高效的供应链财务资金结算协同体系，保障了供应链的稳健持续发展。

七、供应链金融资本协同体系

供应链金融资本协同是围绕产业供应链和金融经营协同的融合，它的增值收益主要来自产业支持下金融业务的经营成本和产业组合稳定现金流支持下的资金成本节约。高效的供应链金融资本协同是供应链企业创造增值溢价价值的重要途径，具体如图15-7所示。

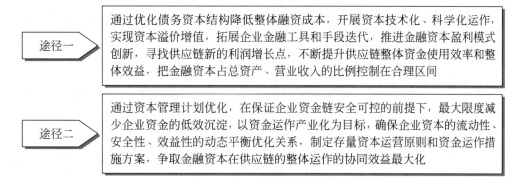

途径一　通过优化债务资本结构降低整体融资成本，开展资本技术化、科学化运作，实现资本溢价增值，拓展企业金融工具和手段迭代，推进金融资本盈利模式创新，寻找供应链新的利润增长点，不断提升供应链整体资金使用效率和整体效益，把金融资本占总资产、营业收入的比例控制在合理区间

途径二　通过资本管理计划优化，在保证企业资金链安全可控的前提下，最大限度减少企业资金的低效沉淀，以资金运作产业化为目标，确保企业资本的流动性、安全性、效益性的动态平衡优化关系，制定存量资本运营原则和资金运作措施方案，争取金融资本在供应链的整体运作的协同效益最大化

图15-7　供应链金融资本协同管理

八、供应链物流支撑协同体系

供应链物流支撑体系系统是指在供应链互动协同管理范围，相关企业在协同条件下物流体系运营的相关管理。供应链协同采购整合、制造整合、渠道整合、信息整合都需要物流支撑体系的重构优化支撑才能实现，供应链参与企业要考虑整体物流成本的有效归集和合理分配，不仅仅要降低某项业务的单一成本，还要有效降低供应链总成本。

传统渠道的物流服务体系大多是产品导向按照干线运输、区域仓储、区域调拨、末端分仓配送的物流路径。随着供应链协同整体需求，协同物流支撑体系通过优化整个物流运作，使物流、信息流和资金流的配合流动实现高效优化，并实现整体性、系统性的创新管理，通过对仓储库存和运输配送过程的协调，发挥物流资源的组织协同效应，大大降低供应链的整体物流成本。如图15-8所示。

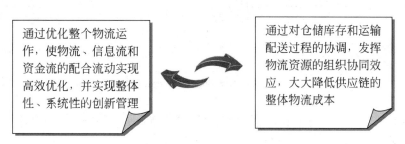

通过优化整个物流运作，使物流、信息流和资金流的配合流动实现高效优化，并实现整体性、系统性的创新管理

通过对仓储库存和运输配送过程的协调，发挥物流资源的组织协同效应，大大降低供应链的整体物流成本

图15-8　供应链物流协同管理

九、供应链线上线下协同体系

供应链线上线下协同体系主要通过信息技术与物流配送网络的支撑实现全渠道的需求订单、便捷支付、物流配送之间的有效融合、交互衔接，使整个供应链的采购、计划、生产、流通、服务等业务过程更加协同高效。线上线下协同体系主要通过统一的信息平台数据和线下业务流程数据共享集成，共享实现数据结构化。通过数据协同业务实现供应链生产要素高效匹配，以需求数据为基准，通过数据协同产生新的增值方式，可以及时、准确地提供相关产品和服务。

打造以线上、线下资源融合控制为核心的供应链协同体系，通过线上资源和线下资源共同培育和合作，具体措施如图15-9所示。

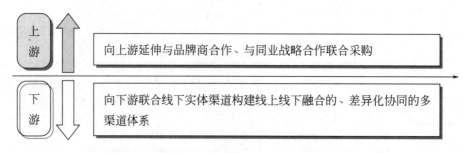

图15-9 供应链线上线下协同管理

十、供应链需求预测协同体系

供应链需求预测协同体系是驱动整个供应链业务的源头和核心要素，需求预测协同体系是预测目标、预测工具等多个要素组成的系统服务体系，是根据供应链企业现有的基本状况、运营特点以及影响发展变化的众多因素，通过运用理论分析、数据统计等方法进行多维度的分析研究来判断未来的发展方向和未来趋势。如图15-10所示。

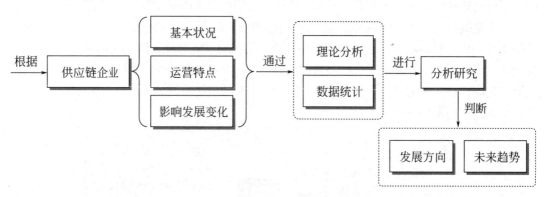

图15-10 供应链需求预测协同管理

需求预测有助于科学高效优化库存管理，降低供应链的运营成本，显著提高运作效率，对于供应链战略的总体设计和有效实施具有重要的意义。

需求预测协同是柔性制造和按需生产的基础，是连接生产制造和销售服务的桥梁，供应链的各环节运营都需要需求预测的相关数据配合支持，如供应链的销售计划、制造排产计划、财务资金筹集管理等准确性、及时性、科学性都直接或间接受到需求预测协同的影响和制约，因此，供应链需求预测协同体系可以有效保障供应链的成败。

十一、供应链产品研发协同体系

供应链产品研发协同体系是供应链企业的核心竞争力，产品研发与供应链协同构建了产品与供应链同步化设计的框架和流程，从而确保产品和供应链之间的协调性和一致性。客户个性定制化需求导致产品研发的需求模式发生了变化，具体如图15-11所示。

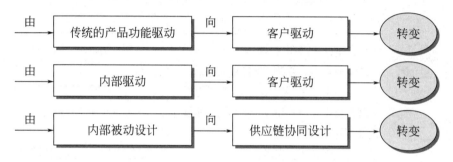

图15-11　产品研发需求模式的转变

供应商协同参与产品设计已经成为必然趋势，企业应通过构建分布式、多组织、分布式异地设计中心、供应商联合设计的协同平台体系架构，从而达到快速提升供应链的整体研发效率，提高协同研发的战略价值。

十二、供应链采购管理协同体系

供应链采购管理协同体系是基于供应链管理协同的需要从传统的采购模式向现代采购模式转变，如图15-12所示。

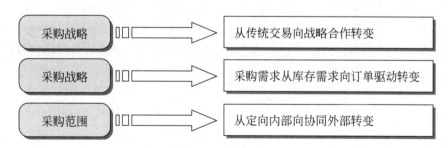

图15-12　传统采购模式向现代采购模式的转变

在供应链协同条件下，采购管理是以客户或者订单驱动进行的，从用户需求驱动开始直到延伸到整个供应链，这种驱动模式可以快速响应客户需求，降低采购整体成本，形成供应链协同下的采购管理理念。

传统采购模式下，供应商只关注价格等主要因素，并且与采购方是交易关系，而基于供应链的采购关注采购综合总成本，并注重与供应商建立战略协作伙伴关系。因此，在供应链协同采购的影响之下，企业中的采购管理模式不断得到优化创新。

十三、供应链库存管理协同体系

供应链库存管理协同体系是将库存管理嵌入整个供应链之中，从点到链、从链到面的分布式协同库存管理体系。供应链库存管理协同的目标是基于供应链的总体战略，以降低库存整体成本和提高响应能力为目标，通过对流程上各个库存节点管控协调，将各环节库存合理分布，保持供应链整体库存管理成本最优。

传统库存管理只考虑内部资源的有效利用，而供应链库存协同管理则具有图15-13所示的优势。

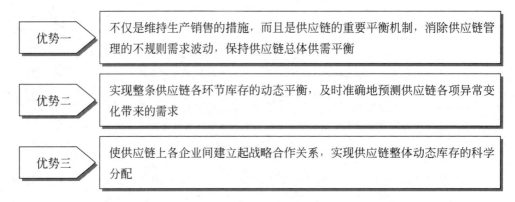

图15-13　供应链库存协同管理的优势

十四、供应链制造管理协同体系

供应链制造管理协同体系是借助信息网络技术将线性流程工作变为并行离散工程，实现供应链内部、跨供应链体系的各个工序、工位、环节、流程的生产模式，最终实现资源优化利用的目标。供应链制造管理协同是以产品为对象，通过图15-14所示的模式，将产品的生命周期各个阶段涉及的数据集成到进行数据应用，将各类生产要素进行优化整合，使制造环节各个流程可以高效协同。同时，制造管理协同将间断式、孤岛式流程管理转变为集成化管理，实现了全生命周期管理。

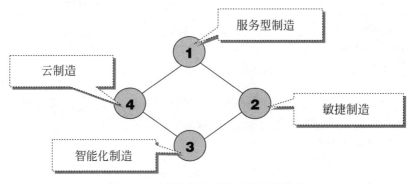

图15-14　供应链制造管理协同的模式

协同制造管理是提升制造环节的需求敏捷性、缩短生产周期、提高制造效率、实现协同协作开发的重要手段。供应链制造管理协同模式有助于简化传统制造模式，通过制造协同的优化实现制造模式的创新，形成完整的管理控制闭环。

十五、供应链销售服务协同体系

供应链销售服务协同体系，是以满足终端客户消费需求为核心，以销售渠道战略协同为前提，以销售服务资源共享为主导，以销售信息充分共享为基础，对主要供应链销售渠道终端用户实施的销售服务运作方法。如图15-15所示。

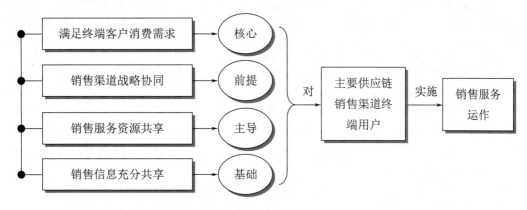

图15-15　供应链销售服务协同体系

销售服务协同不是传统的渠道体系优化，是供应链升级迭代协同运作创新的转变，满足了客户驱动的渠道融合和客户交互，提升消费理解与敏捷反馈，是供应链客户之间的战略合作一体化的直接体现，建立销售服务协同体系是供应链协同的重要手段之一。基于供应链视角，从外部环境、组织内部以及合作特征对销售服务渠道协同驱动因素进行协同，多样化的销售服务协同体系建设对协作方式和管理要求不同，同时也对共享服务资源的开放、动态、透明和共享保持差异需求。

> **小提示**
>
> 　供应链协同体系构建不仅可以帮助供应链企业形成整体溢价的核心竞争力，同时也提升了各个环节的局部竞争力，创造了产业集群式螺旋上升的效果，协同体系的创新建设管理可以使有效供应链管理价值最大化。

第二节　供应链协同管理实施

协同的核心是信息互通，只有信息足够透明，才能让供应链上的各个环节都能发挥相应的职能，共同推动物流、信息流和资金流的协同，组建一个协同集群体，达成1+1>2的效果。对企业来说，应努力构建供应链协同管理模式，以增强自身的核心竞争力。

一、供应链上下游协同

供应链的起点到终端链条非常长，从原料生产产地到成品最终送到终端用户手中，参与角色少则数十个，多则上百个，供应周期少则数天，多则数年，很多还需要跨国供应。如图15-16所示。

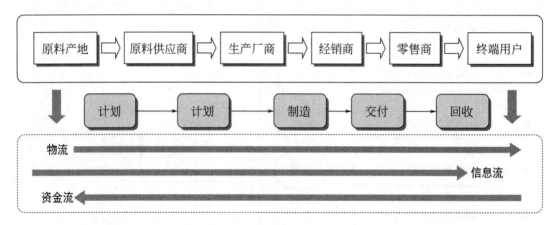

图15-16　供应链上下游协同

如果供应链条上的每个企业不能很好地衔接，就会变成一个个孤岛，供应过程会严重受阻，造成诸多浪费。所以，对协同的要求是上下游企业之间保持开放心态，彼此信任，摒弃短期利益，从长远出发，以共赢心态共建协同链路，减少计划、采购、制造、交付、回收等环节的孤岛阻碍，保证物流、信息流、资金流的高效通畅。

对此，企业之间的协同，可以从图15-17所示的3个方面开展。

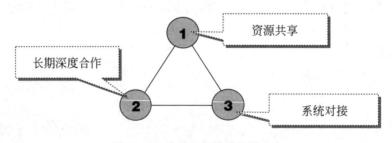

图15-17　企业之间协同的着力点

1.资源共享

协同合作的上下游企业应该发挥各自的企业优势，相互赋能、资源互补，如供应商资源、商品资源、仓储资源、配送资源等。

比如，京东与海尔开展协同业务，利用京东的电商平台引流，和海尔的三四线城市的网点布局，直接京东下单海尔发货，不仅增加了海尔的销量，也成功地将京东大家电的渠道下沉到了三四线城市，同时也减少了采购过程中实物的物流浪费。

2.长期深度合作

供应链各节点企业通过长期合作来建立更长期稳定的协同关系，而不仅仅追求短期利益。

比如，戴尔可以在24小时内完成客户下单到组装、运输的全过程，并且是库存周转达到90多次/年。原因是戴尔仅与少数几个核心供应商建立起长期稳定的合作，在戴尔工厂周围建立起库房，及时将零部件送到生产工厂。

3.系统对接

上下游企业通过SDK、API等方式将系统打通，可以实现信息的实时交互，有效地进行安排。

比如，供应商在送货之前，先通过预约系统向下游企业告知送货时间和送货商品及数量，下游企业就可以提前对库房进行排班安排，避免人手不足。同时，通过系统的对接，也可以减少收货环节的很多录入工作，可谓一举多得。

当然，企业之间的实力有强有弱，目标和认知各有不同，站在以逐利为基础之上的合作，大家都不希望因为协同损害自身利益。

比如，因为要实现与下游的协同而需要自身短期投入更多的信息化建设，对于资本薄弱的企业势必会带来额外的预算支出，这就需要上下游一起来协作了。

如果从长远来看大家都是受益者，那么短期的合理性投入是值得的，可以采取信息共建，或者大企业开放技术为微小企业搭建商家系统等方式达到协同的目的。

二、供应链内部协同

一个以实体经营为主的企业，在履行供应链工作的同时，必然会涉及采购部、销售部、质管部、技术部、物流部、财务部等多个部门工作上的交集，而各部门的责任和立场又不尽相同，这就经常会发生内部受阻的情况。

比如，销售部着急做一个大促活动，好不容易说服采购部加急采购，但因为手续和资质不全，被质管部卡着不允许入库，双方针锋相对，闹得很不愉快。

这种情况比比皆是，站在各自的立场上谁都没错，但站在公司层面，一方面是销售压力，另一方面是质量风险，确实不好抉择。

比如，因为采购没有提前通知物流部要进货入库，导致供应商送货到库房了，才发现库房正在月度大盘，根本无法收货，于是引发了供应商、采购部、物流部三方的矛盾。

对此，企业内部的协同，可以从图15-18所示的3个方面来开展。

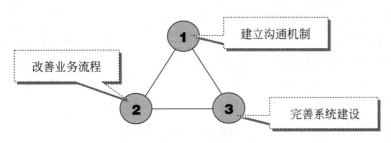

图15-18　企业内部协同的措施

1.建立沟通机制

企业内部建立起良好的沟通机制，需要自上而下的战略同步、自下而上的执行汇报，以及横向跨部门沟通的标准化流程。在大目标步调一致的前提下，打破组织内部壁垒，遇事不推诿，及时沟通，群策群力解决问题。同时，在标准流程之外，需要有灵活应变的方式来应对紧急情况。

2.改善业务流程

业务流程的改善是提升内部供应链效率的有效途径。它强调用系统优化的观点，从顾客的需求出发，对企业现有的业务流程进行整体和局部相结合的结构性改善，以保证建立在流程基础上的各项业务分工合理、责任明确、过程可控、监控有效，最终提高企业的运行质量和生产效率。

3.完善系统建设

线下沟通难免会出现遗漏，借助系统处理流程是不二选择。在内部协同过程中，应该打通采购、销售、库存、物流、财务等核心供应链系统，保证信息的及时同步，各部门使用对应权限的操作角色完成自己的工作，尽量避免口头上的交流。同时，建立起工单体系，有协同问题及时发起工单和处理工单，阻塞节点清晰可见，超时问题及时预警，让协同工作透明化、数字化，避免不必要的纷争。

三、外部供应链协同

外部供应链包含的内容有很多，与企业生产和流通相关的各类型企业，都是外部供应链的构成。企业可以参考图15-19所示的措施来提高外部供应链协同水平。

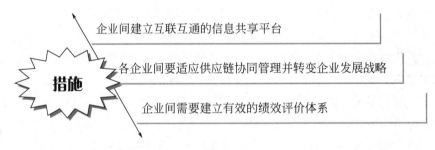

企业间建立互联互通的信息共享平台

各企业间要适应供应链协同管理并转变企业发展战略

措施

企业间需要建立有效的绩效评价体系

图15-19　提高企业外部供应链协同水平的有效措施

1.企业间建立互联互通的信息共享平台

首先，各企业间信息的处理程序必须规范，处理信息要遵守一定的规程，不能出现虚假信息，企业各部门按照统一数据库进行管理决策，并按照正常的行政制度，实现企业总体经营目标。其次，企业间必须做到信息共享，信息共享是保证企业协同的必要条件，只有做到信息共享，才可以使所有的企业都知道对方的情况，及时做到协调、共同进步、抱团发展。最后，企业间需要搭建信息共享平台，提供一个信息共享的沟通渠道。

2.各企业间要适应供应链协同管理并转变企业发展战略

首先，企业间需要有一个中间组织，即这些企业通过中间组织进行技术、资本、人才等方面的交流，既不完全采取导致自身利益最大化的行为，也不完全采取导致共同利益最大化的行为。"中间组织"的作用主要是搭建、稳固、强化企业之间的协同关系和发挥协同效应。

其次，企业追求价值链优势，必须做到价值管理的企业供应链协同。从企业计划的预测和制订开始，形成原材料采购、供应商管理、储运管理、生产分销及服务过程中的合理分配，从而在满足客户需求、加快反应速度和降低运作成本之间，找到一个平衡点，使链条保持整体的协同性。

最后，需要构造竞争优势群。并不是每一个企业都有能力构造必要的竞争优势群系统，就算能自己构造也颇费时日，并有可能错失继续发展的良机，这就需要借助供应链协同，这是一种较为便利和便宜的方式，可以使成员企业优势互补，形成共赢局面。

3.企业间需要建立有效的绩效评价体系

设立企业供应链协同管理绩效指标体系，能保证合作企业间的自身利益方向一致，使供需双方都没有偏离供应链的链条，并在契约里有难以涉及或难以操作，或难以处理的意外事件时，按某种"默契"或行动准则等进行运营，避免不必要的事情发生。

四、内外供应链融合

将企业内部供应链与外部供应链进行优化，去除供应链流程中的非增值环节，使企业内部各元素的运行协调起来，使供应链链条上的各企业紧密合作、有效协同，从而实现效益最大化。优化过程可以分为图15-20所示的三个阶段。

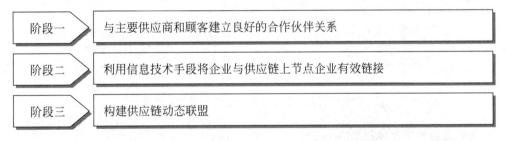

图15-20　优化内部供应链与外部供应链的过程

1.与主要供应商和顾客建立良好的合作伙伴关系

将企业内部供应链与外部的供应商和顾客集成起来，形成一个一体化供应网链。这个阶段中，企业要特别注重战略伙伴关系管理。管理的焦点要以面向供应商和顾客取代面向产品，增加与主要供应商和顾客的联系，增进相互之间的了解（对产品、工艺、组织、企业文化等），相互之间保持一定的一致性，实现相互之间信息共享等，企业通过为顾客提供与竞争者不同的产品、服务或增值的信息而获利。

2.利用信息技术手段将企业与供应链上节点企业有效链接

为了达到与外部供应链的集成，企业必须采用适当的信息技术为企业内部的信息系统提供与外部供应链节点企业的接口，从而达到信息共享和信息交互，达到相互操作一致性的目的。

企业应采用销售点驱动的同步化、集成化的计划和控制系统，基于约束的动态供应计划、生产计划等功能，以保证整个供应链中的成员以一致的眼光来同步化进行供应链管理。

3.构建供应链动态联盟

企业通过内外部供应链融合优化，已经构成了一个网链化的企业结构，它的战略核心及发展目标是占据市场的领导地位。为了占据市场的领导地位，随着市场竞争的加剧，合作伙伴企业间的供应链必将成为一个动态的网链结构，以适应市场变化、柔性、速度、革新、知识等需要，不能适应供应链需求的企业将从供应链联盟中淘汰，供应链从而成为一个能快速重构的动态组织结构，即一体化供应链动态联盟。

供应链动态联盟是基于一定的市场需求、根据共同的目标而组成的，通过实时信息的共享来实现集成，供应链"链主"利用强有力的战略创造和供应链管理手段，不断提升整个供应链的效益，实现链条上各个节点的多赢。

五、借助互联网+实现供应链协同

采购作为产业链重要的一环，对于一个企业来说，与销售的重要性不相上下。不管是从资源日益紧张的角度来看，还是从社会稳健发展的角度讲，采购的增收节支、降本增效都应是企业的发展大计。

那么，传统企业怎样利用互联网技术，突破现有的主流采购模式，提升供应链协同能力，有效降低公司的采购成本和事务性费用呢？可以从图15-21所示的两个方面着手。

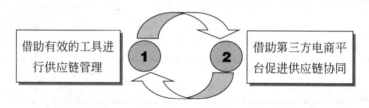

图15-21　利用互联网实现供应链协同的措施

1.借助有效的工具进行供应链管理

要运用互联网技术实现供应链协同，企业首要目标就是实现自身的"互联网+"。ERP系统算得上企业内部管理的核心，是流程、风险管控的利器，同时担负业务数据的采集和分析的重任。现在，大多数企业已经开始利用ERP系统对公司内部供应链进行管理，ERP系统将采购计划、采购过程变得可追踪，电子化替代线下纸质表单，对供应链采购业务进行优化管理、实现企业降本增效起到了非常重要的作用。

比如，台塑集团的台塑网建立了企业采购系统、供应链管理系统、工程发包系统以及开辟供货商订单融资，在ERP系统对物资进行标准化管理，通过将采购计划在ERP系统的录入，采购信息可以在台塑网直接展示，供货商可以随时上网作业，进行物资报价，报价单随即回转到ERP系统，同时采购后端的流程可在线上进行实时监控，包括货品监测结果、扫码入库的状态等，利用互联网技术实现了对供应链的高效管理。

2.借助第三方电商平台促进供应链协同

ERP系统是对供应链进行管理的有效工具，但是它却是孤立的。台塑集团ERP系统物料需求计划在台塑网上实现了对注册供应商的"一对多"展示，那么拥有独立ERP系统却没有开辟需求信息对外展示窗口的企业应该怎么做呢？我们可以借助第三方的电商平台来实现。第三方的电商平台因为其独立性，聚集了行业内众多企业，这就为供应链协同提供了可能性。国内知名电商平台阿里巴巴、慧聪网都可以实现这一点，在这样的电商平台上建立品牌联盟，集聚品牌资源，利用企业集采的规模效应去降低采购成本。但是，有ERP系统的企业大都在企业内部的ERP系统录入了信息，那么要建立供应链协同是不是还需要再次在电商平台进行信息录入呢？大部分第三方电商平台都需要这一步。铝行业第三方电商平台慧业网针对这个问题实现了铝行业各企业的ERP系统与慧业网的无缝对接，将ERP采购订单直接抛单至慧业网，免去了企业采购单重新录入的麻烦，同时利用第三方平台进行供应链协同的优势，为铝企实现了降本增效。

当然，应用互联网技术进行供应链协同，需要企业自身突破现成的供应链管理模式，在实现自身信息化的同时，勇于借助外部平台实现互助共赢；同时，第三方电商平台需探究更符合多方需求的协同模式，提升供应链服务，利用"互联网＋"优化产业链各环节，为更多的企业创造价值。

参考文献

[1] 段沛佑，李俊. 我国供应链协同管理体系建设研究 [J]. 物流科技 2018（5）：119-122.

[2] 刘永胜，王传阳. 基于风险识别的供应商选择 [J]. 统计与决策，2012，000（013）：51-53.

[3] 温晶. 浅谈供应商管理面临的风险及对策 [J]. 科技风，2013（1）：247-247.

[4] 木笔作画. 供应链协同，聊两块钱的 [EB/OL]. [2019-06-30].

[5] 辛童. 采购与供应链管理：苹果、华为等供应链实践者 [M]. 北京：化学工业出版社，2018.

[6] 李政，姜宏锋. 采购过程控制：谈判技巧·合同管理·成本控制 [M]. 北京：化学工业出版社，2010.

[7] 郑时勇. 采购成本控制与供应商管理 [M]. 北京：化学工业出版社，2015.

[8] 薛文彦. 采购精细化管理与库存控制 [M]. 北京：化学工业出版社，2015.